江西科技师范大学2020年度出版基金项目资助

本书得到国家自然科学基金地区项目"企业师徒制对新员工适应性绩效的影响机制研究——基于资源保存理论视角"（项目批准号：71862019）；国家自然科学基金重点项目"基于创新导向的中国企业人力资源管理模式研究"（项目批准号：71832007）；2019年度江西科技师范大学博士科研启动项目"企业导师制对新员工组织社会化的影响机制研究"（项目批准号：2019BSQD035）；江西科技师范大学2020年度著作出版基金项目的资助

企业导师制与新生代员工组织社会化的关系

曾颢　著

中国社会科学出版社

图书在版编目（CIP）数据

企业导师制与新生代员工组织社会化的关系/曾颢著. —北京：
中国社会科学出版社，2021.11
ISBN 978 - 7 - 5203 - 9365 - 2

Ⅰ.①企… Ⅱ.①曾… Ⅲ.①高等学校—产学合作—研究—
中国 Ⅳ.①G649.21

中国版本图书馆 CIP 数据核字（2021）第 239233 号

出 版 人	赵剑英	
责任编辑	李庆红	
责任校对	王 龙	
责任印制	王 超	

出 版	中国社会科学出版社	
社 址	北京鼓楼西大街甲 158 号	
邮 编	100720	
网 址	http：//www.csspw.cn	
发 行 部	010 - 84083685	
门 市 部	010 - 84029450	
经 销	新华书店及其他书店	

印 刷	北京君升印刷有限公司	
装 订	廊坊市广阳区广增装订厂	
版 次	2021 年 11 月第 1 版	
印 次	2021 年 11 月第 1 次印刷	

开 本	710×1000 1/16	
印 张	15	
插 页	2	
字 数	231 千字	
定 价	79.00 元	

凡购买中国社会科学出版社图书，如有质量问题请与本社营销中心联系调换
电话：010 - 84083683

序

发展中的导师制

2020 年 11 月 24 日，习近平总书记在全国劳动模范和先进工作者表彰大会上发表的重要讲话中指出，要充分发挥工人阶级和广大劳动群众主力军作用，努力建设高素质劳动大军，切实实现好、发展好、维护好劳动者合法权益。[①] 新生代员工现已成为各行各业的主力军，他们是我国建设高素质劳动大军的重要组成部分，在当前动态环境与变革背景下，如何实现新生代员工组织社会化、提高适应性，已成为人力资源开发与管理的重要议题。新生代员工作为职场的主力军，一方面给组织带来新知识、新技能、新观念，成为企业持续发展、不断创新的重要动力；另一方面，新生代员工工作资源与工作要求严重不匹配，他们具有与以往代际员工不同的性格特征和需求特点，有其独特的价值观与工作行为，这对企业人力资源管理特别是新生代员工的开发与管理提出了严峻挑战。

经过近 40 年的企业导师制研究和实践，我们发现了指导关系得以持续发展和繁荣的因素，也找到了一些关系停滞或功能失调的新解释。随着导师制新形式的出现，指导理念不断扩展，例如，同伴指导、跨性别指导、跨文化指导、指导循环和电子指导，等等。基于社会网络视角，导师制的概念已经从"星群关系"（Constellations of Relationships）拓展至强调"发展网络"（Developmental Networks）。与此同时，诸多研究进一步关注了企业导师制的环境诸如全球化、日益多样化的劳动力、扁平化的层级、基于团队的组织、新技术以及持续快速的

---

① 《习近平在全国劳动模范和先进作者表彰大会上的讲话（全文）》，央视新闻网，https：//news.cctv.com/2020/11/25/ARTIBwGLXccAMyxkyhVbgqIB201125.shtml.

变化以及这些变化的动因如何深刻地影响指导关系的本质和发展潜力。

企业导师制作为一种广泛运用的人力资源开发工具，在新生代员工的组织社会化中发挥着重要作用，其指导效用在动态变革时期日益凸显。曾颢博士自跟随我攻读博士学位以来，就一直关注企业导师制这一议题，并据此展开了较为深入、细致的研究。她的这本《企业导师制与新生代员工组织社会化的关系》著作，首先，基于烙印理论，围绕新生代员工的组织社会化问题，对中国企业导师制的管理实践进行了多案例的质性研究。其次，以资源保存理论为基础，一方面，探讨了企业导师制的指导关系（职业支持、社会心理支持、角色模范）为新生代员工提供、补充工作资源，促进员工工作繁荣，实现适应性绩效的过程机制；另一方面，考察了导师帮助徒弟获得积极的工作体验，促进其在非工作时间里的积极工作反思，从而保存资源、积极认知，维持身心健康，最终达成家庭角色绩效的机理。这本著作，在理论上，立足于组织员工社会化的结果，从案例研究中建立了中国企业导师制的发展阶段模型和烙印机制模型；在实证研究中，综合考察了导师制对新生代员工工作与家庭两个界面的影响，对企业导师制的防止资源丧失和获取、补充资源增值的路径机制进行了全面揭示，是对企业导师制和组织社会化理论的完善与拓展；在实践上，培养高适应性人才也呼应了当今时代及我国经济社会向高质量转型的发展需求，可为企业实施导师制提供理论支撑，也为新生代员工组织社会化的策略和实践提供理论指导。

本书是在曾颢博士的毕业论文基础上进行修改完善的，总体上看，结构严谨，数据翔实，研究方法规范，具有一定的理论创新和实践意义。理论创新在于：第一，基于烙印理论剖析了中国企业导师制发生作用的过程机制；第二，基于资源保存理论，从工作和家庭两个界面，探讨了企业导师制对徒弟的积极效应。其中，在工作界面，以工作繁荣为中介，从认知和情绪两方面揭示了企业导师制对适应性绩效的影响机理；在家庭界面，从认知评价的路径打开了工作界面对家庭绩效影响的"黑箱"，从而进一步拓展了企业导师制对员工工作和家庭平衡方面的认知。此外，该书还考察了本土构念"向上"悟性对企业导师制与积极的工作反思关系强弱的边界性影响。实践意义表现在：从组织、导师、徒弟三个角度提出在中国实施企业导师制的具体建议，包括组织应全面认识企业导师制的作用，根据企业自身需要和企业实际建立导师制；制定政策，保障导师制运行；导师应树立正确的指导观念；尊重新生代员工的需求并与新生代员工进行有效沟通；徒弟应积极构建高质量的指导关系，促进个人的工作和家庭绩效，并磨炼自己的"悟性"等。

习近平总书记 2018 年 3 月 7 日在参加十三届全国人大一次会议广东代表团审议《政府工作报告》时强调，发展是第一要务，人才是第一资源，创新是第一动力。[①] 人才是组织生产和持续发展的决定性资源，发展和创新都离不开人才的支撑。如何帮助新生代员工实现组织社会化、提升适应性绩效，并兼顾新生代平衡工作和生活的需要，曾颢博士的企业导师制研究为我们提供了新的研究视角和启发。

总之，本书基于丰富而翔实的资料，运用案例研究方法，形成了一个具有本土化特征的研究框架，通过实证研究探索并验证了企业导师制对新生代员工组织社会化的影响路径，为企业导师制的创新与发展提供了行之有效且值得借鉴的中国经验和中国模式。本书既适合关注企业导师制发展的学者参考借鉴，也可供人力资源管理实践者阅读学习。

受作者之邀，特做此序。

赵曙明　博士

南京大学人文社科资深教授、商学院名誉院长、

行知书院院长、博士生导师

2020 年 12 月 27 日于北京大学

[①] 《习近平：发展是第一要务，人才是第一资源，创新是第一动力》，新华网，2018 年 3 月 7 日，http：//www.xinhuanet.com/mrdx/2018-03/08/c_137023316.htm.

自　序

　　"变化是唯一不变的主题。"移动互联网兴起、大数据、物联网、信息技术发展、人工智能（AI）的出现，极大程度地改变了社会生产方式和发展观念，世界正呈现出不稳定（Volatility）、不确定（Uncertainty）、复杂（Complexity）、模糊（Ambiguity）的特征。当今世界正经历百年未有之大变局，我国也处于实现中华民族伟大复兴的关键时期。从2021年开始，我国将进入"十四五"建设时期，这是乘势而上开启全面建设社会主义现代化国家新征程、向第二个百年奋斗目标进军的第一个五年。

　　众所周知，人才是社会经济发展的第一资源，是组织资源的决定性因素。大力开发适应环境变革、应对不确定性局面的人才资源，实现新生代员工组织社会化、提高适应性，已成为人力资源开发与管理的重要议题。一方面，近年来，大量企业将导师制作为其开发和管理人力资源的有效工具。70%以上的财富500强企业（如IBM、AT&T、Microsoft、Facebook、宝洁）将其作为有效的人才开发工具，并提升到了战略必要性的高度。79%的新生代员工（Millennials）认为，导师制度对他们的职业成功非常关键。2011年，华为技术有限公司为组织内所有员工都安排了正式导师，实施"全员导师制"，在思想上引导、引领，在工作领域"传帮带"，还在家庭生活领域提供协助、疏导。另一方面，导师制的研究视野也在不断扩大。我们的目标是突出导师制新领域中的关键因素，以便学者和实践者能够共同创造条件，促进导师制的蓬勃发展。首先，研究关注了导师制中出现的新范式，特别是中国情境中发展的新动因。其次，通过案例研究加深了对这种发展型关系的质量、过程和结果的理解。再次，在中国本土情境下检验了指导行为对徒弟工作和生活界面的影响，识别出师徒双方在师徒关系的开发和维护中各自扮演的角色。最后，提出完善企业导师制实践，促进新生代员工组织社会化的路径、建议。

本书主要包括六章内容，具体如下：

第一章：绪论。阐述研究背景及意义，清晰界定关于企业导师制与新生代员工组织社会化关系的研究问题，并阐明研究可能的创新点。

第二章：文献综述。主要对企业导师制、组织社会化的理论研究及新生代员工的特征进行了系统的梳理和总结。

第三章：研究框架与设计。搭建了研究的整体研究框架，由案例研究（子研究1）和实证研究（子研究2和子研究3）两部分组成。

第四章：案例研究。基于烙印理论，构建指导关系的烙印机制模型。从理论上解析了中国企业导师制对新生代员工组织社会化的作用过程。

第五章：实证研究。基于资源保存理论，研究表明，指导行为对徒弟的适应性绩效和家庭角色绩效均具有正向的促进作用。

第六章：结论。在定性和定量研究的结果，基础上从组织、导师、徒弟三个维度提炼出实施企业导师制的具体建议。

本书是笔者在博士毕业论文的基础上完善并修改完成的。在求学和论文写作过程中，衷心感谢博士生导师赵曙明教授的指导与认可。"不登高山，不知天之高；不临深溪，不知地之厚"，谢谢老师为我们搭建高水平的学术平台，老师严谨、敬业的治学之风，包容、敦厚的为人之道一直激励、感染着学生。感谢为我的毕业论文给出优秀评定并提出宝贵意见的评审专家李程骅教授、刘洪教授、张正堂教授、杨东涛教授、刘燕教授；感谢我的研究生上官邱睿、卢瑞兴为校稿付出的辛勤努力。同时，我还要感谢中国社会科学出版社编辑李庆红在本书的出版过程中的支持与帮助。

囿于视野和研究能力的局限，本书必然存在种种不足。对于书中的疏漏、偏误乃至讹误之处，敬请谅解。

曾颢 博士

2020 年 12 月于南昌

前　言

移动互联网兴起、大数据、物联网、信息技术发展、人工智能（AI）的出现，极大程度地改变了社会生产方式和发展观念，企业随之进入了一个以不稳定、不确定、复杂、模糊为特征的变革时代。

面对瞬息万变的外部环境，培养新时代知识型、技能型、创新型劳动大军，实现新生代员工组织社会化、提高适应性，已成为人力资源开发与管理的重要议题。大量新生代员工进入职场，一方面，给组织带来新知识、新技能、新观念，成为企业持续发展、不断创新的重要动力；另一方面，新生代员工工作资源与工作要求严重不匹配，再加之新生代员工独特的价值观与工作行为，给企业人力资源管理特别是新生代员工的开发与管理提出了严峻挑战。

企业导师制作为一种广泛运用的人力资源开发工具，在新生代员工的组织社会化中发挥着重要作用，其指导效用在动态变革时期日益凸显。首先，本书基于烙印理论，围绕新生代员工的组织社会化问题，对中国企业导师制的管理实践进行了多案例的质性研究。其次，以资源保存理论为基础，一方面，探讨了企业导师制的指导行为（职业支持、社会心理支持、角色模范）为新生代员工提供、补充工作资源促进员工工作繁荣，实现适应性绩效的过程机制；另一方面，考察了导师帮助徒弟获得积极的工作体验，促进其在非工作时间里的积极工作反思，从而保存资源、积极认知，维持身心健康，最终达成家庭角色绩效的机理。最后，本书的理论意义在于：建立了中国企业导师制的发展阶段模型和烙印机制，并对企业导师制防止资源丧失和获取、补充资源增值的路径机制进行全面揭示，是对企业导师制和组织社会化理论的完善与拓展；对企业实践而言，培养高适应性人才呼应了及我国经济社会向高质量转型的发展需求，为企业实施导师制提供理论支撑，也为新生代员工组织社会化的策略提供指导。

本研究由六章组成，可划分为五部分：绪论（第一章）、文献综述和研究框架与设计（第二章、第三章）、定性研究（案例研究）部分（第四章）、定量研究（实证研究）部分（第五章）和结论（第六章）。其主要研究结论如下：

（1）在指导关系阶段理论基础上，结合案例中指导关系的演进过程进行归纳和修正，凝炼出中国企业导师制六阶段模型，依次为指导关系建立—指导关系初探—指导关系发展—指导关系深化—指导关系稳固—指导关系再定义。

（2）基于烙印理论，构建指导关系的烙印机制模型。在中国情境中的多案例研究中，由于新员工处于短暂而关键的敏感期，因而具备了烙印的前提条件。接着，研究识别出烙印效应主体与客体——烙印者和被烙印者。其中，徒弟作为被烙印者，受到宏观环境、组织内部技术、制度、文化环境的影响，而且导师通过社会影响理论中的服从、认同、内化和主观规范机制影响徒弟，产生印记，并最终导致短期、长期烙印的结果。这也从理论上解析了中国企业导师制对新生代员工组织社会化的作用过程。

（3）指导行为对徒弟的适应性绩效具有正向的促进作用。基于资源保存理论，验证了工作繁荣在指导关系与徒弟适应性绩效之间的中介作用，并发现徒弟的促进焦点特质是指导关系与徒弟工作繁荣之间关系的一个重要调节因素。即：当徒弟的促进焦点高时，导师给予的资源与徒弟的需求相匹配，则指导关系与工作繁荣的关系更强。

（4）指导关系对徒弟的家庭角色绩效具有显著的积极影响。基于资源保存理论和认知评价理论，验证了积极的工作反思在指导关系与徒弟家庭角色绩效之间的桥接作用，并基于案例研究的结果，考察了中国情境中的"向上"悟性对指导关系与积极工作反思之间关系的调节作用。即：当徒弟的"向上"悟性水平更高时，指导关系质量越高，指导关系与积极的工作反思之间的关系更强。

本书的理论创新在于：第一，基于烙印理论剖析了中国企业导师制发生作用的过程机制；第二，基于资源保存理论和认知评价理论，从工作和家庭两个界面，探讨了企业导师制对徒弟的积极效应。其中，工作界面，以工作繁荣为中介，从认知和情绪两方面揭示了企业导师制对适应性绩效的影响机理；家庭界面，从认知评价的路径打开了工作界面对家庭绩效溢出的"黑箱"。从而进一步拓展了企业导师制对员工工作与家庭平衡方面的认知。第三，在中国情境下考察了本土构念"向上"悟性对企业导师制与积极的工作反思关系强弱的边界性影响。

最后，根据研究结论，从组织、导师和徒弟三个角度提出在中国实施企业导师制的具体建议。比如，组织应全面认识企业导师制的作用，依据企业自身需要建立导师制；制定政策，保障导师制运行；导师应树立正确的指导观念；尊重新生代员工的需求并与新生代员工进行有效沟通；而新生代徒弟应积极构建高质量的指导关系，促进个人的工作和家庭绩效，并磨炼自己的"悟性"等。

目　　录

第一章 绪论

第一节 研究背景

"变化是唯一不变的主题。"移动互联网兴起、大数据、物联网、信息技术发展、人工智能（AI）的出现，极大程度地改变了社会生产方式和发展观念，全世界进入了一个以不稳定（Volatility）、不确定（Uncertainty）、复杂（Complexity）、模糊（Ambiguity）为特征的VU-CA时代。当前，我国处于经济社会转型变革的关键时期。习近平总书记在党的十九大报告中提出，以"三大变革"提高全要素生产率，着力加快建设现代化经济体系。中央经济工作会议进一步指出，"我国经济发展进入了新时代，基本特征是我国经济已由高速增长阶段转向高质量发展阶段"[①]。

人才是组织生产和持续发展的决定性资源（Becker，2009；朱明伟、杨刚，2001）。面对瞬息万变的外部环境，组织如何获取高质量的人力资本，培养适应环境变革、应对不确定性的人才是企业获得竞争优势的关键。据人力资源和社会保障部统计显示[②]，2013年起城镇新增就业人口突破1300万人。2018年城镇新增就业人口1361万人，

---

① 《习近平：决胜全面建成小康社会　夺取新时代中国特色社会主义伟大胜利——在中国共产党第十九次全国代表大会上的报告》，中国政府网，http://www.gov.cn/xinwen/2017-10/27/content5234876.htm.

② 吴晓燕：《2018年新增就业人数连续6年超过1300万人　城镇调查失业率创近年来新低》，https://www.qianzhan.com/analyst/detail/220/190416-fcbe52ba.html.2019-04-17.

同比增长 10 万人，创历史新高。预计 2019 年新成长劳动力人口将保持在 1500 万人以上，其中，高校毕业生达 834 万，劳动力供给总量将持续处于高位（见图 1 –1）。

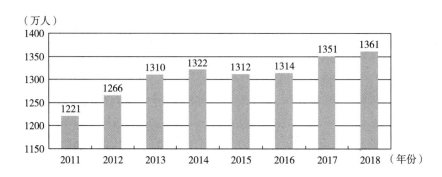

图 1 – 1　2011—2018 年城镇新增就业人口情况

资料来源：根据相应年份《人力资源和社会保障事业发展统计公报》整理。

近年来，新生代（"95 后""00 后"）逐步进入劳动力市场并成为主力军。大量新生代员工涌入职场，一方面，给组织带来新知识、新技能、新观念，成为企业持续发展、不断创新的重要动力；另一方面，由于新生代员工工作资源与工作要求严重不匹配，心理预期与现实之间存在巨大落差、偏差甚至冲突，极易形成工作压力源并带来不良后果，也给企业人力资源管理特别是新生代员工的入职管理提出了严峻挑战。

中国科学院心理所组织与员工促进中心和智联招聘共同发布的《2012 年度中国职场心理健康调查报告》显示：工作不满一年的新生代员工一般心理健康水平最低。前程无忧网站发布的《2017 离职与调薪调研报告》显示：近三年应届生的离职率持续走高，其中，2016 年应届生离职率高达 26.5%，明显高于整体水平。研究指出，新生代员工出生成长在特殊的历史社会背景，该群体拥有高自我期望，对雇主期望较高，追求自主工作，但抗压能力较弱（谭亚莉、廖建桥和周二华，2006）、组织忠诚度和工作满意度，并表现出缺乏人际交往能力和合作沟通能力，却强烈渴望群体归属等矛盾的特征（牛振喜、宫淑燕，2013；胡翔、李燕萍、李泓锦，2015；倪渊，2017）。从以上现象不难看出，新生代员工健康水平低、情绪耗竭、离职率高、缺乏适应性已严重影响到个人与组织的可持续发展，必须在管理实践中予以解决。

综合来看，一方面，新生代员工在初入职场时具有强烈的导师指导和关系支持的需求，新生代员工的组织社会问题成为学术界和实践界共同关注的议题。研究者在江西某二本高校的毕业班做了一次企业导师制的问卷调查。题为："毕业后入职一个新组织，你希望有一个导师（师傅）带你入门吗？为什么？"在 500 余名学生中，63.44% 的学生特别希望组织为其配备导师，35.68% 的学生希望有导师带领入门（见图 1-2）。其具体原因包括：导师的帮助和支持可以缓解陌生环境的各种迷茫，建立心理安全感，找到一种"放心"的心态，迅速习得工作中所需的各种知识、技能，并了解组织规范，以尽快适应组织。调查中高校毕业生们还进一步描述了他们心目中理想的指导关系，指导关系的类型、指导方式、导师的个人特质等。比如，他们认为，高质量的指导关系是师徒双方均从指导关系中获益（见图 1-3）；导师的指导功能主要集中在传授知识、技能及经验、教授组织规范和潜在规则、提供解决问题的建议等（多选题，见图 1-4）；相对于远程网络指导，学生们还是倾向于选择面对面（81.94%）指导；在组织方式方面，95 后的毕业生对于组织指派还是自己寻找导师无明显偏好，希望组织指派的占 44.49%，自己找占 43.61%，其余 11.89% 对此无所谓。至于导师的组织地位，尽管直接上级仍然占较大比重（33.48%），同部门的同事（23.25%）其他来源较为平均，呈现出多元化的特征（见图 1-5）。最后，毕业生理想中的导师形象必须是人品好，能起到模范带头作用（77.97%），其余占比较高特质如工作绩效优秀，有亲和力和徒弟关系好，负责任等（见图 1-6）。由此可见，即将步入职场的学生从自身需要出发，迫切希望通过导师指导增强自己的适应性，并且对理想中的指导关系有一定的认识和期待。企业导师制如何更好地发挥组织社会化的功能，帮助新生代员工解决职业成长、心理建设及角色压力等问题，是实践界和学术界共同关注的人力资源管理议题。

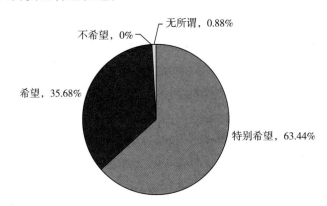

图 1-2 某高校毕业生接受指导的意愿分布

资料来源：笔者根据对某高校毕业的问卷调查数据整理。

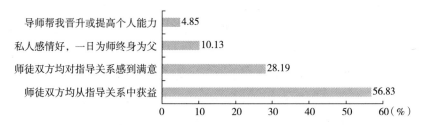

图 1-3 某高校毕业生对高质量指导关系的调查

资料来源：笔者根据对某高校毕业生的问卷调查数据整理。

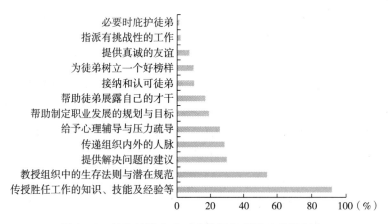

图 1-4 某高校毕业生对企业导师指导功能的调查

资料来源：笔者根据对某高校毕业生的问卷调查数据整理。

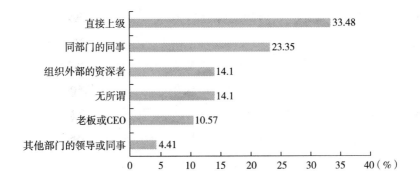

图 1-5　某高校毕业生对导师组织地位的期望

资料来源：笔者根据某高校毕业生的问卷调查数据整理。

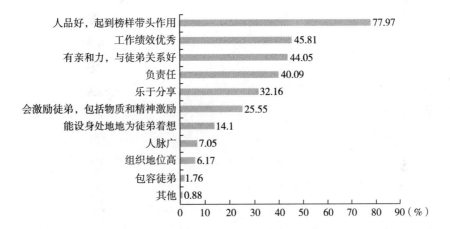

图 1-6　某高校毕业生对导师个人特质的要求

资料来源：笔者根据某高校毕业生的问卷调查数据整理。

另一方面，企业导师制管理实践的蓬勃发展为导师制的理论研究奠定基础。在企业实践中，70% 以上的财富 500 强企业（如 IBM，AT&T，Microsoft，Facebook，宝洁）将其作为有效的人才开发工具，并提升到了战略必要性的高度。调查显示，79% 的新生代员工（Millennials）认为，导师制度对他们的职业成功非常关键。与此同时，47% 的员工表明，如果自己没能积极地融入团队，则会跳槽去寻求更适合的企业文化。① 企业导师制备受追捧的一个重要原因是，该学习过程是建立在深入的、相互信任的指导关系之上，且导师制作为企业文化的重要构成部分，成为决定员工留存的重要因素。中国企业导师制的典型代表就是华为技术有限公司。2011 年，华为公司为组织内所有员工都安排了正式导师，在思想上引导、引领，在工作领域"传、帮、带"，还在家庭生活领域提供协助、疏导（陈诚，2013）。

由此可见，新生代员工组织社会化的现实需求和企业导师制实践的繁荣发展推动了企业导师制和组织社会化的理论研究，并需要理论研究结果给予管理实践更多的启发和引导。

第二节 研究问题

企业导师制在新生代员工的组织社会化中发挥着重要作用（张正堂，2008），其指导效用在动态变革时期日益凸显。组织社会化（Organizational Socialization）是个人从组织的外部人成为认同组织价值观、自觉遵守组织各项规则组织内部人的过程（Schein，1968；张伶、聂婷、赵梅，2017）。在信息技术充斥的时代，不确定性和动态性是现代组织和工作场域的本质特征。企业通过人力资源管理制度增加员工应对环境的适应性、灵活与柔性，积极应对职业转换、发展性任务和工作创伤等（Savickas & Baker，2005；Rossier，et al.，2012）理应成为组织社会化的应有之义。

在工作领域，随着经济全球化进程加快，互联网、物联网技术蓬勃发展，顾客定制化、个性化消费层出不穷（Burhs & Stalker，1961），不确定性程度日益增加。为了应对这种不确定性，学者们在不确定和任务互依的情境中提出一个新的工作角色绩效模型（Griffin，Neal & Parker，2007），并且从角色理论（Role Theory）、社会技术系

---

① 《公司内部导师制有多么重要？以及它能被怎么商品化》，凤凰科技网，http：// tech. ifeng. com/a/20170911/44678866_ 0. shtml. 2017 – 09 – 11.

统理论（Sociotechnical Systems Theory）、权变理论（Contingency Theory）和战略人力资源管理的行为方式（Behavior Approach to Strategic Human Resource Management）来定义不确定性。简言之，在工作角色绩效中，当投入、过程或工作系统的产出缺乏预测性则产生不确定性。学者们认为，适应性绩效（Adaptive Performance）不同于传统的任务绩效（Task Performance）和周边绩效（Contextual Performance），是一种个体在不确定工作环境中，处理、应对和预测变化的程度与表现（Griffin, Neal & Parker, 2007）。已有研究表明，影响适应性绩效的因素包括个体因素（如一般认知能力、自我效能感、大五人格等）和环境因素（如团队中的互动与支持）两大类。但是，在不确定的变革情境中，如何触发员工的适应性绩效，缺乏理论研究和实证验证。因此，进一步探究适应性绩效的前因，分析何种人力资源管理制度或政策通过何种机制可能提高员工适应性、灵活性，具有一定的理论和实践意义。

在家庭领域，随着全球工作时间增加和女性进入职场比例升高，全世界的员工都面临着工作和家庭角色相结合的挑战。跨国公司中双职工家庭的增长也导致工作—家庭冲突频现，工作—家庭的视角成为组织管理研究者最为关注的问题之一。尽管不同文化背景都呼吁这一主题的研究成果，但纵观文献，其研究主要集中在工作—家庭界面如何影响员工的工作角色绩效，而家庭相关的结果变量却一直被忽视（Amstad, Meier, Fasel, Elfering & Semmer, 2011）。根据增益模型的溢出效应（Spillover Effect），家庭中的积极角色和经历会对工作领域产生正面影响。为了推进家庭领域的研究，Chen, Shaffer, Westman, Chen, Lazarova 和 Reiche（2013）提出了家庭角色绩效（Family Role Performance）的概念，以此整合家庭绩效的各个维度，集中描述个体在家庭中的责任和角色。家庭角色绩效作为家庭领域的重要结果变量之一，弥补了家庭领域的理论和实证研究的欠缺。

总之，促进新生代员工组织社会化和工作—生活平衡发展是关系到国家经济发展、企业生存繁荣与个人幸福的重要议题。本书试图在已有研究基础上，进一步探究如何通过发挥企业导师制的指导功能促进新生代员工的适应性绩效和家庭角色绩效。

基于上述研究背景和分析，本书提出如下研究问题：

第一，外部环境剧变，组织内部工作方式灵活、雇佣方式日益多元化，企业导师制其指导模式、指导过程会出现哪些新变化？其理论有何新拓展？高质量的指导（师徒）关系为何？

第二，在工作界面，企业导师制如何帮助新生代员工组织社会化，特别是变革环境中，增强适应能力，实现工作繁荣，实现适应性绩效？其中介机制和边界条件为何？

第三，在家庭界面，企业导师制如何帮助新生代员工实现工作家庭增益，从积极的工作反思中获得有效的资源，促进家庭角色绩效？其中介机制和边界条件为何？

第三节　研究目标及主要内容

一　研究目标

动态变化的环境中，适应性绩效集中显现出对核心任务和环境变化的响应，对远期的组织效率具有较强的预测能力（Schmitt, Cortina, Ingerick & Wiechmann, 2003）。研究和实践表明，适应性绩效已成为变革环境中最重要的绩效指标之一，且对任务绩效和周边绩效具有较强的预测力，是决定未来个人和组织成功的关键。企业是选、用、育、留人才的主体，肩负着提供指导和辅助、帮助员工社会化，主动适应变化的责任。在工作界面，企业通过人力资源开发与管理，获得核心竞争优势。并帮助员工实现个人发展。与此同时，在家庭界面，关注工作绩效对家庭绩效的溢出效应，从工作生活平衡的角度全面考察企业导师制的作用。基于这样的认识，本书目标在于，帮助企业回答"在动态环境中，企业导师制中的指导关系如何帮助新生代员工实现适应性绩效以及家庭角色绩效"这一基本问题。

本书从理论分析和现状梳理两方面厘清企业导师制对新生代员工组织社会化的影响机制，并进行实证检验，最后结合新生代员工的需求，为我国有效推行企业导师制提供理论指导和实践建议。本书遵循"理论框架—现状梳理—实证检验—结果应用"的逻辑搭建起本书的研究框架。其研究内容分为四个部分：如图1-7所示。其中，文献综述是背景性和理论性研究，是子研究1、子研究2、子研究3的基础，子研究1的案例研究为推进子研究2、子研究3提供了理论框架。而子研究2、子研究3揭示了研究的结果及可能存在的边界条件。最后，本书从企业实践角度，提出促进员工适应性绩效和家庭绩效的具体措施。

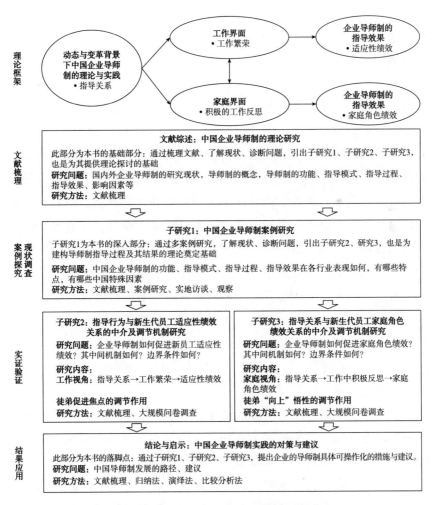

图1-7 本书总体研究框架及研究内容

二 主要内容及结构安排

首先，通过经典文献回顾与归纳整理，结合不同行业企业访谈和实地考察，将研究问题提炼为企业导师制对新生代员工组织社会化的影响机制研究。其次，运用案例研究、扎根理论的研究方法，并基于资源保存理论、工作要求—资源模型、工作—家庭增益理论构建新时代高质量指导关系的模型。再次，收集了众多企业的导师和徒弟的数据，运用相关统计软件，对量表信度和效度进行检验，再通过回归分析和路径分析来验证研究假设。又次，为企业实施导师制提供理论依据，为企业实践提供具体可操作化的建议对策。最后，对研究结论和局限展开讨论，并提出未来研究方向。本研究一共包括六章，以下为具体的结构和内容：

第一章：绪论。主要展现现实背景，明晰研究问题、研究目标及内容、研究的理论与实践意义、研究方法与技术路线以及创新之处。

第二章：文献综述。企业导师制、新生代员工、组织社会化等核心构念的理论研究。一方面，本部分内容将紧紧围绕"企业导师制"为核心进行归纳和回顾，主要有：企业导师制的内涵、指导关系类型、指导关系及其质量、指导功能、测量工具及其发展，企业导师制的前因变量、中介作用机制及理论视角、结果变量等，并对现有研究进行综合评述，阐明研究不足及未来可能的方向。另一方面，将关注新生代员工的概念特点及组织社会化的理论进展。

第三章：研究框架与设计。本章将概述本书案例研究和实证研究的整体框架，首先，厘清和阐述子研究1（案例研究，第四章）与子研究2、子研究3实证研究（第五章）之间的内在关系。其次，还将对子研究1、子研究2、子研究3的研究设计、研究过程、研究内容和方法进行详述。

第四章：案例研究。本章主要根据烙印理论（Imprinting Theory），采用扎根理论研究方法进入企业访谈正式的指导关系，特别设计对4种行业，对两类研究对象（知识型员工、技能型员工）指导关系或师徒关系的深入描摹，以期建立新时代具有发展性和延展性的指导关系模型。最后，本章汇报了研究方法、研究内容及具体过程，并对模型结果进行了详细分析与讨论。

第五章：实证研究。一方面，在工作界面，探究指导关系对徒弟适应性绩效的影响机制。集中检验企业导师制与徒弟适应性绩效的关系如何？其中的中介机制与边界条件如何？具体而言，检验了徒弟工作繁荣的中介作用以及徒弟促进焦点的边界影响。运用一定的研究方法，分析处理数据并呈现数据分析结果。另一方面，在家庭界面，关注指导关系对徒弟家庭角色绩效的影响机理。主要考察指导关系能否帮助徒弟实现工作—家庭平衡，追求幸福感？其中的中介机制与边界条件如何？具体而言，检验了积极工作反思的中介影响，并考察徒弟"向上"悟性对指导关系与积极工作反思之间中介关系的调节作用。检验了研究假设，并汇报了相关研究方法、数据分析的结果。

第六章：结论。本章得出了本书的研究结论并提出实施企业导师制具体的对策建议，汇报研究设计及其过程中存在的局限性，并指出未来研究方向。

第四节　研究意义

本书以新生代群体为研究对象，旨在促进新生代员工的组织社会化，提高职业适应性。以资源保存理论为基础，一方面，探讨导师制的三大指导功能（职业支持、社会心理支持、角色模范）为何以及如何通过提供、补充工作资源提高新生代员工的工作繁荣水平，促进适应性绩效；另一方面，在家庭界面中，考察了指导关系如何帮助徒弟从积极的工作反思中获取积极认知资源，促进家庭任务绩效和关系绩效。在理论上，本书是对企业导师制防止丧失螺旋和获取增值资源双中介机制的深入揭示，也是对企业导师制理论与组织社会化研究的完善与拓展；在实践中，可为企业实施导师制进行人力资源开发和管理提供理论支撑，也为新生代员工组织社会化的策略和实践提供指导。具体而言，本书的理论意义体现在：

第一，弥补组织社会化研究的不足。已有研究多从社会认知理论、社会学习理论、社会认同理论等视角，探讨企业导师制对员工的组织社会化的促进作用（Chao，Walz & Gardner，1992；张正堂、金岚、刘颖，2008；Son，2016）。（曾颢、赵曙明，2017），并指明企业导师能够帮助新生代员工学习组织所需知识技能，知晓组织规范，并认同工作角色、组织价值观，更快地融入组织（韩翼、周洁、孙习习和杨百寅，2013）。而本书基于资源保存理论，从资源的角度，探讨企业导师制与新生代员工适应性绩效关系的中介机制，可揭示出适应性绩效的产生过程，识别出前因、中介和调节机制，从而推动并拓展了员工组织社会化理论的发展。

第二，拓展了企业导师制的理论研究。本研究将在动态与变革的背景下进一步研究企业导师制的类型、指导过程以及中介机制与结果因素。如前所述，近40年的实证研究中，诸多学者探讨并验证了企业导师制对徒弟、导师和组织的影响效应。且多在社会学习、社会认同、社会认知、社会交换及社会网络等理论框架中进行阐发，然而师徒关系如何建立，如何推进，导师与徒弟互动机制，影响过程尚未充分揭示（蒋震艳、罗瑾、琏徐婧，2015）。本书将运用案例研究的方法，以行为科学中的烙印理论作为理论视角（Marquis & Tilcsik，2013）对指导全过程及适应性绩效产生的过程进行描摹，以适应新时代需要，进一步揭示新生代员工的组织社会化过程。

第三，聚焦新生代员工适应性绩效/家庭角色绩效生成机制。结合丧失螺旋和增值螺旋两条主线，深入探讨新生代员工适应性绩效/家庭角色绩效的生成机制。不仅从工作领域单视角促进员工的适应性绩效，而且整合了新生代员工工作生活平衡的需求，兼顾非工作时间的积极工作反思，以获得更积极的体验，通过积极的认知评价、保存资源，将其"资本化"，进而加强工作动机，尽快实现员工组织社会化。因此，本书的研究结果可为新生代员工其他职场问题的研究提供参考，从而推动新生代员工管理研究及理论的发展。

本书的实践价值有：

第一，协助组织提升企业导师制策略。对指导关系与新生代员工适应性绩效的关系及机理的揭示，可以为企业实现人力资本提升，实施导师制提供理论依据。并从导师领导力建设和员工个体层面的幸福感、组织认同感、自我效能感等角度，制定适应性绩效的提升策略。

第二，为人力资源开发与管理提供新的启示。对新生代员工工作要求和工作资源的特征和匹配关系的分析，可为新生代员工的工作设计、配置、激励及开发等管理实践变革带来启示。

第三，帮助企业积极应对外部竞争并着力推动内部管理革新。以适应性绩效为主要指标的员工社会化不但使员工个体具备应对组织内外部环境变化的能力，也有利于提高组织在不稳定、不确定、复杂、模糊的竞争中抵御风险的能力；对企业导师制实施方式、指导关系构建、指导关系质量的探析，还有利于企业组织结构、领导方式的革新，推动企业在雇佣方式、管理形式、合作形态上的创新与探索。

第五节　研究方法与技术路线

一　研究方法

本书拟采取定性与定量相结合、案例研究和实证检验相结合的方式，依托社会学、心理学、管理学等学科知识和理论体系，根据不同研究问题选择不同方法策略。对于基础研究，主要采用文献研究法、访谈法、观察法、问卷调查法相结合的方法来进行；企业导师制理论与实践研究则主要通过文献研究法、访谈法、观察法、案例分析法展开；对于企业导师制与适应性绩效家庭角色绩效关系的中介、调节机制研究则主要采用文献研究法、观察法、访谈法确定研究模型及研究假设，然后通过问卷调查法结合相应数据分析方法进行假设检验，完成实证分析。

文献研究法：根据一定的研究目的，围绕相关的研究主题，收集、整理中外文献，并对前人的研究成果进行分析、归纳、总结的过程。通过文献研究可以深入了解该领域的研究进展，与相关学者展开对话，也可以在一定的理论基础找到现有研究的不足，推进下一步的理论研究和实证研究，找到创新点或是突破口。本书主要围绕核心变量企业导师制、新生代员工和组织社会化进行文献的梳理和回顾。主要内容包括：企业导师制的内涵、类型、功能、发展阶段模型及测量、企业导师制的影响因素、中介机制及结果效益等，并重点关注了中国情境下的指导行为的特征，基于此，提出了未来企业导师制的研究方向。

访谈法：围绕某个研究主题，访谈者与受访者进行面对面访谈，以获取受访者行为和心理相关信息的研究方法。访谈法有利于直观地了解受访者，获得隐含信息，并可以就某个内容进行深入分析。本书拟定了访谈提纲，主要对律师事务所、科研检测机构和陶瓷文化企业的师徒进行了一对一的半结构化访谈，深入了解指导关系的建立、指导关系的类型、互动的方式与过程、效果、指导具体内容等信息；识别出指导关系的过程模型：指导关系建立—指导关系初探—指导关系发展—指导关系深化—指导关系稳固—指导关系再定义，以及指导关系的烙印机制模型。并通过访谈为实证分析的研究模型提供依据。比如，识别出工作繁荣、适应性绩效、家庭角色绩效等结果变量，促进焦点、徒弟"向上"悟性等中国情境因素。

观察法：主要用于获取第一手研究资料，带着研究问题到实际发生场域内面对面地观察研究对象。本书主要是在律师事务所和 J 市 PF 建陶有限公司仔细观察导师带徒弟的过程，导师与徒弟如何沟通，增加了更多的感性认识。与此同时，在进行大规模问卷调查时也对几个企业中进行了重点观察。不同行业、职业师带徒方式也不尽相同。比如，研究中知识型员工和技能型员工的指导方式就存在较大差异。

案例分析法：研究者深入一个或几个场所中，详尽地收集资料和信息，用以全面考察某一事物或现象的实际情况或发生过程的方法。①

---

① 陆雄文：《管理学大辞典》，上海辞书出版社 2013 年版。

案例研究方法主要回答"如何""为什么"以及"怎样"的问题，深入描摹过程或生活中的现象，以建构相关理论。本书主要通过华兴律师事务所（一手数据）、B省药品检验检测研究院（一手数据）、J市PF建陶有限责任公司（一手数据）、德胜洋楼有限公司（二手数据）四个案例的研究来挖掘企业导师制的发展阶段和导师—徒弟知识、技能、态度、行为的传导机制。并从中归纳出指导关系的过程模型以及导师对徒弟的烙印机制。深入刻写了师徒指导关系的互动过程，为后续的实证研究奠定基础。

问卷调查与统计检验的实证方法：问卷调查法以书面问卷的形式收集数据和信息，研究人员通过网络、邮寄方式或者实地发放问卷，请相关人员作答，并回收进行统计、分析的研究方法。问卷调查法需要选择具有代表性的样本，增加外部效度，达到最大变异量，子研究2主要选取了南昌和景德镇的企业样本，企业类型主要是民营企业。子研究3主要选择了江苏和安徽两地的企业，企业类型包括国有企业、民营企业。其中有的企业已建立了正式导师制，有的企业是非正式导师制。为了避免共同方法偏差，本书获取数据时，采用了导师—徒弟（或者上级—下级）的配对数据。由徒弟汇报指导关系、积极的工作反思、工作繁荣、促进焦点、家庭角色绩效的结果，导师汇报徒弟的适应性绩效和"向上"悟性指标。此外，量表均使用了国内外正式发表的成熟量表，并使用验证性因子分析CFA，验证量表的信度和效度。并主要使用SPSS19.0和Mplus7统计软件对数据进行处理分析。

具体而言，本书所选研究方法及其用途如表1-1所示。

表1-1　　　　　　　　本书研究方法及用途

研究方法	用途
文献研究法	·　企业导师制的理论与实践研究 ·　企业导师制与新生代员工适应性绩效/家庭角色绩效的关系机制的实证分析

续表

研究方法		用途
访谈法		· 企业导师制的实践研究 · 企业导师制与新生代员工适应性绩效/家庭角色绩效的关系机制的实证分析
观察法		· 企业导师制的实践研究 · 企业导师制与新生代员工适应性绩效/家庭角色绩效的关系机制的实证分析
问卷调查法		· 企业导师制的理论研究 · 企业导师制与新生代员工适应性绩效/家庭角色绩效的关系机制的实证分析
数据分析方法	描述性统计方法	· 了解样本信息
	均值分析 标准差分析 相关分析	· 了解变量基本信息
	信度分析	· 了解测量工具的一致性和稳定性
	EFA 和 CFA	· 了解测量工具的有效性
	路径分析 bootstrap 检验	· 企业导师制与新生代员工适应性绩效/家庭角色绩效中介关系检验 · 企业导师制与新生代员工适应性绩效/家庭角色绩效中介效应检验
	斜率检验	· 企业导师制与新生代员工适应性绩效/家庭角色绩效调节中介效应检验

二 技术路线

本书沿基础研究→理论研究→案例与实证研究的主线展开，在实证研究阶段，又沿中介机制研究→调节机制研究的分析思路推进。本书的技术路线如图 1 - 8 所示。

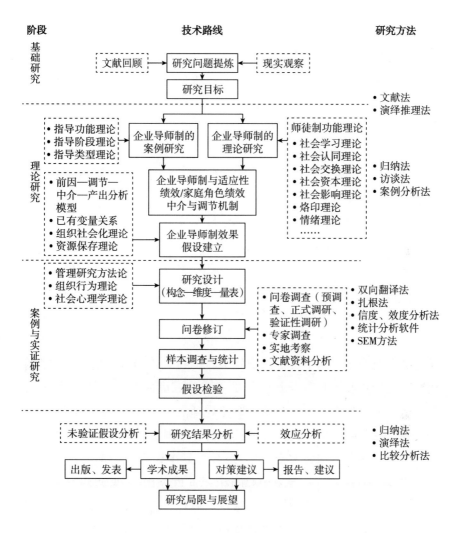

图1－8　本书的技术路线

第六节　创新之处

本书的特色之处在于以工作要求—资源模型为分析框架，依托资源保存理论（Conservation of Resource Theory，COR），以我国新生代群体为研究对象，以企业导师制的发展趋势和功能为起点，探讨企业导师制与员工工作与家庭两个领域的关系机理，是一项根植于我国社会主义新时代背景，探讨人力资源制度服务于国家战略并策应时代召唤的研究。研究模型秉持整合性视角，关注了企业导师制与员工适应性绩效/家庭角色绩效有调节的中介效应机制，并考察可能的关系路径和方向。本书创新之处在于：

第一，同时探讨企业导师制对工作和家庭两个界面影响机理。鉴于工作与家庭又是新生代员工重要的两个生活界面，因此，仅从工作或家庭单一侧面分析适应性绩效无法较为完整、客观地揭示出企业导师制对工作、家庭两方面的影响。本书尝试从工作要求—工作资源视角提炼"90后"、95后新生代员工的组织社会化需求，并阐释中国企业导师制理论和实践的发展，其研究成果可更好地用于解释新生代员工的组织社会化问题以及指导管理实践。

第二，以烙印理论与资源保存理论为研究视角。本研究基于烙印理论揭示企业导师制中员工组织社会化的过程；同时，基于资源保存理论来剖析企业导师制与新生代员工工作家庭两个界面的关系机理，识别出企业导师制→工作繁荣，企业导师制→工作中的积极反思的中介机制，并考虑到徒弟的促进焦点和具有中国文化特征的徒弟的"向上"悟性的调节效应，将新生代员工的工作界面与生活界面予以整合，建构出企业导师制与新生代员工适应性绩效/家庭角色绩效的关系机理模型。较为完整地揭示出激发新生代员工工作与家庭绩效的影响因素，有助于拓展已有的研究视角，为新生代员工的组织社会化实践带来启示。

第三，采用定性分析与定量研究相结合的研究方法。案例研究中，将在知识型和技能型员工中选取代表性的几对师徒，深入描摹师徒间指导关系的初始、建立等互动过程，以期用案例研究方法深入剖析员工组织社会化的过程。并在案例分析基础上提出本研究将要检验的实证模型。在实证研究中，采用2个子研究，在江西、江苏、安徽等地40余家企业问卷调查，采集数据，实证验证假设模型。

第二章　文献综述

在西方，"导师"（Mentor）一词源于古希腊巨著《荷马史诗》中的神话故事《奥德赛》（*Odyssey*），其描述的情节是：古希腊伊萨卡岛（Ithaca）的国王奥德修斯（Odysseus）去征战特洛伊之前，将他的儿子忒勒马科斯（Telemachus）托付给了挚友曼陀（Mentor），由他充当其子的教育者、引导者和看护者，抚养忒勒马科斯长大成才并帮助其完善发展。由此，人们将"导师"引申成为教导、帮助、保护未成年人或经验缺乏者并提供咨询和友谊的积极角色。汉语中的"导师"来自佛教，泛指引导众生渡化、修炼成佛的佛陀（朱必祥、谢娟，2011）。早在春秋战国时期，孔子作为教育先驱，大力兴办教育，向他的众多门生传授治国之道、为人修己之法，并传播修身齐家治国平天下的儒家思想。唐代文学家韩愈的《师说》里提及："师者，传道受（授）业解惑也。"由此可见，不管是西方还是东方，对于导师的内涵和职能都有相对清晰的界定，且均蕴含了教育、引导、支持、保护之意。

导师制（Mentoring）是资深者（Mentor）与资浅者（Protégé）通过深入互动而建立的一种发展性的关系（Kram，1983；Arthur & Kram，1985）。它跨学科地广泛运用于三个主要场域，分别是青少年辅导（Youth Mentoring）、学术指导（Academic Mentoring）和工作场所指导（Workplace Mentoring）（Eby, Allen, Evan, Ng & Dubois, 2008）。Eby 等（2008）研究表明，导师制与一系列有益的行为、态度、健康、关系、动机和职业结果呈现正向相关关系。但上述三种不同领域的导师制的指导效果也存在差异。一般而言，与青少年辅导计划相比，学术指导和工作指导的效果更显著。自 Daniel Levinson 于

1978 年出版《男人的季节》(*The Seasons of a Man's Life*) 一书以来，研究人员越来越关注导师制在年轻人职业发展中的作用 (Feldman，1999)。基于此，本章节将立足于企业导师制的文献并结合传统师徒制的情境特点进行梳理，尝试厘清其中的区别与联系，并重点归纳企业导师制研究中的前因变量、中介机制与结果变量，梳理企业指导关系的功能及其发生作用的机理，构建相关理论框架，为后续章节的定性研究和定量分析奠定基础。

经过 40 多年的发展，西方关于企业导师制的研究已是人力资源管理、组织行为领域中较为成熟的一部分，并受到持续关注。截至目前①，以 "Mentoring" 为主题词，在美国社会科学引文索引（SSCI）数据库中进行搜索，发表在管理学、应用心理学等期刊上的文章累计近 500 篇，其中以在《职业行为期刊》(*Journal of Vocational Behavior*) 上发表的研究成果最多，达到 90 余篇；发表在管理学、心理学顶级期刊（如 *Academy of Management Journal*，*Academy of Management Review*，*Administrative Science Quarterly*）的文献约为 20 篇。在我国，师徒制古已有之，但国内关于企业导师制的研究始于 21 世纪初期，许多企业将其视为员工培训的新方法与人力资源管理发展的新趋势。经过 10 多年的推进，在中国社会科学引文索引（CSSCI）经济管理类期刊发表的文章达到近 60 篇。其中，定性的文献回顾和理论分析居多，定量分析较少，但实证研究有逐年增加的趋势②，且出现了运用扎根理论进行案例分析等的质性研究（如蒋震艳、罗瑾琏、徐婧，2015）。从研究的数量和质量来看，相较于国外企业导师制的理论研究，我国的研究还处于初级阶段。总而言之，国内外关于企业导师制内涵、功能、师徒匹配、指导关系质量、作用机制等内容的研究日渐丰富，其研究方法和范式随着实践和理论的深入推进逐渐呈现出多元化趋势。

本章将主要系统回顾国内外关于企业导师制的研究成果。鉴于企

---

① 本书运用中国知网数据库（CNKI），统计截止时间为 2018 年 11 月，以 "企业导师制" "企业师徒制" "指导关系" "师徒关系" "指导人计划" 等主题词进行搜索。

② 2011 年 11 月—2018 年 11 月，国内关于企业导师制的实证研究文章由 3 篇增至 23 篇。

业导师制的研究结果极为丰富，将采用生态学（Chandler, Kram &
Yip, 2011）的视角和逻辑展开。运用生态学的视角，定位并回顾企
业导师制领域的文献，目的是认识到导师制对徒弟和导师的作用的结
果不仅仅由个体的差异（如个性）和双方的因素（关系的质量）而
决定，它们还受到社会因素的影响，包括发展网络，个体所处的大组
织，宏观系统的因素（如技术转移，全球化），微观、中观和宏观因
素都会约束或是促成指导关系的形成和发展。具体而言，本章在梳理
导师制研究的主体内容时，将借鉴系统的思维方式，在厘清企业导师
制内涵基础上，沿着企业导师制的影响因素→内在机制→作用结果的
思路进行梳理，构建企业导师制的研究现状模型，并对国家文化、组
织环境、氛围等重要的情境因素予以关注。

第一节　企业导师制的内涵

本节将首先回顾企业导师制的概念、类型、功能、发展阶段及测
量的研究成果。

一　企业导师制的概念

Levinson 等（1978）第一次提出了企业导师制的概念，将其定义
为经验丰富者与资历较浅者就工作相关的知识、经验进行深度交流和
学习的互动关系。Haggard, Dougherty, Turban &Wilbanks（2011）指
出，从 1980 年起至少有超过 40 种概念来定义导师。Kram（1983,
1985）从发展心理学的视角（Developmental Pyschology）认为，企业
导师制（Mentoring）是导师（Mentor）与徒弟（Protégé）共同建立一
种发展性的关系（Developmental Relationship），用以推进徒弟职业生
涯进步（Career Advancement），并实现社会心理（Psychosocial Devel-
opment）的完善与发展。Fagenson（1989）认为，导师通常在组织中
拥有较高的权力和地位，并且愿意为徒弟发展提供咨询和帮助，增加
徒弟在组织中的"曝光程度"（Exposure & Visibility）。有学者认为，
导师制的实质是一种亲密的人际关系，导师作为在权力、地位、知

识、信息等方面的优势资源者的最大限度地帮助徒弟的职业成长
(Chao et al. , 1992; Burke, McKeen & McKenna, 1994; Higgins &
Kram, 2001); 还有学者基于社会交换理论的视角认为,指导关系是
一种交换和互惠的关系,即导师和徒弟双方都为这段发展性关系做出
贡献。导师为徒弟提供职业生涯的辅导与社会心理的支持,与此同
时,也从徒弟身上收获新的知识、技能,扩展自己的社会资本 (Rus-
sell & Adams, 1997; Ragins & Scandura, 1999)。Higgins 和 Kram
(2001) 引入社会网络理论视角,重新定义导师制:导师制的实质是
一个发展网络 (包含社会网络的核心概念,网络多样性和纽带强度),
并将导师制视为一个多样的"关系"现象。

国内学者张正堂 (2008) 指出,企业中的导师制是指富有经验和
技能的资深者与经验不足但有发展潜力的员工之间建立起来的支持性
师徒关系 (见表 2 - 1)。

表 2 - 1　　　　　　　　企业导师制的定义小结

年份	作者	理论视角	定义
1978	Levinson et al.		经验丰富者与资历较浅者就工作相关的知识、经验进行深度交流和学习的互动关系
1983	Kram	发展心理学	导师与徒弟双方建立一种发展性的关系,用以推进徒弟职业生涯进步,并实现社会心理的完善与发展
1989	Fagenson	权力视角	导师通常在组织中拥有较高的权力和地位,并且其愿意为徒弟发展提供咨询和帮助
1992	Chao et al.	关系视角	导师制的实质是一种亲密的人际互动
1997	Russell & Adams	社会交换理论	指导关系是一种交换和互惠的互动关系,导师和徒弟双方都为这段发展性关系做出贡献
2001	Higgins & Kram	社会网络视角	导师制的实质是一个发展网络,将导师制视为一个多样的"关系"现象
2008	张正堂		组织中经验和技能的资深者与经验不足但有发展潜力的员工之间建立起来的支持性师徒关系

资料来源:笔者根据相关文献整理。

　　由此可见，虽然国内外学者从不同的视角对企业导师制进行了界定，但综合起来，企业导师制是组织内经验丰富者的资深者（导师）向经验较浅的资浅者（徒弟）提供职业生涯发展和社会心理支持，从而建立一种深入的发展性关系（见图2-1）。其包含了4个基本要素：一是导师制的互动主体：指导者和被指导者。指导者即导师，是组织中职位、权力和地位较高、经验较为丰富的老员工。被指导者即徒弟往往是组织中地位、权力较低、工作经验尚浅但是具有发展潜力的年轻员工（陈诚，2009；杨英，2006；杨英、龙立荣，2006）；二是指导内容：主要包括职业生涯发展、社会心理支持（Kram，1983）及角色榜样（Role Modeling）（Scandura，1992）；三是导师制的实质：一种支持的、发展的人际交换关系（Russell & Adams，1997）；四是导师制的结果：帮助徒弟实现客观职业成功（如，晋升、薪酬）主观职业成功（如工作满意度、组织承诺），解决职业初期或中期出现的职业问题，迅速适应组织发展需要（Kram，1983；Dreher & Ash，1990；Scandura，1992；Turban & Dougherty，1994；韩翼、杨百寅，2012）。

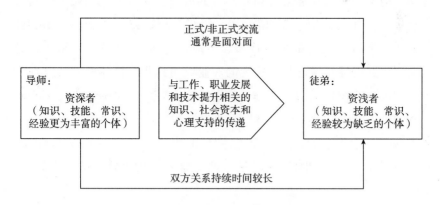

图2-1　企业导师制定义示意

　　但是伴随着全球化进程加快，劳动力日益多样化，扁平化的层级结构、基于团队的组织出现，大数据、互联网技术极大地提高了生产力水平，也颠覆了原有生产、生活方式，改写了组织结构并改变了组织与员工的关系。基于组织内外部环境的剧变，企业导师制的内涵有了新的内容，外延得到了极大的拓展。首先，导师制中的主体仍然是导师与徒弟。但导师可能是一位，也可能是多位，徒弟亦然。导师—徒弟的对子关系（Dyads）被团队指导，一对多或多对一及多对多取代。指导形式及模式更多样化，且由于当代组织去中心化、去层级化，导师可能是本部门或其他部门的同伴或同事，如同辈指导（Peer Mentoring），导师和徒弟之间可以不存在地位上的差异。还有，跨性别指导（Cross – Gender Mentoring）、跨文化指导（Cross – Cultural Mentoring）、指导循环（Mentoring Circles）和电子指导（E – Mentoring）等。其次，指导内容和导师制的实质基本稳定，但是由于组织无边界化发展，指导关系已经不再局限于组织内部。再加上社会网络视角的引入，发展性的关系由"星群关系"（Constellations of Relationships，Arthur & Kram，1985）扩展到"发展网络"（Developmental Networks，Higgins & Kram，2001）。导师制即是个人积极构建的"发展网络"，使我们更加关注发展网络对结果的积极影响。最后，导师制的结果变量，不再局限于徒弟一方。由于导师制是互惠积极的人际互动，需要同时关注徒弟方和导师方的成长，并上升到对团队、对组织有效性（如员工离职率/留存率、组织氛围、组织承诺、知识创新与文化的传播等）的影响（孙玺、李南、付信夺，2013）。从个体角度而言，其指导结果已从主客观的职业成功到非工作界面的效应（如工作—家庭的积极溢出，工作—家庭冲突/增益）（Greenhaus，Collins & Singh，1997），关注个人整个职业生涯中的成长与能力的提升（如个人和任务学习、组织社会化、关系能力、成人发展）（Luthans，Youssef，& Avolio，2007）；以及生理上健康（如血压、饮食、睡眠、运动等）。

此外，深入理解企业导师制的内涵还需要厘清与之相近的两个构念。其一，是导师制（Mentoring）与教练制（Coaching）的异同；其二，是企业导师制（Mentoring）与中国传统师徒制（Apprenticeship）的区别与联系。

（一）企业导师制与企业教练制

导师制和教练制是密切相关的两个词，通常可以互换使用（如 Thompson，Wolf & Sabatine，2012）。二者在提供支持、建立信心、提高人际交往技能和提高绩效方面都具有较大的潜力和价值。二者都可能促进个人成长和职业发展，实现个人战略目标，并通过学习来转换职业性质根据徒弟与需要解决问题具体情况，导师或教练可以直接指导，随时提供建议，也可以采取问题指导，只是阐明行动的原则，支持徒弟自行解决（Clearly & Horsfall，2015）。"教练"角色最早出现在体育领域，其功能是应用专业技巧发现和解决问题，帮助运动员提高竞技能力和水平。"教练制"由此借鉴而来，Goleman、Maccoby、Davenport 等（2001）正式提出了"教练型领导"的概念，意为运用一系列"教练技术"帮助下属在工作中不断学习，提升绩效，进而使个人和组织都获益的管理实践（Kim，2014）。2004 年，哈佛商学院（Harvard Business School，2004）出版的 *Coaching and Mentoring* 一书对上述两个概念进行了详细区分。该书的观点认为，两者最大的区分在于教练制关注的是工作（Job），企业导师制聚焦的是职业生涯（Career）。具体而言，第一，导师制涉及的是一种持续的职业关系，通常是在用人组织内部（Irby，2012）。而教练制大多是短期的，关注具体的绩效问题或事件（Joo，Sushko & McLean，2012）。组织尤其会为那些有可能从定向培训中获益的人员分配和支付教练费用（Irby，2012）。教练通常来自组织外部，可能来自不同的职业。第二，导师制采取人际关系的方式来学习和发展专业，而教练制则会以达成一致的目标为目的。导师制通常包括探索阶段、新的理解阶段和行动计划阶段，而教练与受训者的关系是有限的，他的目标是专注于专业领域或工作。第三，导师制的角色模范作用和师徒关系是基于知识和专业经验的分享，以加深理解和提高效率（Hicks & McCracken，2010；Shaneberger，2008）。总之，Irby（2012）在对两者进行区分的结论是：导师制包含了教练行为，但教练制通常不囊括指导；换句话说，导师制涉及更广泛更包容的人际过程，而教练制是一种更狭隘的面向目标的活动（Joo，Sushko & McLean，2012；陈诚，2013；Cleary &

Horsfall，2015）（见表 2 - 2）。

表 2 - 2 企业导师制与企业教练制的区别

	企业导师制	企业教练制
关键点	职业生涯	工作
指导内容	广泛，如知识经验分享、心理支持、角色模范等	具体专业领域
持续时间	长期	短期
场景	组织内部	组织外部
指导关系	人际过程	面向目标的活动

资料来源：笔者根据相关文献整理。

（二）企业导师制与传统师徒制

一般认为，导师制源于西方，主要运用于辅导青年成长、指导学生学业或是引导职场新人迅速融入社会。特别是工作场所中的导师制贯穿于员工的整个职业生涯，指导的功能涵盖职业、心理等方面，是一种基于社会网络的积极关系。而传统师徒制又称为学徒制，历史悠久，兴盛于中国的手工业时代，以小作坊操作为主，是古代职业教育、培训的一种重要方式，也是众多技术得以延续和发展的一种生产机制和模式。企业导师制与师徒制的主要区别体现在：第一，产生基础不同：导师制随着现代工业生产大发展，社会组织的产生发展，是基于现代社会和工业组织的一种教授模式；而师徒制以传统手工业为基础，是以"家"文化为中心的一种传承方式；第二，体现的文化不同：导师制是基于西方契约精神，是始于认同的尊重；而中国的师徒制注重儒家倡导的尊师重道（黄光国、胡先缙，2005），"一日为师终身为父"的理念，对师傅顺从、听从；第三，指导功能不同：企业导师制的功能包括：职业支持、社会心理支持、角色模范；传统师徒制主要是技术、技能的培训；第四，理论基础不同：导师制以学习理论和认知理论为基础，强调人的认知过程；传统学徒制为强调行动方向学习（褚贝，2016）；第五，指导关系不同：导师制是一种发展性的人际互动，传统师徒制则表现为更为紧密的类亲情"关系"（Guanxi）（黄光国，1988）。中国描述师徒关系，早就有"师徒如父

子"的说法，徒弟一定程度上会成为师傅事业的接班人或传承者，
"教会徒弟饿死师傅"也反映了对师徒竞争以及师徒势能转化的担忧。
因此，在中国儒家文化的背景下，中国的企业导师制虽然来源于西
方，但仍然受到中国情境及对传统师徒关系认知的影响，因此具有中
国导师制的特征与典型性。在考察企业导师制时一定要对企业导师制
与传统师徒制加以区分，并注意中国企业导师制的独特性，归根结
底，是中国情境下的西方导师制（见表 2 - 3）。

表 2 - 3　　　　　　　企业导师制与传统师徒制的区别

	企业导师制	传统师徒制
产生基础	西方工业文明	中国手工业文明
文化背景	契约精神、"公"	传统儒家文化、"私"
指导功能	职业支持、社会心理支持、角色模范	技术、技能的培训
理论基础	学习理论和认知理论	行动方向的学习
指导关系	发展性的人际互动	类亲情的亲密"关系"

资料来源：笔者根据相关文献整理。

二　企业导师制的类型

根据不同的划分标准，企业导师制可以被分成不同的类型（Type
of Mentoring）。区分导师制的类型有助于我们从不同角度和维度去理
解企业导师制，并进一步研究不同类型导师制指导效果的差异。

（一）正式导师制与非正式导师制

根据组织是否指派，分为正式导师制（Formal Mentoring）和非正
式导师制（Informal Mentoring）。一般而言，如果导师是由组织正式指
派的，则该组织具有正式导师制。导师制作为一项正式的人力资源管
理制度被确立下来，它是帮助员工迅速融入组织，实现员工组织社会
化的重要举措（张正堂，2008；杨芊羽，2014）。而非正式导师制更
为灵活，它可以存在于组织内部，也可以是组织外部，导师的身份可
以是被指导者的上级或者平级、同辈，或者某一方面的资深者。非正
式指导关系的建立往往基于双方的相互认同，互相帮助实现长期的职
业发展（Ragins & Cotton，1999）。由于非正式导师是自然而然形成，

大多为非正式的沟通和交流而建立起的认同和默契，因此存续的时间较长；而正式导师制则可能在徒弟顺利进入职场后结束，时间大多在六个月至一年。众多研究都关注了正式导师制和非正式导师制的效果差异，结果表明，相对于正式导师制和未能接受指导的个体而言，非正式导师制的徒弟能够获得更多的职业支持和薪酬，但对组织社会化与工作满意度的影响差异并不显著（Chao et. al，1992；Ragins & Cotton，1999；Underhill，2006）。这可能是由于，指导关系的质量，即徒弟对导师的满意程度比有无导师指导更为重要。总结起来，正式导师制与非正式导师制的区别见表 2 - 4。

表 2 - 4　　　　　　　　　正式导师制与非正式导师制的区别

	正式导师制	非正式导师制
目的	帮助徒弟完成职业上的短期目标	协助徒弟获得长期职业发展
动机	组织视角：引导员工社会化	发展需要的驱动
认同机制	较明确的组织认同	师徒双方互相认同
存续时间	较短：六个月至一年	较长：三年至六年
适用情况	新人辅导或在职培训	员工职业生涯发展

资料来源：根据张正堂（2008）整理。

（二）直属导师制与非直属导师制

根据导师在组织中的地位，分为直属导师制（Supervisory Mentoring）和非直属导师制（Non - Supervisory Mentoring）。一般而言，如果徒弟从属于导师，导师是徒弟的直属上级，则是直属导师制，反之则是非直属导师制。前者是组织内部的一种纵向指导模式，后者则没有师徒从属关系，更多的是同事之间的一种横向关系（张正堂，2008）。当导师是自己的直属上级时，这种师徒关系也是一种特殊的领导—成员关系，因此，指导关系的研究与领导力、领导风格的研究有一定的重叠部分（Ghosh，2014）。已有研究表明，一方面，由于导师是徒弟的直属上级，因此与徒弟的沟通和接触更为频繁，更加了解徒弟，能够较好地提供职业指导和职业支持等工作资源，以及崭露头角的机会，即更多地给予职业成功方面的助力，因此，直属导师在职业支持功能上的表现更优（Ragins & McFarlin，1990）。但是也有研究指出，由于导师与上级角色的混同，徒弟可能因为害怕上级的权威，而失去了知识学习和认知成长的机会（Yang，Xu，Allen，Shi，Zhang & Lou，2011）。另一方面，由于非直属导师（如同辈指导）与徒弟地位更为接近或相似，更容易设身处地地理解徒弟并提供建议（Russell & Adams，1997）。与此同时，师徒间非正式沟通的机会增加，氛围更为融洽，更容易产生共情和同理心，便于提供友谊、咨询等情感资源，缓解心理压力，因此，非直属导师的社会心理支持的功能更为突出（见表2-5）。

表2-5　　　　　　　　直属导师制与非直属导师的区别

	直属导师制	非直属导师制
导师地位	直属上级	同事
指导模式	纵向	横向
指导关系	师徒关系＋从属关系	师徒关系
主要指导功能	职业支持	社会心理支持

资料来源：笔者根据相关文献整理。

周二华和赵现廷（2016）的研究表明，同辈指导关系分为内外两个方面的指导结果。外在作用包括：组织社会化、工作技能提高、知识习得、职业发展等（Parker et al.，2008）；内在作用有工作满意度、心理意识、组织承诺、感知的职业成功、自我效能等。特别是同辈指导关系的师徒互惠交换作用明显（Preston，Ogenchuk & Nsiah，2014），其指导模式很多时候是互相指导、互为导师的。

（三）初级导师制与次级导师制

根据导师与徒弟是否一一对应，分为初级导师制（Primary Mentoring）与次级导师制（Secondary Mentoring）。前者是导师与徒弟一一对应的"对子关系"（苗青、王重鸣，2002），通常情况下，一个导师指导一个徒弟，导师有更多的时间与徒弟进行沟通交流，并提供指导，导师是徒弟的职业榜样。初级导师制持续时间较长，师徒之间具有较高认同度，亲密程度更高，且徒弟对导师的忠诚度较高。中国传统师徒制就是这一类型的典型代表。但随着全球竞争环境剧变，组织形态本身的变革影响，以及现代人转换工作的频率增加，"一对一"的指导关系的效率和可行性受到严重挑战。社会网络的视角将组织中的个体看作发展网络上的一个节点，以个人为中心发射出多条发展路径。"一对多""多对一"以及"团队指导"的出现昭示着次级导师制进入了高速发展的时期。有学者研究群体水平的指导行为（Group－Level Mentoring）以及多水平导师指导行为（陈诚、文鹏、舒晓兵，2015）。相较于初级导师制，次级导师制的持续时间更短，工具性交换与互惠性质更强烈，且表现出低亲密度、低承诺性等特点（杨英、龙立荣，2006）。

（四）面对面导师制与电子导师制

根据沟通的媒介不同，分为面对面指导（Face to Face Mentoring）与电子指导（E－Mentoring）或虚拟指导。伴随着互联网技术的高速发展，人与人之间的空间距离缩短，沟通成本大大降低，沟通媒介的多样性，发展指导形式更多元化，进一步突破传统师徒制中现场教学、即时培训的"传、帮、带"的模式。一般而言，我们将面对面现场进行传授、交流的指导关系称为面对面指导，而通过电子网络方式，如邮件、电话、微信、QQ 等网络介质传递信息、进行指导的类型称为电子指导（Kasprisin，Single，Single & Muller，2003）。相较而言，面对面指导除了传递知识和技能，还能更完整地保留导师给予徒弟的情感支持。而电子网络指导过滤掉情绪支持因素，但知识的表达可能更为系统，比传统导师制更灵活化、弹性化，也可以排除由于人口统计学因素产生的偏见，营造师徒间平等交流的氛围（康宛竹、艾康，2013）。Knouse 和 Webb（2001）阐释了虚拟指导对少数族裔和女性等许多特殊群体的意义和作用。有研究从信息过滤理论的视角比较了面对面指导与电子指导的指导效果，结果发现了导师性别的调节作用。具体表现在：如果导师是男性，电子指导方式会减少心理社会支持、职业支持和徒弟的自我效能感。这是由于在电子聊天条件下，男性会更大程度地压缩他们的语言（Smith‒Jentsch，Scielzo，Yarbrough & Rosopa，2008）。随着全球化进程，远程办公、居家办公以及跨地区、跨时区工作的普及，电子指导很可能在未来研究中不断涌现，并成为面对面指导的有益补充。

三　企业导师制的功能

（一）二维模型

Kram（1983，1985）通过访谈研究，认为企业导师制包括职业支持（Career Support）和社会心理支持（Psychosocial Support）。国内学者认为，指导关系给予徒弟技术与心理的支持（张正堂，2008）。

一方面，职业支持需要导师与徒弟共同探讨其职业选择和困境，并通过提供赞助（Sponsorship）、教导（Coaching）、展露和曝光（Exposure & Visibility）、保护（Protection）和安排挑战性工作（Challenging Assignments）助力徒弟的职业发展（Kram，1983）。作为赞助者，导师积极推荐徒弟参与项目或获得晋升机会，公开赞赏徒弟的能力，支持徒弟的行为（Ragins & McFarlin，1990；Scandura & Viator，1994；Thomas，1990）。作为教练，指导者提供稀缺信息，分享自己的职业经历，教授具体的目标策略，并在工作中提供技能和知识的帮助（Scandura，1992；Shen & Kram，2011）。关于展露和可见性，导师为徒弟创造机会，给组织中的高层领导留下深刻印象，并帮他们引荐"合适的"人（Olian et al.，1988；Ragins & McFarlin，1990；Scandura & Viator，1994）。关于庇护徒弟，导师可以及时预警，降低徒弟声誉受损的风险，并保护他们，远离争议话题（Dreher & Ash，1990；Ragins & McFarlin，1990）。最后，导师会充分评估徒弟的能力，给予他们挑战的机会，以促使徒弟在工作成任务中学习并发展新技能。（Kram，1983；Shen & Kram，2011）。

另一方面，社会心理支持功能是"在人际关系中帮助增强专业角色中的能力、认同感和有效性"。这些功能包括接纳（Acceptance）和认可（Confirmation）、咨询（Counseling）、友谊（Friendship）和角色模范（Role Modeling）（Kram，1983）。为了接受和认可徒弟，导师必须要传递尊重感，即使在失败的时候也要认可徒弟，给予关注，认真培养徒弟（Dreher & Ash，1990；Fowler & O'Gorman，2005；Ragins & McFarlin，1990；Shen & Kram，2011；Thomas & Velthouse，1990）。作为咨询者，导师对徒弟表示出同理心，鼓励徒弟公开谈论自己的焦虑，并适当反馈以使徒弟了解自己（Scandura，1992；Scandura & Viator，1994；Shen & Kram，2011）。作为朋友，导师是徒弟信任、并在闲暇时讨论各种非工作志趣的人（Fowler & O'Gorman，2005；Ragins & McFarlin，1990；Shen & Kram，2011）。最后，导师作为榜样，是徒弟效仿的对象，展示出适当的职业态度、价值观、技能和行为，并展现出资深人士的道德操守（Kram，1983；Shen & Kram，2011）。

（二）三维模型

许多学者的研究证实了导师提供职业支持功能和社会心理支持（Dreher & Ash，1990；Ensher & Murphy，2011；Noe，1988；Tian，Shaffer & Tepper，1996）。Ragins and McFarlin（1990）在 9 个指导功能的基础上又加上了如父如母（Parent）和社交（Social）两大功能。至此，导师制的 11 个功能定位基本成型。接着，在二维功能模型的基础上，Scandura（1992）从社会心理支持中独立出第三个功能维度：角色模范。角色模范是指导师作为徒弟的行为榜样，其工作态度、工作方法与待人处事的方式都会深刻地影响徒弟，具有较持久的影响（Scandura & Viator，1994；曾颢、赵曙明，2017）。近年来，企业导师制功能三维模型为学术界广为接受（Rajashi & Thomas，2013）（见表 2 -6）。

表 2 -6　　　　　　　　　企业导师制功能的三维模型

维度	功能
职业支持	赞助（Sponsorship）
	展露和曝光（Exposure & Visibility）
	教导（Coaching）
	保护（Protection）
	安排挑战性工作（Challenging Assignments）

续表

维度	功能
社会心理支持	接纳和认可（Acceptance & Confirmation）
	咨询（Counseling）
	友谊（Friendship）
	如父如母（Parent）
	社交（Social）
角色模范	角色模范（Role Modeling）

资料来源：根据 Kram（1983）、Ragins and McFarlin（1990）、Scandura（1992）文献整理。

四　企业导师制的发展阶段

正如众多定义所言，指导关系是一种发展型的积极关系。指导关系建立、推进、发挥作用、巩固是一个动态、发展的过程。每个发展阶段也有对应的发展模式（Pollock，1995），在导师制研究初期就开始了对企业导师制发展阶段（Mentoring Phase）的思考和探索。

（一）六阶段模型

1977 年，Phillips 将指导关系划分为 6 个阶段，但是行为模式主要表现为 2 个发展阶段（陈诚，2013）。第一阶段为导师施助，导师是输出者，向徒弟提供指导、支持和协助。第二阶段为互助互惠阶段，导师除了向徒弟提供帮助和咨询之外，还会帮助徒弟深入了解组织政治，制定职业规划，徒弟不但是接受者也是回报者，但是，随着徒弟资历的增长，师徒交流逐渐减少。

（二）三阶段模型

Missirian（1982）认为指导关系主要由 3 个阶段组成。第一阶段是初始时期（Initiation），导师和徒弟开始接触，对徒弟各方面的能力、素质进行评价，并开始提供鼓励、帮助与支持行为；第二阶段是发展时期（Development），导师提供职业支持与社会心理支持；第三阶段为结束时期（Termination），随着徒弟资历增长，导师和徒弟的势差发生变化，导师由于能力缺失或意愿减弱不再全力支持徒弟的职业进步，而是可能逐渐成为资源的供应者（Resource Person）。

（三）四阶段模型

1983 年，Kram 撰文《指导关系的阶段》（*Phases of the Mentor Relationship*）指出，为了全面地理解导师制的性质和对发展型关系的影响，检视这种关系如何随着时间变化而演进是十分必要且重要的（Clawson，1979；Davis & Garrison，1979；Kram，1980；Levinson，1978；Missirian，1982；Phillips，1978）。研究在美国东北部的一个大型公共联合公司的展开，共有 15000 名员工参与。指导阶段模型描述了指导关系从初始阶段（Initiation）、培育阶段（Cultivation）、分离阶段（Separation）到再定义阶段（Redefinition）的过程（见表 2 - 7）。每个阶段因个人需求和周围组织环境的不同而表现出不同的情感体验、发展功能和交互模式（Kram，1983）。Chao（1997）运用实证研究验证了指导关系的四阶段模型。至此，该模型较为全面地展示了指导关系从建立到终止的全过程，得到了学术界的广泛认可。

表 2 - 7　　　　　　　　　　导师制的四阶段模型

阶段	定义	转折点
阶段一：初始	6 个月至 1 年，关系开始建立，这种关系一开始对师徒都很重要	√ 双方开始有美好的预期。 √ 如果达到预想，资深者提供教导、有挑战性的工作、可见性；资浅者展现技术性支持、尊重和希望被指导。 √ 围绕工作任务的互动机会涌现。
阶段二：培育	2—5 年，最大限度地发挥导师制的职业支持和社会心理支持功能	√ 师徒双方持续从指导关系中获益。 √ 师徒双方互动更有意义、更频繁。 √ 情感联结和亲密度增加。
阶段三：分离	在结构化的角色关系或者情感体验有了较大转变后的 6 个月到 2 年之后	√ 资浅者不再需要指导，更需要自主工作。 √ 资深者面对中期职业生涯危机，并不再能提供导师制功能。 √ 工作轮换或是晋升限制了继续互动的机会；导师不再提供职业支持和社会心理指导。 √ 阻隔机会导致怨恨、敌对，进而影响积极的互动。

续表

阶段	定义	转折点
阶段四：再定义	分离阶段后续的一个无限期阶段，这个时期指导关系终止或者呈现出不同特点，师徒更像同辈友谊	√ 分离的压力减弱，形成新型关系。 √ 指导关系形式较之前有较大不同。 √ 憎恨和愤怒减少，而慷慨和赞赏增加。 √ 同伴地位形成。

资料来源：根据 Kram（1983）文献整理。

五 企业导师制的测量

企业导师制功能和测量的研究是密不可分的，企业导师制的功能决定了该构念测量的维度。众学者基于二维功能模型和三维功能模型，开发了企业导师制量表，为企业导师制的实证研究奠定基础。

（一）Noe 的 MRI（Mentor Role Instrumental）量表

该量表反映了指导功能的二维结构，共 21 个题项，共解释方程总变异的 82.3%。其中 7 个题项涉及职业支持，内在一致性为 0.89；14 个题项与社会心理支持功能相关，其内在一致性为 0.92。

（二）Ragins 的 MRI 量表

由于 Ragins 在 9 种指导功能（Kram，1983）的基础上增加了 2 种功能：如父如母（Parent）和社交（Social），一共有 33 个测量项，每个指导功能对应 3 个题项，均具有较好的内部一致性。

（三）Scandura 的 MFQ（Mentoring Functions Questionnaire）量表

与以上两个量表不同，MFQ 突出反映了指导功能三维度的模型结构，共 18 个题项。其中，涉及职业支持的题项为 8 个；反映社会心理支持的题项 3 个，关于角色模范的题项 7 个。Scandura 和 Ragins 利用因素分析减少了 3 个题项，MFQ-15（1993）得到了较为广泛的应用，其中包括：职业支持题项 6 个，如"我会关注徒弟的职业发展"；社会心理支持 5 个题项，如"我会与徒弟分享较为私人的话题"；角色模范 4 个题项，如"徒弟会将我的行为视为楷模"。其内部一致性分别为 0.75，0.81，和 0.70。2004 年，有学者将 15 个题项的 MFQ

简化至 9 个（MFQ - 9）（Pellegrini & Scandura，2005；Hu，2008）。三个维度的内部一致性较好，但是学者们还是选用 MRI 的量表居多（杨英、龙立荣，2006）。

（四）Allen and Eby（2003）的指导关系质量量表（The Quality of Mentorship）

由于众多研究者认为指导关系或师徒关系质量对指导功能的发挥，对师徒双方以及组织的影响至关重要。因此，开发出 5 题项的指导关系质量量表，师徒双方均可以填答。具体包括："我们之间的师徒关系十分有成效。""我很满意我们之间的师徒关系。""我有效地借助我们之间的师徒关系发展个人工作能力。""我们师徒关系很好。""我们双方都从师徒关系中获益。"

（五）Wang，Noe，Wang and Greenberger（2009）的导师指导意愿量表（Willingness to Mentor）

共有 4 个题项，包括："我不想指导他人。""我愿意成为一名导师。""我想当导师。""承担导师角色让我感到舒服。"

（六）宋培林和黄夏青（2008）基于中国背景的员工指导关系结构量表

他们参考了杨英（2006）的研究成果，结合国外的相关研究（Kram，1983；Kram et al.，1985；Noe，1988），设计了一份指导关系问卷。基于中国的人情社会将指导关系划分为职业发展指导和社会心理指导两个维度，共 10 个题项。其中，职业发展指导包括赞助、教导、维护、挑战性任务、展露；社会心理指导包括接受与认可、咨询、友谊、角色榜样、人际支持。

第二节 企业导师制的前因变量

企业导师制的影响因素主要包括：导师与徒弟的个体因素、师徒匹配因素、指导关系因素（导师制的类型、发展阶段及指导功能、指导关系的质量）及情境因素。

一　导师与徒弟的个体因素

（一）导师的个体因素

导师的个体因素主要包括：人口统计学因素、人格特质和领导风格因素、指导意愿与动机。

1. 人口统计学因素

由于导师制涉及人与人之间的互动，特别是师徒存在地位、知识的势差，因此，人口统计学因素在导师制研究开始时就受到关注。但是，关于性别、年龄的影响因素研究一直尚未有定论，放在不同情境中也会存在较大差异。首先，Noe（1988）的研究指出，导师的性别会影响指导意愿，一般来说，男性的指导意愿更强。可能的原因包括：其一是在工作场所占主导地位的大多是男性；其二是在职业发展过程中，女性遇到的阻碍更多（如平衡工作家庭问题、职业天花板现象、有限的沟通渠道、性别刻板印象等）（Russell & Eby，1993）。有学者考察了80个男女管理者成为导师的成本—收益差异，结果显示，随着时代发展，女性日益受到社会认同，性别因素对指导意愿和指导效果没有显著影响（Ragins & Scandura，1994）。Ramaswami 和 Dreher（2010）基于信号理论（Signal Theory）的研究认为，如果一位女性在男性占主导的行业工作，拥有组织内级别高的男导师，则可能获得较好的现金报酬和职业发展满意度。即谁接近了高级别男性导师谁就更容易取得事业成功。其次，导师年龄对指导关系的影响也说法不一。一种观点认为，年龄较长的导师的指导意愿更强，因为他们与资浅者的竞争性较低，而且年龄越长，父母、保护、角色模范等功能更突出，他们更倾向于将徒弟视作自己事业的延续，以帮助徒弟职业成功获得成就感或职业生涯的拓展（Ragins & Cotton，1993）。另一种观点则认为，导师年龄与指导意愿负相关（Allen，Poteet，Russell & Dobbins，1997）。年轻的导师更容易与新入职的徒弟产生同理心，更能设身处地为其提供指导。而且由于师徒年龄接近，其友谊、接纳的功能更明显，同辈指导（周二华、赵现廷，2016）的研究也详细考察了这一问题。一般认为，导师是组织中地位较高、年龄较大、较为成熟的员工，但是随着组织扁平化发展，互联网对人类认知方式的颠覆，反向指导（Reverse Mentoring，Murphy，2012）概念被提出，这种跨代际关系（Cross – Generational Relationships）的指导计划有利于导师的知识更新，也进一步说明年龄对指导关系的影响作用要在情境中进行具体分析。最后，一般而言，高学历的导师更能胜任导师的角色，在专业和学识上更具备指导的权威和合法性，而且比较不惧怕与徒弟比较，较少产生与徒弟竞争的心理，指导意愿更强（Campion & Gold-finch，1983）。另外，高学历的管理者可能由于接受过学术指导，更容易将其以往经验和体会移植到工作场所，从而建立一种良性互动的指导关系（Jacobi，1991）。

2. 人格特质和领导风格

国内外学者大量关注了导师人格特质的影响因素。如导师的权力需求、内控、工作安全感、成就感、利他主义（Altrulism）、积极情感（Aryee，Yue & Chew，1996；Fagenson，1992；Hu，Baranik & Wu，2014）、同理心、变革型领导风格（Ghosh，2014）等。个性因素是成为导师的预测因素，研究五型人格模型与成为导师的关系，对194名执业兽医进行了抽样调查，对他们参与指导初级专业人员、实习生和高中生的情况进行了评估。结果显示，外向型人格、自觉性和经验开放性特征与导师参与程度呈正相关。在人格特质控制前后，也显示出导师参与的显著差异。这些结果表明，参与指导可能在一定程度上受到个性的影响（Niehoff，2006）。另外，还需要特别关注导师的同情能力、移情能力、表达关怀能力和对他人感受做出反应的能力，这有助于将发展性人际关系与工具性人际关系区分开来。地位越高、拥有更多权力的导师能为徒弟在组织内外争取到更多表现的机会（Blickle，Schneider，Meurs & Pamela，2010）。最新研究表明，导师的学习目标导向（Learning Goal Orientation，LGO）与导师的反思（Reflection）呈正相关，与徒弟所接受的指导功能呈正相关（Son，2016）。

3. 指导意愿与动机

早期的学者就考察了性别与指导意愿的差异情况（Ragins & Cotton，1999），Ragins 等（1994）最早从导师成本—收益的角度分析指导的意愿，并检验了态度、工具性动机、社会动机等因素对指导意愿的影响，还有研究指出师徒关系的依恋类型和以往指导体验对未来指导意愿有较大影响（Wang et al.，2009）。指导意愿之所以重要，因为它是关系指导关系质量的重要因素，也关乎指导行为和指导关系的存续。以往受到过有效指导的徒弟未来成为导师的可能性更高。Janssen，van Vuuren 和 de Jong（2014）还通过正式导师的质性研究指出，导师指导存在 5 个大类的动机。分别是：自我聚焦动机（Self – Focused，基于个人原因），徒弟聚焦动机（Protégé – Focused，直接指向徒弟），关系聚焦动机（Relationship – Focused，指向指导关系），组织聚焦动机（Organization – Focused，从组织中获益），以及无聚焦动机（Unfocused Motives，无意识的信息处理过程），进一步地，基于自我决定理论，又将以上 5 种动机划分为内在和外在指导动机。不同类型的指导动机对指导关系及指导功能、指导效果有着显著影响。陈诚、廖建桥和文鹏（2011）基于 ERG 理论探讨了导师指导的动机问题，指出了导师进行知识共享是基于生存安全动机、人际交往动机和成长发展动机。另外，在中国情境下，童俊、王凯、韩翼和李曾艳（2017）关注了中国独有的挣"面子"和护"面子"需要（Face – Need）动机，并探讨了导师面子需要对徒弟敬业度的影响关系。Liu，Liu，Kwan 和 Mao（2011）研究指出，指导关系质量与导师在角色中的工作表现和社会地位呈正相关。

（二）徒弟的个人因素

徒弟的个人因素包括：人口统计学因素、个人特征、处理关系的能力和技巧等。

1. 人口统计学因素

徒弟的人口统计学因素对指导行为的影响作用较导师更加明显。首先，早期的研究发现，年龄较轻的徒弟求知姿态更低，更具潜力，导师更愿意提供各方面的咨询和协助，因此徒弟感知到的指导和帮助更多，特别是角色模范的功能凸显（Ragins & McFarlin，1990）。而年龄较大的徒弟自尊心更强，导师教授时也存在一定的压力，因此感知到的指导功能较为有限（Whitely，Dougherty & Dreher，1992）。其次，导师制对女性职业成功具有重要意义。但在西方职场中，白人男性是优势群体，白人徒弟更容易建立指导关系，并获得职业、心理等方面的支持和指导。而少数族裔和女性等特殊群体较难获得指导，这也是导师制发展的困境之一（Ragins，1989）。电子指导一大优势就在于可以避免面对面指导带来的这些种族、性别的偏见（Knouse & Webb，2001）。Bailey，Voyles，Finkelstein 和 Matarazzo（2016）理想导师原型的研究中比较了白人徒弟与非白人徒弟的偏好差异。由于白人群体是职场的多数群体，所以白人徒弟理所当然地以为会匹配一个同种族的导师，而非白人则可能没有这种预期。最后，研究指出，教育程度越高、徒弟获得更多指导，更容易建立良好的师徒关系，取得较好的工作业绩、晋升、提高薪酬水平（Whitely et al.，1992）。

2. 个人特征

主要包括了个性特质、能力与主动性等因素。第一，徒弟的内控（Locus of Control）、自尊（Self – Esteem）、自我监控（Self – Monitoring）（陈诚，2013）、核心自我评价（Core Self – Evaluations，Liang & Gong，2013；Hu et al.，2014）、依恋类型（Attachment Style，Wang et. al.，2009）、外向型（Extroversion）、主动性（Proactive Personality）（Turban，Moake，Wu & Cheung，2017）等个性特征会对指导关系产生影响。Bozionelos（2004）特别指出，对导师指导意愿的影响，徒弟开放性特质比人口统计学因素的作用更明显。第二，徒弟的能力与学习意愿是导师甄选徒弟的重要依据，当导师受自我聚焦动机和徒弟聚焦动机驱动时，会更关注徒弟的职业表现，也就更愿意指导学习能力强并愿意接受指导的徒弟。陈诚等（2011）持相似观点，并将导师的这两种动机称为自我提高（Self – Enhancement）动机和内在满意（Intrinsic Satisfaction）动机。与学习能力相关的还有体现徒弟主动性的因素，如学习目标导向、反馈寻求（Feedback Seeking）能力（Ghosh，2014）。积极主动又外向型的徒弟更容易寻求到帮助，特别是建立非正式指导关系、并积极互动（Turban et al.，2017）。而且，研究表明，徒弟的学习能力与主动性交互影响导师的指导意愿或行为。学习能力较弱的徒弟如果主动性特别高也可能触发导师的指导行为（陈诚，2013），学习能力强又主动的徒弟更会加强这种指导关系。

3. 处理关系的能力和技巧

情绪智力（Emotional intelligence，Bennetts，2002）和印象管理策略（Impression – Management Tactics）、政治技能（Political Technology）等因素直接影响导师的指导意愿和行为。Chandler，Hall 和 Kram（2010）发展了"关系悟性"（Relational Savvy）的概念，这是建立和维持有效发展关系所必需的一套态度、行为和技能。研究结果显示，徒弟的情绪智力通过信任间接地影响指导行为（Chun，Litzky，Sosik，Bechtold & Godshalk，2010）。具有较高情绪智力的导师和徒弟能充分理解对方情绪与发展的需要，并给予积极回应，从而促进高质量师徒关系的构建（Cherniss，2007）。王振源、段永嘉、夏艳芳和赵琛徽（2015）深入探讨徒弟印象管理策略对企业导师知识共享行为的影响。结果显示，徒弟的导师聚焦和自我聚焦策略与指导关系质量正相关，工作聚焦策略对师徒指导质量无显著影响；研究还指出，具有政治技能的徒弟更具有环境敏感性，能在不同情境中采取导师偏好的行动，更容易获得导师的信任与喜爱；另外，政治技能高的徒弟人格成熟度高，能有效运用人际交往技能与导师建立良好的师徒关系，进一步加强与导师的亲密联结，最终获得更多的职业、心理的赞助、支持和保护（韩翼、杨百寅，2012）。Liu，Wang 和 Wayne（2014）研究徒弟的学习目标导向与印象管理策略的交互作用，会直接影响导师提供的指导，最终影响徒弟的创造力。

二　师徒的匹配因素

师徒匹配两个矛盾的理论前提是：第一，基于相似—吸引模式（Similarity – Attraction Paradigm，Berscheid & Walster，1969），师徒双方在性别、年龄、种族、个性、价值观等方面越相似越容易互相理解、引起共鸣，产生喜欢的情绪和彼此认同，从而建立信任、亲密的高质量的指导关系；而这种相似性包括由浅入深不同的层面，主要表现在：表层的相似性，诸如年龄、性别、种族等人口统计学因素；深层次的相似性体现在：个性（Personality），兴趣（Interests），工作价值观（Work Values），对组织的看法（Outlook on Organizational Is-

sues），解决问题的方式（Problem – Solving Approach），个人价值观
（Personal Values）等（Dreher & Cox，1996；Hu et al.，2014）。指导
关系初始，性别、肤色、年龄等浅层次的相似性对指导关系具有积极
作用，但随着师徒互动的深入，深层次相似（Mentor – Protégé Deep –
Level Similarity，Liao，Chuang & Joshi，2008；Hu et al.，2014）会更
准确地预测师徒关系质量（Allen & Eby，2003；Fagenson – Eland，
Baugh & Lankau，2005；Ortiz walters & Gilson，2005）。第二，基于社
会交换理论，师徒配对应建立在最大互惠化基础上，因此，一定情境
下互补搭配的指导关系或许更有利于人力资源的开发和利用。如在特
殊群体的指导方面。如果有色人种能够从白人和少数族裔导师那里得
到指导，会比没有得到指导的员工获得更积极的职业结果（Dreher &
Cox，1996）。

1. 年龄组合

首先，年龄组合存在年长导师—年轻徒弟（传统类型）；年轻的
导师—年长的徒弟（反向指导）；以及年龄差距差异较小的指导关系
（如同辈指导）。一般认为，如果师徒年龄差距较大，导师和徒弟属于
不同代际，可能对彼此抱有代际成见，在重要问题上缺乏共同理解。
然而，关于年龄的组织理论表明，即使在年龄差异较小的情况下，师
徒双方都可能在指导角色中持有刻板印象，这将对指导关系产生影
响。研究指出，导师和徒弟之间理想的年龄差距是 8—15 岁。其次，
年长导师—年轻徒弟组合最为常见。反向指导则是以年轻的导师配对
年长的徒弟，从而帮助年长者更新知识，促进跨代际的理解和沟通。
同辈指导既是指组织地位层级上的相近，年龄差异也较小。这样的指
导关系因为更为相似的背景和经历而产生同理心，尽其所能地提供帮
助和支持，更像朋友间的友谊（Finkelstein，Allen，Ritchie & Montei-
et，2012；Levinson，1978），但有可能因为导师本身地位和资源不足
而致使指导能力有限，产生较强的竞争心理而在指导时有所保留。目
前，只有少数研究考察了年龄差异如何影响指导功能，而且没有得到
一致的研究结果。不同年龄组合的导师制各有优势，应在具体组织环
境中，针对不同的需要灵活运用。

2. 性别、种族匹配

首先，何种性别组合更具优势一直是师徒匹配关注的问题。研究用来自 3 个组织 181 名徒弟的数据，来比较跨性别和同性指导关系中导师角色的认知。在控制了导师的经验、组织水平和其他人口统计变量的差异时，导师角色不受导师或徒弟性别的影响。然而，在角色塑造和社会角色方面发现了显著的性别差异。同性师徒组合下班后一起参加社交活动的可能性更大。此外，与其他性别组合相比，女徒弟更认同女性导师的榜样作用。无论跨性别组合还是同性组合，女导师都提供更多的角色模范，较少的职业支持（Sosik & Godshalk，2000）。基于相似—吸引模式，同性组合的师徒比跨性别组合感知到更多的社会心理支持（Ragins & Cotton，1999）。此外，研究指出，女导师配男徒弟是最不受欢迎的组合（Armstrong，Allinson & Hayes，2002）。其次，学者们一直是用同化的视角来看待导师制在少数群体的职业生涯中所扮演的角色。种族因素对指导关系影响的研究也受到组织中如何看待种族的限制。因此，我们观察到的差异可能不正确，或者不完整，未能充分理解指导需求、徒弟的经验及导师的肤色的关系。而且，跨种族指导中采用哪些人际策略以及组织环境如何影响个人和组织的结果尚不明确。简言之，造成性别、种族匹配对指导关系质量的影响不一致的原因在于情境因素，这些因素只能通过将性别、种族视为嵌套在社会和组织环境中的系统因素来看待。

3. 个性特征匹配

首先，如人格特质、认知方式（Cognitive Style）、依恋风格（Attachment Style），自我展露（Self - Disclosure）。Armstrong，Allinson 和 Hayes（2002），认为由于正式指导关系是由组织指派，更有必要在某种程度上进行匹配。Menges（2015）检验了经验开放性（Openness to Experience）和尽责性（Conscientiousness）人格特质认为，如果导师和徒弟具有相似的人格特质，则徒弟会得到更多职业支持和社会心理支持。其次，影响这种关系整体有效性的一个人格变量可能是认知风格。研究通过实证研究考察了导师和徒弟的认知方式对正式指导过程的影响。研究结果表明，师徒双方认知风格的一致性提高了师徒关系的质量。师徒认知风格一致会增加相互喜爱的程度，进而提高导师提供社会心理和职业支持的水平。再次，基于依恋理论（Attachment Theory），在中国正式导师制中，依恋类型和师徒体验对导师未来指导意愿具有一定影响。Germain（2011）介绍了一个简洁的依恋风格评估方法和导师—徒弟依恋风格的配对指南。最后，导师和徒弟的自我展露会对发展关系产生积极影响，因为双方都感到被信任和被重视（Blickle, Schneider, Perrewe, Blass & Ferris, 2008; Kram & Isabella, 1985）。对方的响应程度，即导师或徒弟是否认可、接受和理解被认为是自我展露的关键组成部分（Ensher & Murphy, 2005）。因此，导师和徒弟之间相互自我展露可以导致更深层次的个人联系，从而提供或获得更多的指导支持。此外，韩翼、周空、刘文兴、张一博（2016）还研究了徒弟特征与导师动机的匹配对徒弟工作繁荣的作用机制。

4. 信任和喜爱

Hu, Wang, Wang, Chen 和 Jiang（2016）基于感情中心的吸引模型（Affect–Centered Model of Attraction, Byrne, 1997），检验导师与徒弟互动过程中的情绪、导师对徒弟的喜爱程度以及徒弟所获得的指导之间的关系。此外，还研究了徒弟的情绪智力（EI）对导师情绪与好感关系的调节作用。导师的积极情绪让导师更喜爱徒弟，从而给予徒弟更多的关怀与教导，当导师情绪积极时，徒弟的情绪智力会加强这一正向关系。由于指导关系是一种基于信任的亲密关系，因此师徒间情感信任非常关键。研究表明，信任具体可分为情感信任（Affect–Based Trust）和认知信任（Cognition–Based Trust），基于情感的信任在两个个体之间发展，是一个人通过关心产生强烈的认同激励另一个人积极回报；基于认知的信任产生于一个人对另一个人的能力的可靠性的认知（Mayer, Davis & Schoorman, 1995）。这两种信任都可以导致更高层次的合作，尤其是在师徒关系的背景下（Bouquillon, Sosik & Lee, 2005）。情感的信任产生的强烈的情感认同和关注，激励导师向徒弟提供更高层次的指导支持；而基于认知的信任，徒弟在工作中证明了自己的能力，导师也就会更有信心投入时间和精力来提供更高层次的支持（Wang & Noe，2010）。"后起之秀"之说也从职业锦标赛理论（Career Tournament Theory）的视角印证了这一点（Singh，Ragins & Tharenou，2009）。

然而，在中国"亲、忠、才"文化秩序的背景下，导师认定"圈内人"往往是依据情感信任，而不是基于认知信任。情感信任往往是排在第一位，基于情感信任的认知信任才是有效的。情感信任的调节作用不是关系强弱的调节，而是方向上的操控。即导师情感信任高的徒弟，如果认知信任也高则会增加指导意愿和行为；而一旦导师对徒弟的情感信任低，将其视为"圈外人"，对徒弟的认知信任越高，越会产生防备心理，抑制指导行为。

三　指导关系因素

（一）导师制的类型

1. 正式导师制与非正式导师制

Chao 等（1992）在正式和非正式指导下，比较了个体受到社会心理的和与职业相关的指导的差异。具体指标包括：组织社会化、工作满意度和薪资水平。结果显示，非正式导师制的职业支持功能更为显著，而正式导师制与非正式导师制中的社会心理支持功能无显著差异。有学者认为，这是由于非正式导师制不是组织强制指派，而是基于目标一致、认同、喜欢而自然形成的指导关系，因此，职业相关的指导功能更强，且社会心理方面的支持来源较为广泛（Chao et al.，1992；张正堂，2008）。而正式导师制或多或少地受到组织的原则和规范的制约，在职业支持和角色模范方面的功能较强，社会心理支持的功能较为有限（Fagenson et al.，1997）。Ragins（1999）的研究也表明，非正式导师制中的徒弟获得更多的薪酬，非正式导师制的徒弟比没有得到指导的员工更成功，但是受到正式指导的徒弟与没有得到指导的徒弟没有表现出职业成功上的显著差异。

简言之，尽管研究结论不完全一致，但非正式导师制的指导功能总体优于正式导师制，对徒弟职业成功的影响更显著（Underhill，2006；徐洁、梁建，2015）。非正式导师制的指导功能更加完备，基于信任和认同基础上的友谊、关心以及角色模范作用更为明显。与之相反，虽然正式导师制中的师徒双方具有明确的目标，其指导关系具有一定的规范和制度保证，但囿于工作场所的局限，认知和地位上的势差，导师更多的只是履行职业指导的职责，缺乏社会心理的支持、关怀和保护。由于正式导师制是人力资源管理的重要制度之一，如何发挥正式导师制的作用仍然是组织管理领域探讨的重点。Chen，Liao和Wen（2014）在中国的208对正式指导关系中发现，导师提供的指导正向影响情感承诺，负向影响离职意愿。近年来，围绕着如何更好地发挥正式导师制价值和作用，学者们展开了相关的研究。如，从认知风格的匹配上加强正式指导的作用（Armstrong et al.，2002）；从依恋理论视角来发展正式指导关系，对人力资源开发具有重要意义（Germain，2011）；通过个性匹配改善正式导师制（Menges，2015）；通过目标设定、参与活动以及反复参与来促进正式导师制的发展；等等。

2. 直属导师制与非直属导师制

导师制的早期研究，都倾向于认为直属导师在发挥职业支持、社会心理支持以及角色模范方面具有优势（Ragins & McFarlin，1990；Burke，Mckeen & McKenna，1994）。Payne和Huffman（2005）的纵向研究表明，导师制正向影响情感承诺和维持承诺，负向影响离职行为，当导师是直属上级时，这种关系更显著。特别是Booth（1996）用案例研究方法说明，直属导师制较非直属导师制能为徒弟提供更多的晋升（Career Enhancing Assignment）和崭露头角（Visibility）的机会。由于导师即直接上级，导师有更多的时间接触、了解徒弟，培养承诺与信任，也便于徒弟从导师处得到第一手的工作资源、信息和组织的人际资源等，使徒弟在职业发展上有更加优异的表现。而且，当导师是自己的上级时，徒弟能获得更多的心理安全感（Fagenson - E-land，Marks & Amendola，1997），组织内部导师的社会支持可以缓冲负面的心理契约违背（Psychological Contract Breach）（Zagenczyk，Gibney，Kiewitz & Restubog，2009）。近期研究一般将直属指导作为一个潜在的调节变量。相较于非直属导师制，在直属导师制中，导师的社会心理支持对职业弹性（Resilience）的正向关系更显著（Kao，

Rogers, Spitzmueller, Lin & Lin, 2014)。直属指导还对员工的组织公民行为(OCB)(Eby, Butts, Hoffman et al., 2015)、情感承诺(Affective Commitment)有正向预测作用,负向影响离职(Turnover)(Lapointe & Vandenberghe, 2017)。

与此同时,直属指导也存在以下风险:一是模糊上下级关系的风险;二是可能引起其他下属的嫉妒;三是如果徒弟工作失败,容易将责任归咎于直属导师;四是有被其他徒弟取代或超越的风险(Booth, 1996)。有研究指出,导师的直接上级身份一定程度上会阻碍师徒交流,徒弟可能因为敬畏导师的地位、权威而避免或排斥与导师沟通。导师也仅限于指派工作任务,害怕偏私而疏于亲密互动关系的建立。一旦徒弟认为导师没有履行其指导责任,将导致徒弟的心理契约违背。直属导师作为组织代言人,更会加剧指导关系与心理契约违背的相关关系(Haggard, 2012)。

3. 面对面指导与电子指导

随着互联网技术普及,社交软件层出不穷,极大地突破了空间沟通的局限,大大降低了远程交流的成本。电子指导可以帮助女性及少数族裔等特殊群体寻求到更多的指导,走向职业成功(Knouse & Webb, 2001)。一般研究认为面对面指导更利于传递各种隐性的信息,增加沟通与亲密感。但是 Smith - Jentsch 等(2008)的研究首次为电子指导的潜在优势提供了实证支持。他们全面比较了面对面以及通过电子聊天进行同辈指导的效应差异。将 106 位大学新生按照两种指导类型随机分派给高年级学生。如果导师是男性又是电子指导,则提供较少的社会心理支持、职业支持,且辅导后徒弟的自我效能感低;如果导师是女性则结果差异不显著。这是由于电子指导中男导师会极大地压缩他们的语言。但从信号过滤理论(Cues Filtered Out Theory)视角,学者们发现电子沟通比面对面的互动性(Dialogue Interactivity)更强。因为电子指导可能会减弱地位线索的抑制作用(如,Ensher et al., 2003)。最后,关于电子通信对社会情感纽带发展的影响,本身就存在着相互竞争的观点。一方面,如果没有非语言的暗示,人与人之间的温暖可能消失。另一方面,社会信息处理理论

（Social Information Processing Theory） 认为，个人可以通过电子手段来弥补这一缺陷，相比之下，直接发展人际关系更为缓慢。且进一步认为，电子通信可以通过理想化的自我表现和对信息内容感知的反馈回路，使交互具有超个人化（Hyper – Personal）。此外，他还指出，人们有更多的时间编辑回复，并对信息做出深思熟虑的回应。虽然电子环境下社会心理的支持较少，可能是打字比说话时信息流（Information Flow） 速度慢的原因造成的。如果将书写长度（Transcript Length）考虑在内时，导师在电子聊天时的社会心理支持话语其实更多。电子指导了跨越时间和突破空间界限，可能比包含了大量地位差异或是存在人口统计学偏见的指导关系更加有益（Smith – Jentsch et al.，2008）。

4. "多对一" 与 "对子" 关系

Peluchette 和 Jeanquart（1990）调查了专业人士如何利用导师资源实现客观职业成功和主观职业成功，以及参与者是否在职业生涯的不同阶段使用了不同的导师资源。根据来自美国两所研究机构 430 名教员的数据，拥有专业导师的助理教授、拥有工作场所以外导师的副教授以及在组织内拥有导师的教授在职业成功方面的目标水平最高。拥有多个导师来源的助理教授，在客观和主观职业成功方面的成就显著高于那些只有一个导师或没有导师的助理教授。

Vianen，Rosenauer，Homan，Horstmeier 和 Voelpel（2017）关注了指导关系差异化（Differentiated Career Mentoring）与差异化指导关系氛围的多层次研究（Differentiated Career Mentoring Climate）。具体来说，研究关注的是团队环境中的指导关系，并基于社会比较理论（Social Comparison Theory） 讨论了群体性指导的理论和实践。

5. 组织内与组织外的导师制

随着职业性质的变化、远程工作、弹性工作的发展，导师和徒弟可能在不同的雇佣环境中工作。无边界的导师制随之发展，指导关系存续的范围得到扩展，可能是在组织内，也可能发生在组织外。跨组织的指导关系在对徒弟性别和关系持续时间变量控制后，结果表明，与导师在不同工作环境中工作的徒弟相比，和导师在同一工作环境下的徒弟报告的职业和心理社会支持度更高。

(二) 导师制发展阶段及功能

如前所述，企业导师制的功能主要有二维说（职业支持、社会心理支持）和三维说（职业支持、社会支持、角色模范）。研究表明，导师制在不同关系阶段表现出不同的功能（见表 2 - 8）。

表 2 - 8　　　　　　　　指导关系不同阶段的功能

阶段	导师制功能	具体内容
阶段一	工作指导	传授工作技巧，处理工作中各种关系
阶段二	心理咨询	提供心理支持，生活和工作中给予理解和关心
阶段三	调解	保护徒弟，为徒弟争取表现机会
阶段四	提拔	帮助徒弟获得晋升的机会，或提供具体的策略

资料来源：根据张正堂（2008）文献整理。

鉴于现有的指导关系文献认为，指导关系是一种动态的现象，随着时间的推移而不断演进，因此可以预计，师徒关系的不同阶段，导师提供的支持或徒弟接收到的指导可能会有所不同（Bouquillon et al.，2005）。对应 Kram（1983）的四阶段说，第一，在开始阶段，指导者和被指导者开始互动，他们试图更好地理解彼此的兴趣、个人风格和工作习惯。在这一阶段，导师可以提供一些与职业相关的支持，如指导，提供曝光/可见性，或者提出一个具有挑战性的任务，以培养徒弟对职业支持的积极期望。第二，在培养阶段，职业发展和社会心理支持都可能达到最高水平。由于导师和徒弟已经有了相互了解，因此，在这一阶段，他们的情感亲密程度会有所提高，从而使社会心理指导达到顶峰。第三，在分离阶段，指导者和被指导者应该拉开一定距离，因为指导者已经为被指导者提供了足够的指导支持，使其能够独立行事。这个阶段职业和社会心理支持都有所下降。第四，在重新定义阶段，指导者和被指导者重新定义指导关系，他们可以继续作为同伴，通过非正式接触相互支持。不同程度的职业和社会心理指导（如指导、咨询、友谊）将相对不定期持续下去。相比之下，早期的职业指导和心理社会指导支持更为明显（Ghosh，2014）。

（三）指导关系的质量

除了导师制的定义、类型、发展阶段及功能等研究之外，研究者们很早就注意到导师制的作用结果取决于指导关系的质量（Mentoring Relationship Quality，MRQ），或是师徒双方感知到的师徒关系的质量水平。研究表明，指导关系的质量是一个连续的统一体，并在探究何时指导关系是高质量（High Quality），或是边际质量（Marginal Quality），甚至是功能失调（Dysfunctional）的方面取得了重要进展（Ragins & Verbos，2007）。研究者主要关注何为高质量的指导关系。Ragins，Ehrhardt，Lyness，Murphy 和 Capman（2016）基于自我扩张（Self-expansion）的视角，阐明亲密关系的实质。并将高质量关系理论（High-Quality Relationships）拓展到工作领域，指出工作中高质量的关系是一种基于需求的高水平匹配（A High Level of Needs-Based Fit）。高质量的指导关系是一种互惠的关系，它满足徒弟的需求，提供亲密关系的体验。如照顾（Care）、关心（Concern）、响应（Responsiveness）、敏感性（Vulnerability）、情感联接（Emotional Connection）、承诺（Commitment）。还有失调型（Dysfunctional）、传统型（Traditional）、关系型（Relational）指导关系的区别（见表2-9）。

表2-9 指导关系质量的类型

	失效型	传统型	关系型
感知到的质量	低	中	高
行为表现	负面的或无效的	支持徒弟职业发展和心理发展	给徒弟职业支持、社会心理支持及关系行为
普遍规范	违背的、剥削的	交换	共同发展
结果	负面的	单方面的；工具性	紧密的指导联结；共同的学习、成长

资料来源：笔者根据 Ragins 等（2016）文献整理。

Ragins 等（2016）进一步研究认为，高质量的指导关系对工作场所的消极态度或行为（如周边种族歧视、职场排斥）提供了一种靠山关系（Anchoring Relationships），设置了一个安全港（Safe Harbors），有一种重要的缓冲（Buffer）作用。其实质是支持行为（Holding Behavior）在起作用，主要包括：（1）包容行为，行为发出者释放自身易接近的信号并向行为接受者提供一个可以分享其经历、情绪和行为的包容与安全空间；（2）共情行为，行为发出者接受并认同行为接受者有关冲突、困惑和不足感知；（3）使能视角（Enabling Perspectives）提供行为，行为发出者帮助行为接受者理解其所处状况并帮助其在一个客观且有效情景下重构自我完整性。一方面，在工作领域，Ragins 等（2000）研究了导师制类型、指导关系质量与职业态度的关系。指导关系质量的影响对指导行为（即，职业和心理）以及职业认同（Lyons & Perrewé，2014）、身份认同（Humberd & Rouse，2016）有重要影响。另一方面，有研究验证了指导关系质量对家庭领域的影响（Liu et al.，2012；Mao，Kwan & Chiu，et al.，2016）。两阶段173 个中国徒弟的数据显示，指导关系质量正向影响工作家庭积极溢出（Work－to－Family Positive Spillover）、职业满意度（Career Satisfaction）和建言行为（Voice Behavior）。Mao 等（2016）基于工作家庭增益理论（Work－Family Enrichment Theory），从导师的视角考察了导师感知到的指导关系质量对自身学习（工作相关的学习，个人技能相关的发展）与工作—家庭界面（Work－Family Interface）（如，工作家庭冲突 Work－Family Conflict、工作家庭增益）的关系。

此外，还有学者关注了指导关系质量（MRQ）的影响因素。如指导关系类型（Ragins，2000）；导师承诺；尊重、交流与年龄的因素等。Allen 和 Eby（2008）研究表明，导师承诺正向影响徒弟感知的关系质量，当徒弟是男性时这种关系更强；Finkelstein 等（2012）认为，徒弟尊重导师，以及师徒双方感知的交流质量可以独立地预测指导关系的满意度。总的来说，徒弟对关系的满意度高于导师，但年龄对关系质量的影响并不显著。

四　情境因素

如前所述，企业导师制受到各种情境因素的影响（如 Ramaswami, Dreher & Bretz et al., 2010；韩翼等，2013）。近年来，导师制的研究者逐步认识到环境的关键性以及环境在塑造指导关系的起始、过程和结果方面的重要作用。环境不仅涉及师徒关系所嵌入的系统，还关系着指导关系在组织内外所形成的结构和媒介。Jones 和 Corner（2012）从复杂适应性系统（Complex Adaptive Systems，CAS）的视角来研究导师制，将企业导师制纳入"人、组织、内外部环境"共存和互动的系统中进行研究，该视角开辟了导师制研究的新领域，不是孤立地探讨人与人的互动，所谓"看到森林与树木"（Seeing the Forest and the Trees）。

情境因素具体包括组织内部的组织制度、组织文化、工作性质、组织结构、组织的领导者等；也包括组织外部的宏观环境，如政治、经济、社会文化与规范、行业环境、技术的影响等。这些情境因素有助于阐明导师制的内在本质，并为未来的研究和实践提供重要的新见解。

（一）组织内部环境

1. 组织制度

组织在指导关系中扮演着重要的角色。首先，组织是否确立正式导师制度。当我们从质量、过程和结构方面区分指导关系的影响因素时，关键的组织因素在于导师制是非正式的还是由组织制度正式确立的（Allen，Eby & Lentz，2006；Chao，Walz & Gardner，1992；Ragins & Cotton，1999；Underhill，2006）。虽然正式和非正式的指导质量明显具有重叠性（Ragins et al.，2000），但是组织是否确立正式制度对研究指导关系在规范和期望方面的差异是很有帮助的。由于正式导师制要求、期望、时间上的约束，徒弟在非正式指导关系中的收益更多（如长期的友谊、增加亲密度）。其次，在正式导师制中，师徒的匹配过程如何。组织采取何种匹配标准和策略，显示出匹配决策如何显著地影响动态关系和结果。当匹配的标准与工作目标一致时，有助于职业发展目标和个人学习目标的实现。再次，实证研究表明组织奖励能释放组织鼓励导师制的信号，促使更多员工愿意成为导师，并主动选择有潜力的员工作为指导对象（Allen & Eby，2004）。最后，组织对待导师制的支持（Organizational Support for Mentoring，Ghosh，2014），也对导师制的建立与发展有重要影响。

2. 组织文化

McCauley 和 Guthrie（2007）提倡对组织系统和文化影响指导关系的接受度和有效性进行研究。例如，在一些以绩效为导向的文化中，给高管配备教练是必要的，而在其他情况下，则不然。同样，在一些组织中，个人寻找自己的导师，而其他组织则为开发培训技能和能力的项目提供帮助促使员工发展有效的非正式指导关系。例如，组织可以通过鼓励情绪智力的培训，建立激励制度促进和维持指导关系发展。通过导师制为女性提供资源协助，进而帮助女性越过职业玻璃天花板。组织还可以通过不同类型的领导力发展—学习辅导，同伴学习，学习协调和反馈辅导发展领导力。

无论是否建立正式导师制，组织文化、氛围和人力资源管理实践都将影响个人在发展指导关系中投入精力和时间的程度。当组织重视学习时（例如，允许犯错误），管理者会因为花时间指导他人而获得奖励，当组织旨在培养团队合作精神和协作精神，领导者会努力培养他人，为组织树立榜样。以上组织情境下，导师制更有可能蓬勃发展（Arthur & Kram，1985；Kram & Hall，1996，2010）。此外，组织文化还会影响个体在师徒关系中培养有效情感能力的意愿。

3. 工作性质

诚如韩翼等（2013）提到的，不是所有行业和组织都适用于导师制。比如，强调技术创新的高技术行业或是艺术创意产业，导师制职业支持或是隐性知识的传递可能造成徒弟机械地模仿，抑制员工的创造性和想象力。有些工种更适合让员工自主地探索和开展工作，或是仅在新生代员工入职之初提供指导计划。从传统师徒制的产生发展轨迹可以看出，"师带徒"模式在手工业兴盛时代尤为普遍，已成为职业培训和技能传承的重要方式。因此，操作性较强的或是技能型的工作或行业更适合导师制发挥其职业支持功能，如中国德胜洋楼公司的木工师傅均是采用师徒制培养，进入公司也是采用一位师傅带两个徒弟的"捆绑式培训"，不但使木工技能精益求精，奠定了企业产品质量的基础，而且对保留员工，提高职业认同、组织承诺发挥了关键的作用（曾颢、赵宜萱、赵曙明，2018）。而社会心理支持功能则在大多数企业都比较适用，这也就解释了为什么像苹果公司、IBM 等70%的世界财富500强公司都采用导师制。而且，基于新生代员工（千禧一代，Millennial）特征和需求，社会心理支持促进新生代员工组织社会化（Organizational Socialization）进程的作用更加明显（张正堂，2008）。

4. 组织结构

首先，随着互联网技术的发展，全球化进程加快，工作场所更为多元、灵活。远程办公，虚拟组织、平台组织使得传统的层级组织结构发生巨变。指导关系的媒介由面对面沟通转变成面对面加电子沟通，甚至足不出户，素未谋面，完全可以由网络连接师徒二人。电子指导和同辈指导迅速发展，也适应了组织结构的变革需要。至此，新的指导类型作为传统指导类型的有益补充，丰富了导师制的理论研究和管理实践。其次，扁平化的组织结构带来了低权力距离，也使得指导关系的互动更为平等，存续时间更长，在后期主要以友谊的方式呈现。最后，跨公司的发展也使得跨文化指导，对外派人员的指导日益受到学术界的关注。Harvey，Napier，Moeller 和 Williams（2010）研究了针对全球化双职工的导师制（Mentoring Global Dual – Career Couples），认为向经验丰富的导师学习更好地应对全球任务的复杂性，从而更成功地完成海外任务。

5. 组织的领导者

两个考察视角在于：一方面，导师制是在何种领导力的情境下发生的；另一方面，领导力是如何影响指导关系的。首先，领导者可以塑造和构建促进指导关系发展的组织文化；其次，指导关系可以在个人和组织环境中建立领导能力。在他们关于领导力和指导的章节中，Sosik 和 Godshalk（2004）运用变革型领导（Transformational Leadership）和领导—成员交换（Leader – Member Exchange，LMX）的理论来阐明指导过程和结果。例如，变革型领导者的一些行为在高质量的指导关系中同样可见（Sosik & Godshalk，2000）。领导和指导的功能和结果取决于以下这些相似的关系维度，主要包括指导的形式（一对一/一对多)、指导的类型（正式/非正式）、关系存续的目标（个人或组织）和关系所处的环境（组织内/组织外）。而且，在这些维度上，师徒关系和领导关系多有重叠的部分，这也表明在许多情况下，同一个人可能同时实施领导和指导行为。

但是，领导者和导师之间还是存在差别的（Kouzes & Posner，2003；Ting，2010）。领导力主要关注组织变革，而指导主要关注个人变革；领导者的目标是激励个人、团体和组织朝着特定的方向前进，而导师的目标是激励个人在自己的发展道路上前进。这意味着导师，尤其是非正式导师主要关注徒弟的最大利益，而领导者有一个更大的组成群体，包括其他利益相关者。在某些情况下，导师可能不考虑组织，而建议徒弟选择最符合他们职业发展道路。比如，留存一个高绩效的徒弟对组织是最好的，但如果组织不能支持或重视徒弟的发展，导师可能建议徒弟离开。总之，领导者和正式指派的导师有不同的责任、期望和角色要求，这些要求可能会导致完全不同的行为。

综合来看，组织环境影响并决定了指导关系的性质、学习过程和有效性。

（二）组织外部环境

1. 多样性与社会规范

学者们认为，探明社会如何塑造导师制用于观察、发展和评估指导关系的价值是非常重要的，并引导研究者们超越组织情境去思考宏观社会系统对于导师制的影响。相对于组织内部环境，多样性与社会规范系统对指导关系的影响较为复杂。首先，社会规范、期望和刻板印象不仅通过组织文化渗透，影响职业的定义，而且直接影响指导关系的形式、功能、过程和结果。例如，有学者将导师制定义为职业成功提供指导；然而，职业成功通常是从男性的角度加以界定的。研究人员和从业人员都接受了男性对成功的定义，而未能考察指导过程和对女性更为重要的结果。导师制一直以来都是建立在多数/白人男性模式的基础上的，而没有认识到这种关系也要为组织中非主流群体的独特需求服务。社会对指导关系中的性别和种族动态的观点是由人类成长和发展的主流理论所塑造的。他们指出不仅必须关注种族或性别的差异，更重要的是研究现有的理论是如何被"性别化"以反映传统的男性价值观。他们指出，由于指导关系是在社会系统的背景下发生的，所以应注意社会层面上的权力动态（Ragins，1997）。正如 Thomas（1993）在他关于跨种族指导关系和种族禁忌的著作中宣称的那样，群体间权力关系与社会身份相结合的历史，影响了关系互动以及形成有效师徒关系的能力。无论是从权力和多样性的角度，还是从跨文化的国际视角，社会契约对指导关系的影响都是至关重要的。

总之，早期观点强调多样性的重要性（Kram，1988；Ragins，1997；Thomas，1993），新兴的观点也承认，导师制涉及权力、知识和社会资本的交流，并检验为何某些关系网络会在非优势群体中成功，而其他结构会遭遇失败。我们需要继续探索多元文化背景如何反过来影响多元师徒关系、发展型网络的发展和有效性。

2. 行业环境

行业环境与工作或任务性质是息息相关的，行业环境超越组织之外，从宏观系统层面影响导师制的运行和指导功能的发挥。如前所述，工作性质、企业的业务范围可能决定组织是否采用导师制，采取何种类型和模式的导师制，而行业特点会影响整个行业人力资源开发的制度设计。比如，传统制造业中的指导关系与高新技术产业的指导关系在类型、指导功能、存续时间、互动模式和媒介上就会表现出较大差异。具体而言，传统制造业的师徒可能更倾向于采用面对面的指导，现场传授，互动频率较高，类似于传统的指导关系；而研发人员可能会加入电子指导，或利用同辈指导延续一种协作的、互相学习的积极关系。

3. 技术的影响

技术在组织内外指导关系的发展和维护中扮演着越来越重要的情境角色（Ensher，Heun & Blanchard，2003；Hamilton & Scandura，2003）。电子指导作为发展关系的新形式，可以促进与学习和发展相关的个人和组织成果（Ensher & Murphy，2011）。电子指导是面对面指导的有益补充，或者被理解为个人努力扩展关系网络的另一种方式。

技术在指导关系中的作用是未来一研究的一个重要领域。我们需要更好地理解当计算机作为中介时，导师制效益最大化的条件和前提。我们需要澄清在正式和非正式电子指导关系中，匹配质量、通信频率和感知相似度如何影响关系质量。我们还需要了解这些过程与面对面指导有何不同。随着全球化、远程办公以及跨地区、跨时区工作的边界渗透性加强，电子指导日益成为一个新兴的研究领域。

4. 社会文化的角色

最后一个情境变量可能对指导关系的开发和运行影响最大。在比较欧洲和美国的指导模式时，有学者使用了跨文化视角来阐明组织嵌入的文化背景如何影响指导关系的定义和制定。该学者指出欧洲的导师制的指导目的和范围有所不同。例如，欧洲导师制需要更多措施促进徒弟成熟，强调个人学习和开发，而美国导师制往往强调职业生涯的结果和导师支持徒弟成长。有趣的是，欧洲普遍认可师徒关系的互惠性和相互学习的过程，但美国的理论和实践才刚刚开始。再比如，西班牙的管理者不接受跨性别指导关系，法国的管理者认为，正式的导师制在本质上是一种补救措施。

Clutterbuck（2007）希望研究人员和实践者在推进指导关系研究的同时，利用关于文化差异进行系统研究。跨文化研究人员为评估文化差异提供了明确的维度（Adler, 1997; Hofstede, Trompenaars & Woolliams, 2002），这两个维度可能特别容易理解不同的文化背景下的导师制：权力距离（徒弟是否愿意挑战师傅）和个人主义（徒弟把个人职业成长作为核心目标）。东方传统儒家文化的影响下，表现出文化维度中高权力距离、集体主义属性，国内的学者对这类研究也做了诸多探索（Liu et al., 2012; Chen et al., 2013; Mao, Kwan, Chiu & Zhang, 2016），得出了有价值的结论。高权力距离文化可能倾向于直属指导模式，但这种方式可能与以低权力距离国家的跨国公司发生冲突，比如北欧。此外，对宿命论的依赖（将失败被视为"上帝的意志"而非个人责任）也可能影响某些文化中的师徒关系。克拉特巴克指出，最后，随着全球化程度的提高，美国和欧洲在全球化文化的影响下指导关系变得越来越相似。我们也发现新的"文化混合"的指导关系（Mezias & Scandura, 2005），反映出不同文化背景下价值观、需求和差异的文化组合。

近年来，学者们呼吁更多非西方的导师制样本（Wang，Tomlinson & Noe，2010），以期在不同文化背景下研究导师制的异同和有效性。基于中国情境下的指导关系研究日渐丰富，主要考察了中国儒家文化背景、尊师重教、家庭责任和家庭导向、"关系"文化、类亲情的交换关系等（Mao，Peng & Wong，2012；Mao et al.，2016；韩翼等，2013；曾颢、赵曙明，2017）。

如本节所述，指导关系的研究与实践并不是在真空中进行的，而是在技术、领导力和多样性的背景下产生的，势必受到这些情境因素的深刻影响。通过考察组织和社会文化的一系列嵌入式的情境因素，不但可以深入理解导师制产生、发展的脉络，也可以丰富指导关系的研究前景。

综上所述，指导关系的影响的研究极为丰富，主要包括师徒的个人层面、指导关系本身和情境因素见表2-10。

表2-10   指导行为及其功能的影响因素

维度			影响因素
个人层面	导师	指导意愿	导师指导意愿
		人口统计学因素	性别、年龄、层级、种族等
		人格特质	利他主义、尽责性、经验的开放性、同理心等
		指导风格	变革型领导
	徒弟	人口统计学因素	性别、年龄、层级、种族等
		人格特质	主动性、外向型、内控、自尊、自我监控、核心自我评价等
		处理关系的能力	情绪智力、印象管理策略、政治技能
	师徒匹配	年龄组合	如，年长的导师—年轻徒弟，同辈师徒
		性别、种族匹配	如，男导师—女徒弟，男导师—男徒弟
		个性特征	人格特质、认知方式、依恋风格
		相似性	喜爱
			信任

续表

维度		影响因素
指导关系	导师制类型	正式与非正式
		直属与非直属
		面对面与电子
		"多对一"与"对子"
		组织内 vs 组织外
	导师制发展阶段	初始、培育、分离、再定义
	指导关系的质量	失效型/传统型/关系型
情境因素	组织内环境	组织制度
		组织文化
		工作性质
		组织结构
		领导者
	组织外环境	多样性与社会规范
		行业环境
		技术
		社会文化

资料来源：笔者根据相关文献整理。

第三节 指导关系的中介机制

在分析指导关系影响因素的基础上，综合多理论视角对其发生作用的中介机制进行梳理、厘清。并通过打开导师制对师徒双方及组织作用的"黑箱"，为导师制的理论和实践提供参考。

一 社会交换理论视角

相较于受单纯的经济利益驱使的经济交换理论（Economic Exchange Theory），社会交换理论（Social Exchange Theory）运用经济学、社会学和心理学的理论从微观角度研究人类行为。社会交换是由于交换双方各自占有资源的排他性和稀缺性，为了谋求自我利益，而结成了一种互惠互利、相互依赖的关系。但某一方向另一方施惠时，存在极大的不可预知性，因此，交换关系存在风险和不确定性（Blau & Alba，1982）。企业导师制最初逻辑就始于社会交换：组织为员工提供培训，看重其未来的发展潜能，希望员工实现绩效，忠于组织，为组织利益服务；导师指导徒弟是基于成本—收益分析，期望通过交换，从组织处获得奖赏，从徒弟处获得成就感和未来的更广阔的发展前景；徒弟在与导师的互动中也不断进行着各种物质、心理资源的交换。诚然，即使徒弟极具发展潜力，由于知识的势差、地位悬殊、经验和人际资源的缺乏，他能够与导师或者组织交换的内容极为有限，社会交换不同于经济交换即时回报。简言之，若导师衡量投入产出的效益时，成本小于收益，则会继续提供指导，否则将倾向于不再维持这种指导关系（陈诚，2013）（见图2－2）。有研究考察了导师的预期成本和收益、指导经验以及指导意愿之间的关系。结果显示，缺乏指导经验的个体比有经验的个体更悲观，他们预期的是付出较大成本却收益很少。预期成本和收益与导师的意愿有关，而这种关系因导师经验而异（Ragins & Scandura，1999）。

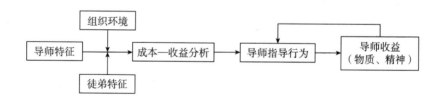

图2－2　基于社会交换理论的导师行为示意

（一）交换关系

徒弟和导师通过知识、技能、情感、信息、关系等资源的交换，形成一种互动互利的关系（Ragins 和 Scandura，1999）。以 Ensher，Thomas，Murphy（2001）为代表的众学者认为，企业导师制中的交换是一种沟通互动机制，既是一种物质交换也是一种心理交换，交流沟通的内容包括了工作与非工作的内容。

一方面，导师对徒弟的积极影响表现在：徒弟通过师徒网络关系来促进事业发展，建立个人信息系统，获得可靠信息，建议和心理报酬，提升自身专业能力等（Kaufman & Zey, 1984）。徒弟从导师处得到建议和帮助，从社会资本的网络节点中获取信息和资源（Payne & Huffman, 2005; Feeney & Bozeman, 2008; Eby & Allen, 2013），进而对徒弟的工作绩效、工作满意度、组织承诺、心理成功、职业进步产生正向影响。导师的指导正向影响员工程序公平感知（Lankau & Scandura, 2002; Wallace, 2001）。

另一方面，基于社会交换理论中的"互惠"原则，企业导师制不仅有利于徒弟职业生涯开发，还是一种促进导师进取的双赢干预措施。徒弟对导师的积极作用，归纳如下："教学相长"中，徒弟向导师输送新知和信息，督促导师提高技能、增强胜任力；协作过程及信息沟通有助于导师得到启发，克服职业瓶颈；特别是徒弟职业成功给导师带来的成就感、荣誉感和组织的认可等。由此可见，师徒间的交换互惠关系明显，并通过知识、信息、资源、关系、情感等交换促进师徒双方的职业成功与共赢。

此外，师徒之间也存在不良的交换关系。因为除了广义互惠、平等互惠，还可能出现负互惠关系。如对社会交换产生过分依赖，徒弟缺乏独立思考和解决问题的能力，阻碍其长远发展。或者由于社会交换的不确定和风险，导师缺乏安全感，顾虑"教会徒弟饿死师傅"，诱发知识隐藏行为等。以上情况致使各种信息、资源无法发挥最大效用，给企业导师制带来消极影响。

（二）心理契约履行与心理契约违背

从社会交换理论的视角来看，除了单纯的经济交换，组织与员工，师徒之间还存在心理交换。心理契约（Psychological Contract），用来描述雇佣双方间非书面的内隐契约，是基于互惠的原则，个体与第三方建立联系时，通过暗示或者非实物性的约定而形成的一种主观承诺或期望。即如果组织满足了员工的物质精神需求，满足了员工的接受指导、发展成长需要，则与员工履行心理契约，否则会出现心理契约违背（Psychological Contract Breach）。企业导师制的指导关系中，师徒双方也存在这样一种紧密的心理契约关系，如果导师符合徒弟的期待，在职业支持、社会心理辅导、以身作则等方面都达到徒弟的期望，徒弟也通过主动学习、承担责任，与导师建立良好的互动，产生亲密的感情，则师徒间心理契约履行，由此产生一系列积极的职业结果，提高组织竞争力；反之，则导致心理契约的违背，导致不良的师徒关系，进而引发师徒双方退出指导关系，或是出现破坏关系的行为（Feldman，1999）。

Zagenczyk 等（2009）的研究表明，来源于组织内部导师的社会支持可以缓冲心理契约违背的消极影响，但是鲜有研究指出导师制也可能带来负面的心理契约。Haggard（2012）的研究第一次检验了导师制在徒弟心理契约上的负面效应。当徒弟感知到导师没有履行其指导责任，徒弟就会感到心理契约违背。并且，特别正式导师制中的上级导师会作为组织代言人释放信号，因此，这种情境因素会加剧导师制与心理契约违背的关系。本书的研究为导师的行为（不作为）到心理契约违背再到消极结果的关系提供证据。而实践意义在于，鼓励组织给潜在的导师提供培训，使其掌握导师制的管理技能，从而尽量避免导师制中的心理契约违背。

总之，在西方契约文明中，社会交换理论是导师制最早、最主流的研究视角之一。强调师徒在工作场合中公平、等效互惠法则，但在中国情境下是否完全适用还值得探讨；且主要从徒弟与导师微观层面考察，鲜有对团队、组织层面的思考，企业导师制中员工—组织关系视角的理论与实证分析较少，有待于进一步考察。

二 社会学习、社会认知理论视角

社会学习理论（Social Learning Theory，Bandura，1952）认为，人可以通过不断观察、模仿，形成自己的行为方式，这是一种学习的过程。在企业导师制中，徒弟社会学习的对象是知识技能和经验更成熟的导师，社会学习的内容包括了工作场所的隐性知识和显性知识，以隐性的默会知识为主。社会认知理论（Social Cognitive Theory）提出的自我效能感（Self - Efficacy）的概念，更好地解释了企业导师制的作用。强调徒弟向导师学习，突出榜样的示范作用，帮助徒弟建立工作自信，在师徒之间建立积极反馈，促进徒弟的职业成功。

（一）隐性知识共享

1. 显性知识与隐性知识

认知学习可增强徒弟描述性知识、程序性知识、策略性知识或者默会知识（韩翼等，2013）。前两者是显性知识（Explicit Knowledge），而后者是隐性知识（Tacit Knowledge）。根据 Nonaka（1994）对知识的分类，能够被清晰记录和有效转移的知识是显性知识，而表达和传递难度较大的属于隐性知识。企业导师制是知识社会化的表现形式之一（Nonaka，1994），因为师徒双方可以通过共享知识、经验、经历，以及沟通、效仿，碰撞出新的隐性知识。众多学者都关注到企业导师制对隐性知识的传导的作用，知识共享行为的主要方式是"干中学""心口相传"，主要内容是工作中的"心智模式""窍门""经验"等（王晓蓉、李南，2012；陈诚、廖建桥、文鹏，2011）。

2. 隐性知识共享

企业导师制中，徒弟可以通过有效学习，完成知识的同化，从而获得与导师类似的认知。导师制早期的研究一般认为，知识传导方向是单向的，即师徒间存在知识势差，知识从导师向徒弟流动。但是，Ragins（2016）认为，高质量指导关系区别于一般指导关系的就是在于知识流动是单方向（One - Way Street）的还是双向互动（Two - Way Street）。企业导师制更加倡导知识的共享，双向互动可以促成多方收益。具体包括：首先，知识共享有利于提升徒弟的综合素质，促成徒弟的组织公民行为（Eby，Butts，Hoffman & Sauer，2015），厘清了指导关系与组织公民行为（Organizational Citizenship Behaviors，OCBs）的因果关系。也就是说，徒弟受到导师的支持从而采取组织公民行为，导师指导先于徒弟的组织公民行为；其次，知识共享会重构导师的知识图谱、提升能力等，在反向指导中表现尤为明显；最后，从群体/组织层面看，共享带来协作创新，形成集体认知（孙玺、李南、付信夺，2013），并促进知识的创新、绩效的提升、组织文化的建设等（Bryant，Moshavi，Lande，Leary & Doughty，2001）。研究还进一步指出，知识共享能够整合分散知识，提升知识探索和知识拓展相关的组织绩效（Husted，Michailova，Minbaeva & Pedersen，2012），进而促进组织的创新。

此外，不能忽视知识共享中的障碍（陈诚等，2011）。在知识转移过程中，组织、导师、徒弟三方构成博弈关系，且存在着能力、经济、情感、环境四方面的障碍因素。具体表现在：导师本身可能缺乏传授知识的经验和技巧；师徒之间缺乏坚实的信任，导师抱有"教会徒弟饿死师傅"的顾虑或出现"知识共享敌意"的现象；工作场所中不具备共享知识的有利条件，或是存在较多的噪音。以上都会给知识共享的效果造成负面影响。这其实也从另一方面表明，导师制会通过知识共享特别是隐性知识传导影响个体职业成功、组织效能，应充分发挥其积极效应，防范消极因素。

（二）自我效能感

自我效能感（Self – Efficacy）是个体与环境作用时，个体对预期结果的主观积极感受和表现出的信心。基于社会认知视角，诸多学者验证了徒弟的自我效能感中介影响了企业导师制与徒弟职业成功的关系（Allen，Day & Lentz，2005；韩翼、杨百寅，2012；陈诚等，2015）。且徒弟感知的职业、社会心理支持以及指导过程中的互动与其自我效能感正相关（Smith – Jentsch et al.，2008）。这是由于：在师徒指导关系中，一方面，导师通过言传身教，"心口相传"使徒弟增长技能，获得实践经验、替代性经验提高工作胜任能力，从而增强工作中的把握感与自信心；另一方面，徒弟在指导过程中接收导师的鼓励、建设性的关心，友谊和接纳，得到身心状态的改善从而获得更积极的自我评价和更高的满意度，为自我实现奠定基础。

综上所述，社会学习理论和社会认知理论从知识管理和自我效能的角度阐释企业导师制与个人、组织的关系机制。其中介因素包括以知识共享为核心的职业支持，以发展关系为核心的社会心理支持，以及社会认知中自我效能感。但研究的一大缺陷在于，本视角多聚焦于徒弟的学习过程、认知改变和自我效能的建立与提升，对导师关注有限，关于导师制对导师收益的分析应进一步推进（Ghosh，Reio & Bang，2013）。

三　认同理论视角

认同理论（Identity Theory）研究的是人们在社会中自我概念的形成和作用机制，即着力回答："我是谁"和"应该怎么做"。在广泛的认同理论中存在两大分支：其一是着眼于个人层面的自我定义——角色认同理论（Role Identity Theory）；其二是发源于心理学领域，关注社会群体自我归类的社会认同理论（Social Identity Theory）（严鸣等，2018）。角色认同理论视角，进一步强调了导师的榜样示范作用，而且这种作用不仅限于知识、技能，还事关徒弟对职业、对自我概念的形成，角色的定位、工作态度、工作方法、价值观等。而社会认同视角，是从群体的角度进行自我归类。从这两个层面来说，员工的组织社会化就是一个新生代员工发展角色认同（自我认同）和社会认同（团体/组织认同）的过程。

（一）自我认同

McCall（1978）提出角色认同理论。它以"个体"为研究单位，是个体对自身所处某个社会位置的自我概念，并依据这种自我概念表现出一定的行为。角色认同一旦形成将对个人产生积极影响，如身心安全与健康，较高的工作满意度与绩效水平、职业生涯成功等；反之，则可能造成角色的压力和冲突，给个人成长带来负面影响。

首先，导师对徒弟的角色认同具有指导意义。按照指导功能的三维度模型（Kram，1983；Ragins & McFarlin，1990；Scandura，1992），可以将导师划分为如下几种角色（见表 2 - 11）。其中，任务导向型角色直接指向工作行为，知识技能共享，促使员工成长；关系导向型角色能有效地提高员工的能力感、同一性和职业角色效能，并增强职业认同与组织承诺，降低员工的离职倾向，从而有利于组织管理的连续性（杨英、龙立荣，2006）。Humberd 和 Rouse（2016）阐释了师徒的互相认同的过程和意义。特别是在非正式指导关系的建立和发展中，互相认同尤为重要，徒弟对导师的认同也有助于形成自我认同，以对方为榜样加以效仿。由此可见，角色认同对个人整个职业生涯的建设和发展都至关重要。

表 2 – 11   导师的角色

分类	指导功能	角色
以任务为导向	赞助（Sponsorship）	支持者
	展露（Exposure & Visibility）	
	挑战性工作（Challenging Assignments）	
	保护（Protection）	保护者
	教导（Coaching）	教导者
以关系为导向	角色模范（Role Modeling）	榜样
	接纳和认可（Acceptance & Confirmation）	朋友或关系资源的提供者
	咨询（Counseling）	
	友谊（Friendship）	
	社交（Social）	
	如父如母（Parent）	亲人

资料来源：根据 Kram（1983）及相关文献整理。

其次，导师的角色模范对处于特定时期的徒弟尤为重要。比如，在职业生涯早期，导师率先垂范、树立榜样，帮助新生代员工由教育场所到工作场所的角色转换，尽快形成自我认同、职业认同和组织认同。再如，企业经历重大变革后，组织结构调整、工作再设计可能带来技能转换与角色转换的压力，员工容易出现角色模糊（Role Ambiguity）、角色冲突（Role Conflict）以及角色超载（Role Overload）等问题。通过建立指导关系，导师帮助徒弟自我调整，减轻角色和组织压力，应对冲突和变化（Eby，Allen，Hoffman，Baranik，Sauer & Baldwin et al.，2013）。另外，角色模范的积极影响并不只限于导师对徒弟，还会反过来作用于导师，导师以身作则，教学相长，不断激励导师调节、发展，促进双方职业成功（韩翼等，2013）。

最后，尝试剖析无法建立角色认同的原因。研究认为，这取决于师徒二人的角色期望一致性。即如果导师行为和指导内容与徒弟预想一致，徒弟则更愿意与导师接触，形成角色认同；反之则可能难以产生自我认同、职业认同。还有研究指出，在多导师的指导关系中，徒弟更容易出现职业倦怠或角色模糊（Baugh & Scandura，1999）。

（二）群体/组织认同

Ashford 和 Mael（1989）的组织认同（Organizational Identity）是认同自己的组织成员身份、组织价值观且对组织有归属感。研究发现，组织认同的积极影响有利于提高个人绩效、理解工作的意义、形成积极的工作态度、引发组织公民行为及降低组织离职率（Kreiner & Ashforth，2004）。

从组织认同视角看，多导师指导发展出的动态网络关系会对组织产生内外两方面影响。主要包括：内在方面形成凝聚力、学习型氛围、塑造领导力；外在方面建立高效团队、培育组织文化、实现组织目标和组织社会化等（魏钧、李森森，2013）。不少研究表明，群体认同与员工绩效显著正相关（Ellemers，De Gilder & Haslam，2004；Wang & Howell，2012）。且高水平的组织认同与自我认同相联系，形成一种积极的反馈，有益于员工发展自尊和产生自我效能。学者们也将研究层面由个人上升为团队，研究多水平的指导行为对员工结果的影响（陈诚等，2015）。并明确将群体认同（Group Identity）作为中介变量之一，认为高群体认同感是一种强烈的群体归属感，认同其文化、价值观、信念等，与组织荣辱与共。

总之，认同理论视角下，指导关系的功能通过职业支持、社会心理支持，特别是角色模范帮助员工建立自我认同、群体/组织认同，并完成组织角色的塑造和员工—组织匹配。这部分研究相对较为成熟，但随着组织环境的变化，传统"对子关系"不再适应新的发展趋势，导师制中多层面的指导、多种身份识别、角色定位、角色认同等将成为今后研究的热点与难点。

四　社会网络理论视角

Higgns 和 Kram（2001）将社会网络理论（Social Networks Theory）和方法引入导师制的研究领域。基于发展网络（Developmental Network）的核心概念——网络多样性（Network Diversity）和连接强度（Tie Strength）将指导关系划分为四种类型（高关系强度高多样性—创业型；低关系强度高多样性—机会型；低关系强度和低网络多样性；高关系强度和低网络多样性），将导师制视为一个多元化的关系现象。而以个人为中心的网络，最需要关注的就是在强弱连接程度中的结构性的社会资本。社会资本（Social Capital）是创造价值并促进个人行为的社会结果因素。当人与人关系的改变可以促进工具性行动时，就产生了社会资本。社会资本理论对人与人之间关系的解释不再局限于"对子关系"的交换，还扩展到多种结构和形式。这就契合了网络型的指导关系的发展趋势，导师制的逻辑框架由线条式扩展至网络结构。

社会资本理论的解释机制在于，师徒指导关系构建了互相连通的社交网络，形成一种结构性社会资本。众学者对上述关系进行研究发现，无论在正式指导关系，还是非正式指导关系中，导师都是徒弟重要的社会资本，是人际关系的重要来源之一。导师网络的社会资本与职业成功的关系研究，主要通过整合导师网络的结构特征和网络效益的社会资本，获得职业支持和社会心理支持进而影响职业成功（周小虎、刘冰洁、吴雪娜、贾苗苗，2009）。即遵循"网络结构→社会资源→职业支持→职业成功"（Seibert，Kraimer & Liden，2001；王忠军、龙立荣，2009）的过程。另外，一旦导师在组织中"失宠"，徒弟的社会资本也会受损，产生不利影响（张正堂，2008）。国内外研究的分歧在于，不同文化情境下网络结构与网络效益存在显著差异。在西方情境中"弱关系"理论更具解释力，东方情境中"强关系"才是持续从关系中获得资源的纽带。

（一）网络结构与网络效益

1. "弱关系""结构洞"与"社会资源说"

Seibert 等（2001）运用了 Granovetter（1973）的弱关系理论（Weak Tie Theory）、Burt（1992）的结构洞理论（Structural Hole Theory）和 Lin（1981）的社会资源学说（Social Resource Theory）三种社会资本理论整合了社会资本的概念，进而构建了以职业成功为导向的社会资本理论模型。将社会网络与企业导师制研究结合起来，并在社会网络的理论视域下研究社会资本的流动。在三种社会资本理论中，弱关系理论与结构洞理论表征的是社会网络结构，考察徒弟与其他职能部门的联系，与其他职能高层管理人员间的联系；社会资源学说将信息获取、资源获取渠道和职场庇护（Blau & Alba，1982）作为衡量社会资源水平的指标，即社会网络效益变量。实证研究还揭示了社会资本对职业成功的全中介作用，进一步解释了社会资本对职业成功影响。从职业成功角度上讲，职场庇护是最重要的网络效应，但还需要进一步研究、论证。

2. "强关系"、社会资本的接触与动员

基于"弱关系"等三种社会资本理论的整合并不完全适用中国"关系"社会。研究认为，基于中国组织情境，"强关系"（边燕杰等，2000）较"弱关系"更具解释力度，研究者还关注了组织外的非正式社会资源，试图探讨社会资本的接触（网络结构与网络效益）和动员（职业支持）对员工职业成功的联合效应。并选取了网络规模与网络差异作为网络结构变量，将关系人的权力、财富、声望作为社会资源水平指标，通过亲属关系职业支持、朋友关系职业支持、相识关系职业支持来影响职业成功。

（二）网络的多样性

如前所述，伴随着技术的进步，组织内外环境剧变，传统指导关系由"星群关系"向"发展网络"演变。网络的多样性不仅体现在指导关系的表层构成，还表现在聚焦的目标和分析层面上（见表2-12）。已有的研究包括：导师制的类型丰富化，突破组织导师制，多水平的指导关系，同辈指导，反向指导，跨职能、跨文化的指导等，Ragins（1997）就从权力视角对指导关系中的（如种族、宗教、性别、阶层、残疾、性向）差异进行了分析。但囿于导师制实践发展水平和更新速度远远领先于理论研究，加之网络多样性本身的复杂性和重叠性，学者尚未对此进行系统研究。

简言之，社会网络的视角将企业导师制的指导关系视为社会网络结构，且通过网络结构的强度、亲密度、互补程度、位置的不同等来影响社会资源获取，得到职业支持，进而影响徒弟职业成功。但是关于社会网络的两个维度，研究者仅从连接强度予以切入，仍然缺乏网络多样性的系统研究。与社会交换理论相比，这一视角更多的是研究导师对徒弟职业成功的影响，未重点关注师徒的交互作用，其关系机制的探讨也大多停留在个人层面。这就有悖于基于社会网络，要全方位地动员资源、利用资本这一理论的初衷了。

表 2-12　　　　　　　传统导师制与网络型导师制的区别

现象学的边界	传统导师制	发展型网络
指导关系	组织的	组织内或组织外（如专业、社区、家庭）
	层级制	多层面
	单一对子关系	多水平的/网络化的关系
	关注徒弟的学习	社群的/互惠的
	通过职业提供一系列的关系	在职业发展的任何阶段同时提供多种关系
服务对象	组织/工作相关	职业的/个人相关
分析层面	对子层面	关系网层面和对子层面

资料来源：根据 Higgins and Kram（2001）文献整理。

五　动机理论视角

动机（Motivation）是心理学的一个概念，源于触发人行为的心理状态，是个人对目标的追求或者主观倾向。动机是由未满足的需要产生的，当需要到达一定强度，且出现满足需要的条件，需要才能转化为动机。动机理论认为人的行为是由于某些需要没有满足，受到动机的驱使而产生的。职业动机是一种驱动人达成职业目标的动力（London，1983），主要包括：职业洞察力（Career Insight）、职业弹性（Career Resilience）和职业认同（Career Identity）。指导关系通过帮助徒弟产生职业动机（Career Motivation）进而正向影响职业成功（Day & Allen，2004；Byrne，Dik & Chiaburu，2008）。职业弹性是在职业变动或者挫折环境中一种积极的适应能力，是追求职业自我依赖的积极结果（London，1983；Water，Waterman & Collard，1994）。Kao 等（2014）考察了导师制功能与职业弹性的关系。结果显示，社会心理支持正向影响职业弹性，在职业支持对职业弹性的影响上，跨性别指导比同性指导更有效。由此可见，当导师提供建设性的解决方案及情感的支持，可以帮助徒弟设置职业生涯的目标，培养职业能力，并做好应对职业风险的准备，当徒弟具备较为充沛的工作资源、情感资源，徒弟的职业动机更强，激发其更为积极的表现。

六 角色压力理论视角

在全球化激烈竞争中，组织环境充满了模糊性、不确定性，工作任务也随之变得更为灵活和多元，因此，员工承受的角色压力（Role Stress）也越来越大（Cartwright & Holmes, 2006; Eatough, Chang & Miloslavic, 2011）。角色压力是工作压力的重要来源之一（Kahn, Wolfe, Quinn, Snoek & Rosenthal, 1965），主要包括以下三种类型：角色模糊（Role Ambiguity）指个体对于职位相关的期望缺乏清晰认知，常常处于不确定之中；角色冲突（Role Conflict）是个体在多角色要求中无法平衡所有角色的要求；如果角色的要求超出了个体拥有资源承受范围，则会出现角色超载（Role Overload）（Peterson, Smith, Akande, Ayestaran, Bochner, Callan & Setiadi, 1995）。研究指出，导师作为资深员工，可以帮助徒弟认识岗位所需的职责和技能，徒弟也可以通过反馈寻求行为（Feedback Seeking Behavior, Lankau & Scandura, 2002; Pan, Sun & Chow, 2011）增加对角色的理解，从而减少角色模糊与冲突（Lankau, Carlson & Nielson, 2006）。在指导关系对工作—家庭界面的影响研究中，特别是双职工家庭、单亲、职业女性工作角色与家庭角色的冲突（Greenhaus & Singh, 2004）引起了较大的关注。关等（Kwan et al., 2010）学者研究了角色模范对徒弟家庭—工作增益的影响，还第一次探讨了高质量的指导关系对导师职业成功、导师工作—家庭关系的影响与工作—家庭的积极溢出效应（Work - to - Family Positive Spillover, WFPS）。结果显示，导师进行工作相关的学习显著降低工作—家庭冲突（Work - Family Conflict, WFC），工作相关的学习与个人技能发展对工作—家庭增益（Work - Family Enrichment, WFE）具有促进作用（Mao et al., 2016）。Chen, Wen 和 Hu（2017）以工作要求—资源模型（Job Demands - Resource Model, JD - R）为基础，探讨了导师制对工作—家庭冲突的双刃剑（Double - Edged Sword）效应。角色负荷和角色冲突是其中的中介变量。

经过梳理，国内外研究主要从社会交换、社会学习、社会认知、认同理论、社会网络、动机理论、角色压力等理论视角进行探讨，试图通过明晰企业导师制对个人与组织作用的内在机制，改善关键因素，提高人才开发机制的效率（见表2-13）。

表 2 - 13　　　　　　　　　企业导师制的中介机制

前因变量	理论视角	中介变量	结果变量
企业导师制 ●指导关系功能/质量	社会交换理论	交换关系	个人职业成功 ●主观成功 ●客观成功 个人家庭工作平衡 ●工作家庭冲突 ●工作家庭增益 组织有效性 ●员工离职/留存 ●组织氛围 ●组织承诺 ●知识创新 ●组织文化
		心理契约履行/违背	
	社会学习理论 社会认知理论	知识共享、认知差异	
		自我效能感	
	认同理论 （角色认同理论、 社会认同理论）	角色认同/职业认同	
		群体/组织认同	
		组织社会化	
	社会网络理论	网络结构、网络效应	
		网络多样性	
	动机理论	职业弹性/职业 洞察力/职业认同	
	角色压力理论	角色超载/角色 冲突/角色模糊	

资料来源：笔者根据相关文献整理。

第四节　指导关系的结果变量

指导关系的结果变量即企业导师制的效能，从时间纵向而言，可以划分为近端结果和远端结果；从指导关系的有效性来看，主要包括正面效能和负面效能（见图2-3，表2-14），一般而言是对远端结果进行区别。其中，近端结果包括了徒弟的改变和师徒双方对指导关系的满意度（韩翼等，2013）。Wanberg，Welsh & Hezlett（2003）认为，学习模式的改变是指导关系近端的结果变量。而师徒双方对关系的满意程度取决于师徒交流的频率、关系范围、影响强度等因素。

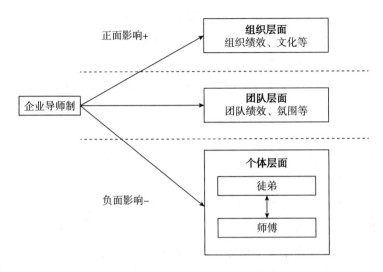

图 2 - 3　企业导师制的效能图示

表 2 - 14　　　　　　　　　　　**企业导师制的效能**

		正面效能	负面效能
个人	导师	培养领导与沟通能力、组织技能	心理压力、职业倦怠、消极情绪
		获得新知	工作家庭冲突
		获得成就感	降低工作满意度、消极的指导行为
		绩效、地位、扩展职业生涯	消极的工作行为
	徒弟	组织社会化、职业成功	心理压力和负面情感
		增长知识技能、个人学习	阻碍个人学习、工作中产生心理退缩
		角色认同	缺乏职业认同、降低未来指导意愿
		继承社会资本、构建社会网络	社会资源不充足
		组织认同，降低离职意愿	心理契约违背，增加离职意愿
组织		整合目标	难以形成协作机制和团队合作
		建立学习型组织	难以形成信任的组织氛围
		提高士气、组织承诺	诱发年龄歧视
		降低离职率	降低组织承诺水平
		提高组织绩效	造成组织低效

资料来源：笔者根据相关文献整理。

纵观文献，企业导师制的正面效能研究丰富，直接为企业实施导师制提供了依据。而正负不对称效应（Positive – Negative Asymmetry Effects）充分说明，负面指导效应对导师制的破坏力更大，对个人、组织的消极影响更加明显（Eby, Butts, Durley & Ragins, 2015），因此，必须在企业导师制的管理实践中予以重视，防患未然。

一　正面效能

（一）对徒弟的正面效能

基于社会学习理论、社会认知理论，角色认同视角，导师通过隐性知识转移（Pérez – Nordtvedt, Payne, Short, et al., 2008），扩展社会网络，继承社会资本（Seibert et al., 2001），促进个人学习与角色认同，提升徒弟绩效和心理安全水平（Arthur & Kram, 1985），缓解徒弟的工作压力（Qian, Lin, Han, Chen & Hays, 2014），实现组织社会化，帮助员工实现职业成功（Payne & Huffman, 2005；张正堂，2008）。企业导师制尤其对促进新生代员工的身心健康与提高职业适应能力具有积极作用；对工作转换或处于组织变革中的员工具有良好的引导作用，并能提高其组织承诺，降低离职意愿（曾颢、赵曙明，2017）。Bang 和 Reio（2016）指出，导师制能够促进创造性自我效能产生，进而创造性地工作投入。以上均为传统的徒弟受益视角，也是研究成果最为丰富的一部分。

（二）对导师的正面效能

基于社会交换理论视角，积极的指导关系具有互助互惠的功能。在徒弟得到帮助并融入组织的同时，相对年轻的徒弟能够帮助导师更新知识，激发创新思维，培养导师的领导与沟通能力，增加组织技能（Hall & Jaugietis, 2011）并在指导过程中获得成就感、经验与组织认同，扩展职业生涯，且指导关系与导师的工作绩效以及组织中的地位呈正相关（Liu et al., 2009）。Lentz 和 Allen（2009）还特别指出指导他人可以减轻职业高原现象（Career Plateauing Phenomenon）带来的负面影响。

（三）对组织的正面效能

企业导师制有利于整合员工目标，形成和谐团队，建立学习型组织。有利于提升员工士气、组织承诺水平及降低离职率（Hunt & Michael，1983），最终提高组织竞争力（Mathews，2006）；即实现徒弟、导师、组织三方互动、共赢（张正堂，2008；韩翼等，2013）。因此，企业导师制已逐渐成为企业人力资源管理的重要制度之一，是人力资源向人力资本提升的手段，是培养个人能力、在职培训、识别关键人才的运行机制。

二 负面效能

随着企业导师制实践的深入开展，企业导师制负面指导体验（Negative Mentoring Experiences）的研究也日益受到关注。Eby 等（2000，2004）曾对美国的企业进行调研，结果发现企业导师制中的徒弟和导师都有过不同类型或不同程度的负面经历，国内学者的质性研究也得出了类似的结论（王胜桥，2009）。一方面，由于负面指导体验会影响指导关系发挥积极作用，对个人和组织产生不良影响（Eby，Butts，Durley & Ragins，2010）；另一方面，负面指导研究从反面视角进一步完善和丰富了企业导师制的研究。

众多学者认为，负面指导体验主要分为徒弟负面指导体验和导师负面指导体验。其中，徒弟的负面指导体验主要包括师徒不匹配（如价值观、工作方式、个性特质）、导师疏远行为（忽视或排斥）、操纵行为（滥用职权、不当授权或推卸责任等），或是导师缺乏指导胜任能力以及由其个人问题或负面态度等带来的不良感受（Eby et al.，2000；Simon & Eby，2003；Eby et al.，2004；陈诚，2013）。导师负面指导体验维度包括：徒弟的绩效不佳，师徒的互动不良，或是徒弟蓄意破坏师徒关系（Eby & McManus，2004；Eby et al.，2008）。导师制负面体验造成的后果有：一是指导关系终结；二是指导关系在正式导师制中勉强维持。而且这种负面体验将影响到导师和徒弟今后的指导意愿和指导行为（邓奔驰、黄思行、黄亮，2018）。

（一）对徒弟的负面效能

首先，在压力和情感方面，负面指导体验会造成徒弟的心理压力和负面情感（Feldman，1999；Eby et al.，2010；Kumar，Irudayaraj，Jomon & Singhal，2013）。其次，在徒弟的情感和认知方面，负面指导体验会使导师职业支持、社会心理支持和角色模范作用减弱，师徒关系质量下降，破坏积极交换关系和互惠互助等功能，进一步引发心理契约违背的消极效应（Feldman，1999；Haggard，2012），并降低徒弟的组织承诺水平（Green & Jackson，2014）。再次，在徒弟的态度和意愿方面，负面指导体验可能降低徒弟的工作满意度，在工作中产生退缩心理（Eby et. al.，2004，2010），希望结束师徒关系（Burk & Eby，2010），增加离职意愿（Eby & Allen，2002；Kim & Choi，2011），并减低其未来成为导师的意愿（Scandura，1998）。最后，负面指导体验会显著减少徒弟的学习行为（Eby et al.，2004；Topa & Perez – Larrazabal，2016），减少徒弟的组织公民行为（Kumar et. al.，2013），并可能出现旷工（Scandura，1998）或对导师的无礼行为，（Ghosh et al.，2011）。此外，负面导师体验还可能在组织中产生消极的溢出效应，引发其他同事对徒弟的负面行为（Topa & Perez – Larrazabal，2016）。

（二）对导师的负面效能

导师的负面指导体验可能对导师本人造成消极影响。首先，在心理和角色压力方面，不良的师徒关系或徒弟的恶意情绪会行为引发导师的心理压力（Scandura，1998）、职业倦怠（Eby et al.，2010）消极情绪和情绪耗竭（Feldman，1999；Green & Jackson，2014），并由此造成工作对家庭的干扰，引发工作家庭冲突（Yi，Kwan，Hu & Chen，2017）。Yi 等（2017）特别指出，导师报复（Revenge）会加剧消极指导体验中的人际问题与情绪耗竭之间的正向关系。其次，在导师的态度和意愿方面，负面指导体验会造成导师的工作满意度降低，对其未来的指导意愿和指导行为产生消极影响，且由于导师的情绪耗竭和职业倦怠而无法实施组织公民行为、创新等主动性行为（Scandura，1998；Feldman，1999）。

（三）对组织的负面效能

导师制作为企业的人力资源管理制度，其实施的效果也对组织有着直接的影响。第一，对于组织氛围而言，如果导师和徒弟的指导关系难以达成信任、亲密的互动关系，这种情况又被组织成员普遍地感知，那么组织信任氛围也就难以建立（Feldman，1999）。第二，就组织的互助行为和团队协作而言，如果组织内的指导关系负面体验较多，则不利于形成正式或非正式的指导关系，资深者不愿意帮助资浅者成长，资浅者也不会寻求协助。组织成员的协作机制难以形成，团队合作机会降低。第三，负面指导体验可能诱发刻板印象，从而出现蓄意的歧视行为和言论，使得组织陷入年龄歧视。最后，负面指导体验使得资深者更加关注自己，减弱利他动机，资浅者无法有效获得工作所需的知识技能，无法尽快胜任工作，这是对组织资源的浪费，造成组织整体的效率低下，影响工作绩效（Scandura，1998）。第四，从同事的视角看待导师制，指导关系会通过影响团队的绩效和氛围来影响团队的运作。之前关于工作场所指导的研究主要集中在参与人的经验和看法上，而很少有关注指导关系对社会环境的影响。其实，同事作为第三方从工具视角出发会认为指导关系可能改善或降低组织绩效；而同事从关系的视角来看，则认为由指导关系形成小团体会负向影响组织氛围，甚至引发不信任和嫉妒，并产生权力相关的问题（Janssen，Tahitu & Vuuren，et al.，2016）。

最新的研究成果还从期望理论的角度探讨了徒弟继续待在失效的指导关系中的原因。根据暴力循环理论可以推断，刚入职尽管经历着负面的指导体验，他们可能以一种积极的态度去与导师的负面互动，他们期望未来得到收益，因此，继续解读保持这种关系（Ng，Song & Liu，2018）。

第五节 新生代员工

一 新生代的概念

SirotaT Klein（2013）将出生于 1980—2000 年的人称为"Y 世代"，"千禧一代"，或"新生代"。在将新生代与"婴儿潮"（Baby Boomers，出生于 1945—1965 年）和 X 世代（出生于 1965—1979 年）员工相比，研究者发现，新生代员工生长在网络时代，受教育程度高，并通过互联网、教育和旅行更多地体验了东西方文化的融合。

国内关于"新生代"（Millennial）的研究始于21世纪初，学者们将20世纪八九十年代出生的劳动者定义为新生代员工（李燕萍、侯烜方，2012）。由于中国新生代员工特殊的成长背景，这代人有独特的价值观、需求抱负和职场行为（赵宜萱、徐云飞，2016）。

经过10余年的研究，新生代特征形成的原因主要包括：外部宏观环境和微观家庭结构的变化。首先，改革开放以来，中国稳定、富足的政治经济背景，开放、多样化的文化氛围给新生代提供了一个宽松、健康的成长环境。其次，经济全球化，互联网时代，通信科技、人工智能的发展改变了人们的生活、生产方式，新生代作为网络世界的原住民，更多地享受了经济发展、科技进步的成果，物质条件较优越，行为方式更为直接。最后，经济社会稳定发展的同时，由1979年开始的计划生育政策，使中国的家庭结构发生了极大的改变，传统大家庭的模式变成了"4—2—1"模式，即4个祖父母，父母双方共同抚养1个孩子。在这种家庭结构下，新生代得到了前所未有的关注，普遍拥有宽裕的生活物质条件，受教育程度较高。但进入职场后，物质享受、感情关爱和教育优势并没有带来预期的就业结果，落差较大，反而容易增加其就业压力和社会压力。

二 新生代的特征

国外的研究者将新生代与传统主义者、婴儿潮一代、X世代进行对比，得出如下结论，如表2－15所示：

中国新生代重视成功和团队合作的个人动力，表现出强烈的自尊和自信（Qing & Yang，2010）。一些学者提出，独生子女政策下出生的孩子"以自我为中心，很少合作，不会与同龄人相处"。近来一项研究比较了美国和中国新生代员工对职业成功的定义。研究表明，中国新生代最重视财务成就、工作任务的范围和多样性，以及工作满意度；而美国新生代重视财务成就、工作满意度和有所作为。许多中国新生代，都表现出"对自我成就的渴望"，"对成功的热情"和"决定自己生活方式的要求"。通过对新生代员工的访谈，中国新生代员工具有独特的生活方式，他们愿意接受挑战，具有工作与生活平衡的价值观，重视个人时间和空间，不愿意加班（赵宜萱、徐云飞，2016）。相较于"经济人""社会人"等人性假设理论，中国新生代更符合"自主人"的人性设定。即，崇尚"自我"价值定位，在工作中追求成长而非生存，采取"自主"的行为取向（潘连柏、胡水兵，2017）。其行为动机往往由自我的主观感受出发，敢于表达自我，敢于挑战权威。其价值观和行为特征也存在着相互矛盾的几个方面，具体包括：首先，新生代表现出世俗化的倾向，重视薪酬福利，视其为自我价值的体现，但又不再将工作作为唯一谋生的手段；其次，渴望成就和成长，进取心强，但又心理脆弱、抗压性差，不愿潜心积累，发展周期较短；再次，重视团队合作，渴望被认可，寻求归属感，但对组织承诺水平低，更愿意忠实于自我；最后，新生代更加关注工作环境和氛围，以及灵活的工作制度安排等（曾颢、勒系琳、黄丽华，2019）。

表 2 – 15　　　　　　新生代与其他代际的特征对比

代际	具体特征
传统主义者	工作努力；忠诚（对国家和雇主）；服从（尊敬权威，不惹是生非）；抵制变革；受到新技术的挑战。
婴儿潮一代	以工作为中心（工作极其努力，以职业成就来定义自己）；独立（自信、自力更生）；以成就为导向；好竞争（想要胜利）。
X 世代	以自我为中心（独立、机敏善变、珍视自由和责任，藐视权威和固定工作时间）；善于应用新技术；灵活（善于随机应变，更乐意去改变雇主，能够容忍另类的生活方式）；珍视工作与生活的平衡（"工作是为了更好地生活，而不是活着是为了工作"）。
新生代	科技达人；以家庭为中心（愿意放弃高薪以换取更少的工作时间，更灵活的工作日程和更好的生活与工作的平衡）；以成就为导向（雄心勃勃、自信，对雇主有着很高的期望，寻求新的挑战）；质疑权威；以团队为导向（珍视团队合作，渴望被接纳，寻求他人的支持与肯定，渴望被关注）

资料来源：Moore, T., "Investing in the '100 Best' Bests in the Market, Hands Downs", CNN/ Money Online, 2001.

第六节 员工组织社会化

"社会化"常见于社会学研究之中，泛指个体从自然人过渡到社会人的过程。即个人接受社会环境影响，接纳社会规范、融入社会，并在社会生活中重新建立自我概念的过程。组织社会化是社会化的重要组成部分，是个体进入组织后，通过调整自身态度和行为来配适组织的价值观，认同组织目标，自觉遵守组织规范，并被组织接纳的过程（王雁飞、朱瑜，2006）。

一 组织社会化的定义

组织社会化，比较代表性的观点有如下 6 种取向：一是角色转换和适应的观点。这一视角认为，组织社会化的过程就是个人从组织外部进入组织内，并不断探索新角色，建立组织接纳的新形象、新观点、新态度和行为的过程（Crow & Glascock，1995；Chow，2002；Allen & Meyer，2007）。二是认同论。组织社会化是个体服从组织规范、潜在规则，并逐步认同、内化的过程（Bogler & Somech，2000；Vianen，2010）。三是符号互动论。组织社会化是人与人，人与组织（态度、行为、价值观）相互影响和交融的过程（Bauer & Green，1998；Cable & Parsons，2001）。四是交换视角。该观点认为组织社会化是个人与组织利益互惠互换的结果。五是冲突论。组织社会化是人与人、人与组织互动过程中不断应对冲突、解决冲突、妥协和折中的过程。六是学习论。该观点认为组织社会化是通过新生代员工的学习完成的，学习既是过程又是结果（Ostroff & Kozlowski，1992；Chao，O'Leary – Kelly，Wolf，Klein & Gardner，1994）。另外，张燕红、李永周、周勇、邹琼（2018）从关系资源的视角探讨新生代员工组织社会化的过程机制。

二 组织社会化的理论

组织社会化互动的主体包括了组织和个人两个主体。员工组织化的理论包括员工主导、组织主导、员工—组织互动、组织社会化综合模型四类。

（一）员工主导型

员工主导型的社会化理论认为，组织社会化是员工的责任，主要由员工舍弃旧角色，建立新角色、不断调适新角色适应组织而完成。这其中员工对信息的搜寻、感知和处理能力起着较为关键的作用，即社会认知的机制帮助员工认识新组织、新环境、识别新规范，进而减少不确定感，产生自我效能感，采取有效的行为。社会认知理论（SCT）、社会信息处理理论（SIPT）、自我效能理论等均属于此类型。

（二）组织主导型

该类型组织社会化理论，主要从组织的角度探讨采取何种组织化策略（Socialization Tactics）促进员工组织社会化。组织主导型理论将组织置于组织社会化的主动地位，而个体只是被动位置，组织根据个人的反应采取策略或做出调整。因此，组织主导型的组织社会化理论从组织视角提出组织社会化阶段理论（如 Buchanan & Bruce，1974；Wanous，Poland，Premack & Davis，1992；Baure & Green，1998）和组织社会化策略理论（如 Cooper – Thomas & Anderson，2002）。

（三）员工—组织互动型

该类型的理论基于符号互动理论，将组织社会化视作人体与组织互相影响、共同作用和努力的结果（Cable & Parsons，2001）。有效的组织社会化不是一方的努力，而是组织采取适合员工的社会化策略，员工也不断学习与组织匹配、融合的过程。这一类观点同时关注了组织社会化的双主体，并有利于更广泛、全面地研究组织社会化的影响因素、过程和结果。

（四）组织社会化综合模型

Saks 和 Ashforth（1997）对以上三种类型的理论视角进行了整合，认为组织社会化的过程受到不同层次因素的作用和影响。这些因素包括了组织内外多种复杂的环境因素。且组织社会化也存在个人、群体、组织三个层次。其中，影响组织社会化的各个层面的因素还会互相影响，个人层面的组织社会化会影响到群体和组织层面的社会化，组织和群体层面的社会化也会对个人产生影响。组织社会化模型是将组织社会化作为一个复杂的系统加以考察。

新生代员工进入新组织后，重新塑造组织角色以融入群体的过程，该过程通过组织化的策略、组织内社会群体的影响以及员工自身主动性行为之间的持续互动发展，并在员工离开组织时结束（严鸣等，2011；严鸣、邬金涛、王海波，2018）。研究指出，通过整合两个层面的认同理论，能够为员工的组织社会化提供更完整的理论基础（Simosi，2010；姚琦、乐国安，2008）。

三　组织社会化的影响因素

诸多学者从不同视角对组织社会化（王雁飞、朱瑜，2006；李强、姚琦、乐国安，2006）进行了理论和实践考察。早期的研究将个人的组织社会化视为一种被动适应的过程。因此，组织社会化主要是受到组织策略、制度安排、文化氛围、上下级关系、组织支持等环境的显著影响。且组织社会化的结果与组织策略最为相关。但随着近十几年组织社会化理论的发展，越来越多的学者将组织社会化视为员工主动融入组织，并与组织实现互动的过程。因此，除了组织层面的因素，个体特征及其主动性行为也成为影响组织社会化的重要因素（Bauer et al.，2007；Bauer，Saks & Ashforth，1997）。如员工积极地寻求同事和领导帮助，获取社会资源和有意义的信息，加强沟通和交流，采取组织公民行为都可以对组织社会化进程起到推动作用（石金涛、王庆燕，2007）。由此可见，个人因素与环境因素是员工组织社会化的两大前因（Gruman，Saks & Zweig，2006），个人特征及行为与组织社会化策略共同作用，交互影响从而影响了员工的组织社会化结果（李燕萍、徐嘉，2013）。李燕萍和徐嘉（2013）还基于期望理论，通过扎根研究识别出了影响新生代员工的组织社会化的因素，主要包括心理需求、组织期望、组织支持、主动行为等，并构建了"需求—认知—行为"的理论模型，为新生代员工组织社会化的理论研究作出贡献。

企业导师制与组织社会化。企业导师制作为重要的人力资源制度，其组织社会化功能已引起学者们的广泛关注（Chao et al.，1992；张正堂，2008）。具体体现在：第一，导师帮助徒弟了解、适应组织规范、权力结构，进而使员工角色清晰、员工—组织匹配、新生代员工尽快融入组织环境，减少离职倾向（Chao，O'Leary - Kelly，Wolf，Klein & Gardner，1994；张正堂，2008）。第二，组织社会化是导师制的关键的积极成果之一。Chao 等（1992）通过考察指导关系和其他发展关系如何一起促进员工组织社会化的问题。有些学者将学习视作组织社会化的核心部分或子过程（Bauer，Bodner，Erdogan，Truxillo & Tucker，2007），也有学者认为学习只是实现组织社会化的手段（Cooper - Thomas & Anderson，2006）。但是，无论哪种观点都强调了"学习"在组织社会化中的关键作用。徒弟通过工作相关的知识技能学习、组织技能学习和组织角色的学习，进而更好、更快地完成组织社会化。并且有实证研究验证了指导功能（职业支持、社会心理支持）与员工组织社会化呈正相关关系。

此外，同辈指导能够有效促进员工的组织社会化。研究认为，同辈指导关系中，导师与徒弟的地位更平等，沟通更顺畅，导师帮助徒弟进行角色定位，徒弟更易于模仿导师，再加上企业文化的影响，提升员工的组织承诺（Williams，2004），加快员工组织社会化。

四 组织社会化的结果效应

除了组织社会化理论本身的发展和前因的探索，更多的学者关注了组织社会化的结果效应。大量研究表明，一方面，有效的组织社会化可以帮助新生代员工掌握工作技能，促进工作绩效；另一方面，可以促使员工认同的组织价值观，与同事建立良好的协作关系，提高组织认同和组织承诺（滕飞、李雪莲，2017），降低离职倾向。对于组织而言，员工的组织社会化有利于激发新生代员工工作潜力，进而形成组织的核心竞争力（王明辉、凌文辁，2006）。

具体到职场的相关行为，诸多学者的研究表明，组织员工社会化对新生代员工利他行为（张伶、聂婷、赵梅，2017）、建言行为（包括建设性建言和抑制性建言）（郭云贵，2017）、工作投入（郭云贵、张丽华，2016）、员工知识分享（王翔、丁书彦，2016）、组织公民行为（葛建华、苏雪梅，2010）均有显著正向影响。

第七节　文献述评及未来的研究方向

一　企业导师制研究现状小结

从时间轴上看，经过了 40 多年的发展，企业导师制已成为人力资源管理和组织行为领域的重要组成部分。本书试图在 Haggard 等（2011）对该领域文献综述的基础上，再加入近几年的研究成果，提炼出各个阶段的研究重点（见图 2-4），并结合本章回顾和梳理建立企业导师制研究现状模型（见图 2-5），揭示研究不足并阐明未来研究的趋势。

阶段一：1980—1989 年，学者们聚焦于企业导师制的定义、指导关系的结构及指导功能；指导关系对徒弟职业成功的影响。该时期研究大多基于徒弟视角，是企业导师制研究的初始探索阶段。

阶段二：1989—1995 年，学者们开始从导师的视角思考指导的意愿及动机；从师徒配对的视角，考察不同性别、年龄、种族的组合对关系质量的影响；考察徒弟个性特质对指导关系的影响；由于直属导师制是实践界的主流，因此，直属指导关系的研究较多，非直属指导关系的研究也在逐步开展。

阶段三：1994—2004 年，导师制的发展阶段得到发展，包括初始、培育、分离、结束、再定义等；导师的人口统计学特征、特质对徒弟薪酬的影响；指导关系对徒弟工作、心理变量的作用。

阶段四：1999—2005 年，学者们开始注意到企业导师制的负面指导体验和负面效应。因此，更加关注导师与徒弟的匹配和指导关系质量的问题，而这种师徒匹配不仅仅限于人口统计学的表层相似，而是重视人格特质，强调徒弟的学习意愿、能力、主动性等。

阶段五：2004—2009 年，随着导师制在实践界的广泛推行，学者们以正式导师制为研究对象，提炼成功指导计划的特征；开始从多个理论视角探索指导关系与徒弟结果之间的中介机制；进一步探索不同类型的导师制，如同辈指导、发展型网络指导对员工职业成功的作用；

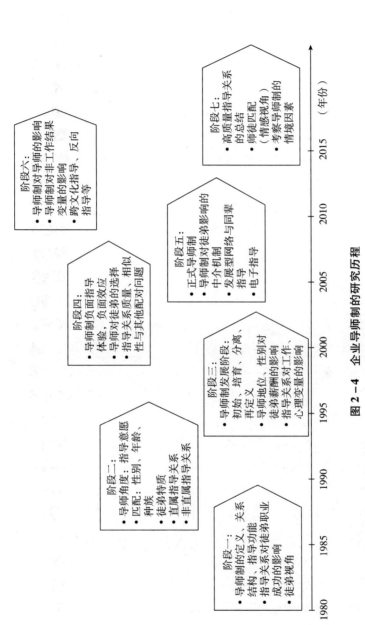

图 2 - 4　企业导师制的研究历程

资料来源：根据 Haggard 等（2011）及相关文献整理。

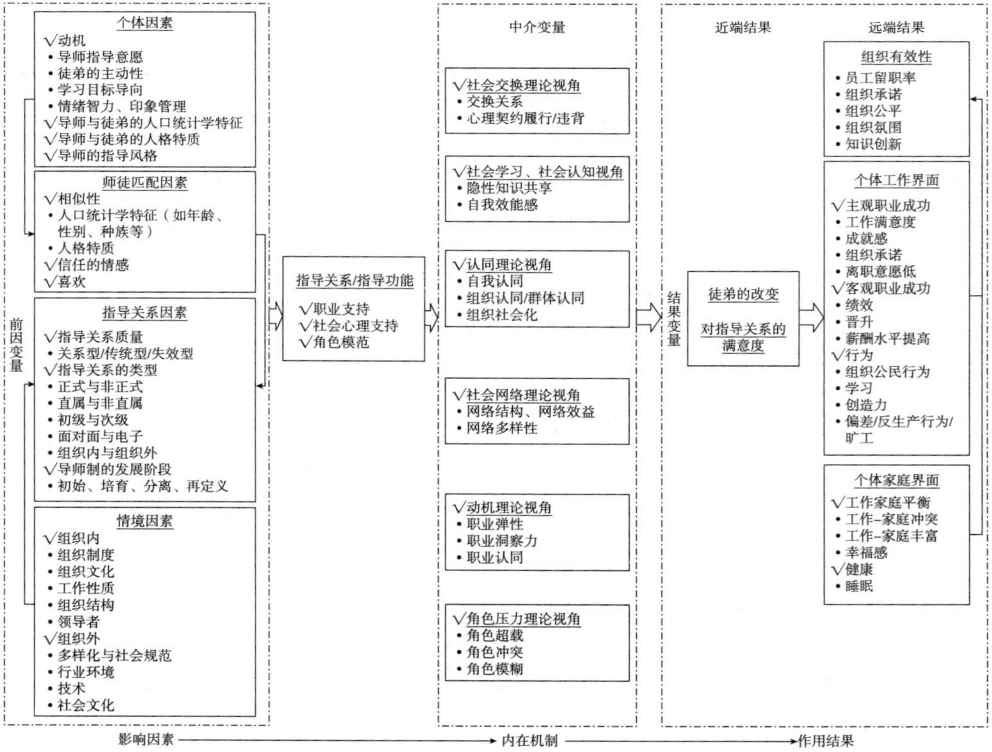
个体因素
√动机
• 导师指导意愿
• 徒弟的主动性
• 学习目标导向
• 情绪智力、印象管理
√导师与徒弟的人口统计学特征
√导师与徒弟的人格特质
√导师的指导风格
师徒匹配因素
√相似性
• 人口统计学特征（如年龄、性别、种族等）
• 人格特质
√信任的情感
√喜欢
指导关系因素
√指导关系质量
• 关系型/传统型/失效型
√指导关系的类型
• 正式与非正式
• 直属与非直属
• 初级与次级
• 面对面与电子
• 组织内与组织外
√导师制的发展阶段
• 初始、培育、分离、再定义
情境因素
√组织内
• 组织制度
• 组织文化
• 工作性质
• 组织结构
• 领导者
√组织外
• 多样化与社会规范
• 行业环境
• 技术
• 社会文化
前因变量
指导关系/指导功能
√职业支持
√社会心理支持
√角色模范
中介变量
√社会交换理论视角
• 交换关系
• 心理契约履行/违背
√社会学习、社会认知视角
• 隐性知识共享
• 自我效能感
√认同理论视角
• 自我认同
• 组织认同/群体认同
• 组织社会化
√社会网络理论视角
• 网络结构、网络效益
• 网络多样性
√动机理论视角
• 职业弹性
• 职业洞察力
• 职业认同
√角色压力理论视角
• 角色超载
• 角色冲突
• 角色模糊
结果变量
近端结果
徒弟的改变
对指导关系的满意度
远端结果
组织有效性
• 员工留职率
• 组织承诺
• 组织公平
• 组织氛围
• 知识创新
个体工作界面
√主观职业成功
• 工作满意度
• 成就感
• 组织承诺
• 离职意愿低
√客观职业成功
• 绩效
• 晋升
• 薪酬水平提高
√行为
• 组织公民行为
• 学习
• 创造力
• 偏差/反生产行为/旷工
个体家庭界面
√工作家庭平衡
• 工作–家庭冲突
• 工作–家庭丰富
• 幸福感
√健康
• 睡眠
影响因素
内在机制
作用结果

图 2–5　企业导师制的研究现状模型

资料来源：笔者根据相关文献整理。

另外，随着网络技术的普及，电子指导与传统指导的差异也引起了学者们的兴趣。

阶段六：2009—2016 年，除了导师制对徒弟的职业影响，学者们开始聚焦导师制对导师的影响，如职业收益（工作满意度、组织承诺、离职倾向、工作绩效、职业成功）；聚焦导师制对非工作结果变量的研究，如导师及徒弟的工作—家庭平衡（工作—家庭冲突、工作—家庭增益）。这个阶段随着导师制管理实践的深入，学者们还研究跨文化指导、反向指导、指导的系统等。

阶段七：2013 年至今，除了运用不同理论视角探讨指导关系质量，对高质量指导关系进行分类和总结；还主要从情感的角度（如信任、依恋风格）进一步探讨师徒匹配的问题；该阶段重点分析师徒之间的认同，理想的导师原型；并且在导师制的研究中加入了更多的情境因素，如国家社会文化的影响（如儒家文化、高权力距离），企业类型（如家族型）及不同人员类型（如销售人员、护理行业、高管人员）、领导力、工作范围等。

本章从企业导师制的内涵，影响因素、中介理论机制及结果变量方面做了系统的梳理与总结，从而建立企业导师制的研究现状模型（见图 2-5）。

二　未来研究方向

尽管众多学者已经从企业导师制的自变量、中介变量、因变量的研究中搭建起企业导师制的研究链条，但是仍存在以下的不足，希望从以下几方面推进未来的研究：

（一）前因变量

第一，缺乏对指导关系影响因素的综合、系统探讨。纵观现有文献，均是分别探讨了师徒个人因素（如人口统计学因素）、师徒组合（如年龄、性别的搭配）、组织内外部环境对指导关系的影响，而较少将个体层面、关系层面以及组织层面的因素加以综合考察。Chandler 等（2011）主张以生态学的视角考察指导关系及其影响因素，不但要考察师徒个人因素，还要系统关注师徒的互动、组织内部环境，乃至组织外部宏观环境，只有对个体因素和环境因素综合考虑才能真实有效地反映现实问题（Lester, Meglino & Korsgaad, 2008）。因此，未来的研究应该综合考察个人因素、关系本身、情境因素三方面的影响，探索各个层面影响因素的交互影响，并找出导师制得以有效实施的边界条件。

第二，缺乏东方情境下的理论与实践研究，且研究方法较为单一。导师制的研究在西方兴盛了20多年，国内研究于21世纪初才开始出现、发展。该主题西方情境下的研究较为丰富，但是西方导师制的量表或者某些影响因素（如种族）在中国情境下的适用性较低。尤其是，儒家文化、"家"文化、差序关系的氛围都与西方社会情境有较大差异，东方指导关系呈现出其独有的特征。导师制本身符合中国儒家思想、集体主义和"关系"等价值观（Bozionelos, Wang, 2007），另外，全球化背景下，虽然，中国企业中推行的导师制在功能上更接近西方导师制，但不乏对中国传统师徒制的吸收与借鉴。回顾国内现有的研究多以总结西方导师制的研究进展为主，辅之以定量分析，鲜有运用案例研究、扎根理论等质性方法来描摹中国情境下的导师制的模式、进程、效果的成果。由此，未来研究可综合运用多种研究方法，定性与定量相结合，在中国的情境下，针对中国新生代员工的特征与需求，做出适切社会需要的导师制研究。

（二）中介机制

共享经济浪潮席卷全球，组织变革、互联网革命兴起，新生代员工作为职场生力军，呈现出新的代际特征与需求，个体层面和组织层面的影响及结果变量都发生了变化，指导关系本身也发生着深刻变化。由此，催生了新的研究问题和研究层面，亟须挖掘新的理论视角进行阐发。再加之理论本身的完善发展，为进一步探求指导关系、员工成长与组织效能奠定基础。

如前所述，众学者已经从社会交换、社会学习、社会认知、认同理论、社会网络、动机理论等视角进行了阐述，未来研究结合中国组织情境下企业导师制的新发展、新需求，提出如下展望：

第一，领导—成员交换理论视角。当 Higgins 和 Kram（2001）提出发展型网络的概念，师徒"对子关系"逐渐演变成"一对多""多对多"的动态网络关系（魏钧、李淼淼，2013），即徒弟在社会网络中拥有的多元化的指导关系（Janasz、Sullivan & Whiting，2003）。师徒关系一定程度上与上下级关系十分类似。Scandura（1994）最早基于领导力，在交易型和变革型领导理论的基础上，将领导—成员交换理论（LMX）与上级指导结合起来。LMX 视角进一步认为，由于导师偏好及精力的有限，徒弟们可能被划分为"圈内人"与"圈外人"，指导网络关系内部会出现 LMX 关系的差异（Differentiated LMX），又将影响领导—成员交换的关系质量（LMX Quality）。可见，LMX 理论为中国情境下差序格局及不同类型的指导关系分析提供又一研究视角。

第二，关系理论视角。中国式"关系"（Guanxi）与西方"人际关系"（Relationship）的互惠互利不同，中国的员工—组织关系是一种超越工具性的"类亲情交换关系"（朱苏丽、龙立荣、贺伟等，2015）。中国师徒关系涵盖了情感和工具性双重功能，导师对徒弟的成长乃至未来整个人生负有"责任"，这是中国人情中的特殊性。因此，中国文化情境下的作用机制，有必要在今后研究中深入探讨。

第三，烙印理论视角。烙印理论由行为科学发展而来，原指动物睁开眼即效仿所见物种的行为，后逐渐运用到组织管理、职业生涯管理领域（Marquis & Tilcsik，2013）。

烙印理论的三大要素是：第一，焦点主体（Focal Entity）存在短暂的敏感期（Sensitive Period）。如组织的初创期，个人的早期职业经历（如 Higgins，2005；Mcevily，Jaffee & Tortoriello，2012）。敏感期的最大特点在于，由于组织和个人处于变化或者动荡的环境中，会表现出高度的开放性和适应性特征。这是烙印机制发生作用的前提。第二，环境对焦点主体影响的过程。敏感期内，焦点主体极大程度地出现因适配环境而主动改变自己的行为。比如，组织初创者依据环境特征（经济、技术、制度背景、组织逻辑）选择组织结构、战略决策以应对不确定性和合法性的压力，组织文化也会体现其创立者的性格、以往经历和认知方式等；再如，个人在角色转换期会受到周围环境影响而形成新的认知模式、接纳组织规范等。即，组织和个人会集中反映敏感期各种环境因素的特征。第三，印记的持久性。印记虽然不是永恒不变的，但敏感期的环境因素一旦烙下印记，就对组织与个人产生较为深远的影响。即使个体离开了原先的组织，身份发生转变也会保留印记，并可能与后期的印记叠加、融合。比如，个人早期职业生涯经历、领导者的风格以及学徒期导师、同伴的行为、态度都会对个人整个职业生涯打下持久的烙印（Marquis & Tilcsik，2013）。

目前，烙印理论广泛运用于组织生态学、组织理论、网络分析等研究之中。戴维奇、刘洋和廖明情（2016）总结指出，早期的研究者主要关注了组织种群层次的烙印机制（Kimberly，1975；Marquis，2003），而后研究者将其拓展至组织集体、组织、组织内部单元和个体4个层次。烙印机制个体层面的职业生涯研究已成为近期一个新的研究增长点。具体而言，个体早期的职业经历会对后续职业生涯发展产生持久的影响，并重点关注了个体印记的影响因素及形成和变化的过程，诸多学者从外部环境、组织环境、其他个体三个层面进行考察。

外部环境因素。敏感期组织外部环境对个人行为有长期影响。早期学者研究认为，环境是印记形成过程的推动者，是印记的源头。组织结构是企业初创期外部环境的反映，尤其受技术条件制约。近年来，学者们识别出更为丰富的环境因素类型，几乎囊括了所有宏观环境因素，变得更为复杂。如国家文化特征、产业行业特点、社会制度、经济条件、生态环境及创立期的市场情况等。比如，近年来对新生代的员工价值观和行为方式的研究，就是环境影响的集中体现。由于"80后""90后"的出生和成长环境较为稳定，国家经济、社会文化水平一直处于较为高速发展的过程中，因此这代人对物质匮乏的感受较低，在择业中对薪酬的考量占比也大幅度降低。近期，有研究开始具体揭示敏感期的经济环境如何影响个人技能或行为倾向的发展。个人早期职业生涯期的宏观环境会显著影响 CEO 今后几十年的投资意愿。再如，衰退期开始职业生涯的 CEO 一般会采取较为保守的战略决策。因为相对于繁荣时期，衰退期的资源更为稀缺而难以获取，因此，管理者的思维模式和保守的行为习惯是用于应对资源稀缺环境，并作为印记长期保留下来（Marquis & Tilcsik，2013）。

组织环境因素。一方面，内部经营状况影响个人职业生涯的技能发展。若在职业生涯早期公司内部存在较大金融风险，管理者则倾向于采用外部风险对抗内部风险的方式。员工敏感期工作繁荣程度，也会影响其今后的绩效水平。另一方面，组织制度环境，如组织规范、认知模式与组织文化也会对个人造成影响。组织文化和战略不仅会显著影响个人社会资本的水平和类型，还会影响员工的态度、信念和价值观。以上维度组成了职业印记，且组织文化越强，烙印强度较大，影响越持久。Dokko、Wilk 和 Rothbard（2009）也强调了组织文化在培育职业印记中的作用，且指出印记能够跨越组织边界并对职业发展意义深远。但印记的持久性也有一定消极影响，比如形成一种思维或者认知方式的固化，变革时期免不了更换工作或者改变工作内容，这时候员工可能会出现适应不佳的情况（Higgins，2005）。

个体因素。学术界关于敏感期内个人（导师、同伴、领导等）对个人的社会影响研究较为丰富。Mcevily（2012）研究了 Nashville 的律师行业，发现如果年轻律师在职业学习期内得到导师指导，将会尽快获得法律实操知识，容易在"非升即走"的体制中获得职业成功，更快成为律师事务所合伙人，并进一步充实律师事务所的核心竞争力。其他学者也证实了早期的导师和同伴将长期影响个人职业相关的选择。护士早期教育中的成败会影响毕业以后的能力和品质（Andrew，2013）。Azoulay、Liu 和 Stuart（2017）指出，个人与另一伙伴建立社会关系可能是由于某一维度上匹配，可能产生该维度契合之外的社会影响。例如，博士后选择合作导师时主要考虑学术兴趣与地理区域的因素，而经过导师培训之后，导师对待专利的商业态度和行为会在学生身上形成印记。排除社会分类作用之后，由于博士后与导师互相依赖的层级关系，导师的价值观、理念、态度和科学范式会传导给学生，职业烙印作用确实存在。研究还表明，一个人在职业生涯早期遇到的导师，不仅会在预期的维度上与导师结成对子指导关系，还可能在职业轨迹上制造出其不意的便道（Unplanned Detours），或是转折点（Turning Point）。简言之，在职业生涯的形成阶段，个人开始学习专业团体的社会规范、接受社会身份，产生社会认同，他们更容易受到频繁接触榜样的影响。

国外众多研究已指出导师在徒弟职业敏感期的关键作用（如入职期、组织变革期、工作轮换），但国内少有该视角的论证。

第四，情绪理论视角。Kalbfleisch 和 Davies（1991）从情绪理论（Emotional Theory）的视角指出，师徒指导关系具有情绪支持功能。已有研究指出积极情绪对导师指导行为和徒弟寻求指导都是有益处的，特别是拥有积极情绪的人对情境的解读更为正面。积极情绪扩展和建设理论（The Broaden – and – Build Theory of Positive Emotions, Fredrickson, 2001, 2005）认为，积极情绪能够扩大认知范围、建设个体资源、促进组织效能。伴随积极心理学的发展，以积极情绪（Positive Emotion）为中介变量，研究如何实现徒弟和导师双方职业成功、获得幸福感。

第五，社会影响理论视角。社会影响理论（Social Influence Theory, SIT）主要观点是，个人的态度、动机、行为是在特定的社会情境下产生的，即个体的态度、行为受到外在环境的影响。其作用机制包括：顺从、认同、内化这三种主观机理。如前所述，企业导师制指导行为是通过个人态度和行为的改变来改变组织绩效和个人成功的。未来研究可以以社会影响理论为基础，在中国高权力距离的文化背景下，深刻描述师徒指导关系服从—认同—内化的深化过程，从而为指导关系的动态发展提供理论基础。

（三）结果变量

虽然在结果变量的考察上，以往研究涉猎颇为广泛，但主要包含了工具性的因变量，如组织层面的绩效、竞争力、创新性；个体层面的主客观的职业成功、积极的工作行为、家庭领域的变量。但是随着我们对发展关系质量和过程的理解深入，我们也开始认识到，与个人学习、发展和成长相关的结果很难衡量，但对于理解导师制对个人、关系和组织的全面影响至关重要。这些需要进一步考察的结果变量包括个人和任务学习、关系能力、成人发展、个人成长、生理结果以及与非工作领域相关的结果因素。

第一，个人的学习与发展、成长。首先，学习本身可以是指导关系的过程和结果。个人学习涉及对知识、技能或能力的获取，这有助于个人的发展。Lankau 和 Scandura（2002）采用职业效率的维度，提供了一种构型，使用任务/个人关注的维度和短期/长期的时间导向来展示指导关系中不同类型的学习成果。这包括个人技能的发展，相关的工作学习，个人身份的成长，个人适应能力，以及专业和组织的社会化。其次，指导关系中的学习也可能影响职业相关的学习过程。在动荡的职业环境中，不再把职业看成一个漫长的、单一的阶段循环，个人换工作和换行业的频率比过去更高。指导关系中有多种形式的学习，这些形式的学习发生在学习周期的过程中，跨越职业生涯。此外，不同类型的发展关系和组合为师徒提供了不同的学习过程和结果。因此，需要进一步考察不同的学习过程和结果并将组织环境和关系的构成等关键情境因素考虑其中。

虽然个人成长和提升是指导关系的核心，但指导关系文献中关注甚少。Boyatzis 提出，以信任和同情为特征的发展关系是实现个人自我意识、身份成长以及增强能力的关键。但要发展这种指导关系必须掌握提出问题、提供反馈和及时自我询问的关系技巧。虽然学者们关注了指导关系对职业生涯的影响，但导师制对导师和徒弟个人的成长、认同、自我意识的影响知之甚少。

从更广泛的层面来看，尚未有学者运用整体视角研究指导关系，即指导关系如何影响梦想、抱负，以及实现一个人的"理想"或"最佳自我"的能力（Roberts, Dutton, Spreitzer, Heaphy & Quinn, 2005）。

从积极心理学的观点（Lopez & Snyder, 2012）来看，指导关系可能产生积极的心理资本，包括提高自我效能、乐观、希望和弹性（Luthans, 2002；Luthans & Youssef, 2004；Luthans, Youssef & Avolio, 2007）。导师制学者也可能考察与高质量关系相关的结果（Heaphy & Dutton, 2008），如弹性、能量、热情、繁荣、流动和活力。指导关系可能是促进个体产生奋进积极的心理状态，这种心理状态被定义为工作中的活力和学习的体验（Spreitzer, Sutcliffe, Dutton, Sonenshein &

Grant，2005）。Spreitzer 和她的同事们提出，指导关系可能是一种关系资源，可以创造工作繁荣，反过来，实现繁荣状态的个体可以寻求指导关系来建立和维持这种经验。

最后，导师带来积极的认同（Roberts，2007），可能提供机会，并利用他们的经验来增加工作场所知识的多样性。由此可见，将个人成长视角应用到指导关系文献中打开了企业导师制研究新的可能性。

第二，关系能力。学者们将成长—培养互动的理论应用到指导关系领域，识别出指导关系中的五大促进因素：学习的热情（Zest for Learning in the Relationship）、授权（Empowered Action）、价值感的增强（Increased Sense of Worth）、新知识（New Knowledge）和渴望联系（Desire for More Connection）。如果在师徒互动过程反复出现以上这5种动因，将会提升师徒双方的关系能力水平。关系能力被定义为在相互依赖的背景下有效运作的能力。Fletcher 和 Ragins 指出，关系能力是可以跨关系和跨环境转移的，并且与更有效的工作关系、工作表现、发展成长以及其他积极的职业成果相联系。研究者们建议通过开发关系能力和构建高质量的连接去拓展生活领域的能力（Heaphy & Dutton，2008），也就是说，高质量的指导关系可能对导师和徒弟的生活的满意度、健康、幸福感产生积极作用。因此，师徒双方应该积极发展关系能力从而构建高质量的指导关系，而指导关系最终又有利于提升师徒个人的关系能力。这些关系能力包括有效沟通、移情倾听、个人学习、知识转移、适应性、情商、自我反省、自我意识以及其他个人成长指标相关的技能。

第三，生理的结果。指导关系对生理和健康相关的影响是一个新兴的研究领域。一项研究发现，人际关系中产生的社会支持对心血管和免疫系统有积极影响，如血压、皮质醇（压力相关激素）和其他健康相关指标（Heaphy，2007；Fredrickson & Losada，2005，2013）。高质量的指导关系可能为其成员提供长期的健康益处（Heaphy，2007）。Boyatzis 认为，导师制的研究者应将个人在人际互动中发生的生理变化纳入测量范围。他还指出当个体感受到积极情感的吸引因素时，副交感神经系统（PSNS）会被激发，这将有利于神经元发育，并用来开展全新类型的学习（New types of learning）（Boyatzis，Smith & Blaize，2006）。

这一思路为指导关系学者提供了一系列结果变量，为组织学者和实践者提供了强有力的依据。长期以来，压力学者一直记录着工作场所压力对生理的有害影响（Cooper & Payne，1988），那么，与不良指导关系相关的生理结果是什么？良好的指导关系不仅能支持积极的生理结果，是否能作为工作和非工作领域压力的心理缓冲？什么情境因素放大了积极关系的生理效应或使消极关系的影响最小化？在产生生理影响时，多重发展关系是如何相互作用的？指导关系对身心健康的影响是什么？鉴于医疗成本的不断上升，以及对工作场所健康的重视，指导关系对健康的影响是未来研究的一个非常重要的领域。

第四，非工作领域的结果。越来越多的组织学者认识到，我们需要研究工作和非工作领域之间的界面，以及工作关系对非工作结果的影响。Greenhaus 和 Singh（2004）提供了一个理论模型，用以检验导师制如何影响徒弟的工作—家庭平衡一系列变量（如工作—家庭冲突、工作—家庭增益和心理幸福感）。他们指出，传统导师制的研究都集中在一个相对狭窄的区间，即徒弟的职业结果（如晋升、薪酬），而没有认识到这种关系对徒弟家庭和个人生活的潜在影响。工作—家庭平衡有关的四种不同的结果变量包括：家庭对工作的干扰（Family Interference with Work）；工作对家庭的干扰（Work Interference with Family）；工作对家庭的丰富化（Family - to - Work Enrichment）；家庭对工作的丰富化（Work - to - Family Enrichment）。

研究者还指出，导师关于工作和家庭问题的观点和实践，会反映导师在人际关系中的态度和行为，并导致更直接的结果。工作—家庭视角可能会催生一种新的指导模式（Ragins & Verbos，2007），这种指导关系能帮助徒弟增长能力以实现工作—家庭平衡。如前所述，工作—家庭平衡的结果不仅取决于导师的倾向，还取决于周围的组织环境，都应予以综合考察。

此外，在研究对象上，诸多学者已经关注到特定行业、职业、职位或企业类型的导师制研究。如，导师制对医护人员的培养培训

（Bryant et al.，2001）；对军人样本的研究（Payne & huffman，2005）；导师制对中国农民工离职倾向的影响（李群、杨东涛、卢锐，2015；詹小慧、杨东涛、李群，2016）；导师制对非依赖性工作关系（Non - Dependent Work Relation）员工职业成功的影响，特别是对当今网络平台型公司具有重要意义；还有对高管的指导计划（Moore & Wang，2017），对外派回国人员的指导等、家族企业（Family Businesses）的导师制等（Dhaenens，Marler，Vardaman & Chrisman，2018）。

综上所述，首先，本章主要从企业导师制的内涵、企业导师制的前因变量、中介机制以及后果变量四部分回顾并总结了国内外企业导师制 40 年的发展历程及各个阶段特点，并建立了企业导师制研究现状模型。其次，进一步详述了国内外对新生代员工和组织社会化理论的研究进展。最后，归纳了企业导师制现有研究的不足，并从自变量、理论视角和因变量等方面提出了未来的研究前景。为后续的案例研究和实证分析奠定了基础。

第三章　研究框架与设计

第一节　研究框架

　　组织内外部环境的急剧变化，大量新生代员工涌入职场，成为新时代劳动力市场的主力军。组织如何帮助新生代员工加快社会化进程，培养职业适应能力，满足新生代员工工作—家庭平衡的需求，实现幸福感，成为企业界和学术界的重要议题。在以上背景下，作为人力资源管理工具的企业导师制应运而生，并将在员工的工作与生活中发挥重要作用。本书将在新时代的背景下，针对新生代员工群体的特点，采取定性和定量相结合的研究方法对企业导师制的作用机制和促进员工组织社会化的过程进行深入探讨。

　　鉴于企业导师制的影响因素的研究较为丰富，本书主要目标是在新时代背景下，探析企业导师制发生作用的内在机制、具体过程及新生代员工社会化的结果研究。本书将采取定性与定量方法相结合的研究方法，第一，从烙印理论视角分析，导师作为主要烙印者，徒弟是被烙印者，通过描摹师徒双方建立指导关系及不断互动的过程，展现烙印效应发生作用的机制及最后印记的形成。第二，从员工组织社会化的角度，检验企业导师制对徒弟工作及家庭界面的影响。在高速变革、激烈竞争的组织环境中，培养员工的职业适应能力，考察其适应性绩效水平是组织社会化的题中应有之义。除此之外，新生代员工对幸福感的追求和需要也不容忽视。因此，在考察工作界面的结果变量之余，还要关注员工生活界面的工作—家庭平衡。

具体而言，本书由案例研究（子研究1）和实证研究（子研究2和子研究3）两部分组成。总体研究框架如图3-1所示。

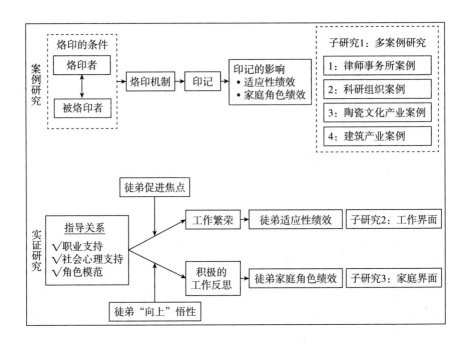

图3-1　案例研究与实证研究的框架

第二节　案例研究设计

基于多案例的研究思路，本书的案例设计部分共由4个案例构成，研究概要如下：

首先，从员工的类型而言，知识型员工与技能型员工社会学习、认知的过程有所不同，导师制对以上两类员工的功能各有侧重，企业导师制的案例研究应基本覆盖这两类员工，因此选择了律师、研究员和技术工人等不同群体；其次，在行业方面，研究选取了具有导师制培养惯例的律师行业、知识和技能兼具的科研院所，以及中国传统的手工业和制造企业，充分考虑到行业的代表性；最后，从指导类型而言，传统的导师制具有较高的权力距离，导师与徒弟和上下级关系类似，而在扁平化的知识型企业，这种直属指导关系已逐渐被同辈指导替代，更凸显出知识时代、互联网时代的特点，因此，选择了科研院所以同事指导为形式的岗位培训作为典型事例。

具体而言，案例 1 选取了律师事务所的 3 对师徒进行访谈研究；案例 2 选取 5 对师徒进行访谈，记录科研院所指导关系的建立、发展、深化等师徒互动过程；案例 3 研究将深入沉浸到具体的环境，综合运用观察法和访谈法深入描摹技能型员工指导过程，主要通过对传统行业 1 对师徒的访谈与探究，力求剖析出影响中国企业导师制的情境因素。案例 4 主要运用二手数据（文献、新闻采访、官网新闻）等文本资料来充分分析新生代员工所处的情境，对以上 3 个案例研究进行印证和补充。

总之，多案例的研究关注了多个不同类型的员工群体、组织内外两种情境的影响，深入描写师徒之间指导关系的特点、互动过程及通过烙印机制烙印的结果。其结果变量主要关注徒弟的组织社会化结果，也应关注对导师、对组织整体有效性的影响。力求建立起中国新时代背景下企业导师制的影响机制研究模型。为后续建立实证模型奠定基础。

子研究 1 多案例研究由第四章完成。

第三节　实证研究设计

围绕实证研究的构思框架，本研究的实证设计部分共由两部分组成，分别对应子研究 2 和子研究 3。

资源保存理论（COR）认为，当员工在工作中无法获得足够资源时，就会感到资源缺乏，因而产生工作压力，反之，当资源较充足时，员工的压力感会有所减弱（Hobfoll，1990，2001）。Mao 等（2016）认为，资源是个人解决问题或面对挑战时所能获取的资产，徒弟感知的导师制指导功能通过工作资源（如观点和技能）来影响工作家庭增益和家庭角色绩效。由此，从新生代员工的工作要求和工作资源分析入手，基于工作要求—资源模型，分析企业导师制给徒弟提供了各种工作资源，对新生代员工具有积极意义。

一　指导关系对适应性绩效的影响机制研究

如前所述，在日新月异的科技与组织环境变化中，如何应对不确定性、应对变化和挑战是当代职场人所面临的挑战。适应性绩效是工作角色绩效（Work Role Performance，Griffin，Neal & Parker，2007）的重要维度之一，是"能者生存"让位于"适者生存"的时代要求。研究和实践表明，适应性绩效已成为变革环境中最重要的绩效指标之一，且对任务绩效和周边绩效具有较强的预测力，是决定未来个人和组织成功的关键。而且，案例研究也多次聚焦到导师制对徒弟整个职业生涯的发展影响，是较长久的烙印影响，因此关注适应性绩效是对新生代员工适应性、柔性和灵活性的重视。

从中介机制而言，子研究2主要关注了导师制为新生代员工提供工作资源，使员工从获取资源的角度进入增值螺旋，处于学习和活力的状态，最终达成适应性绩效。在数据调研方面，本子研究主要在制造业的民营企业中采集正式导师制的正式指导关系的数据，考察徒弟的促进焦点对该作用机制的边界影响。

在数据获取中，主要采用导师—徒弟的配对数据，由导师填写结果变量适应性绩效，徒弟填写指导关系、工作繁荣、促进焦点等；在分析方法上，首先，本书将采用内部一致性 Cronbach'α 系数和验证性因子分析法（CFA）检验问卷的信度和效度。其次，检验指导关系与促进焦点的交互作用，进行调节效应的分析。

二　指导关系对家庭角色绩效的影响机制研究

由于新生代员工特殊的生长环境，"80后""90后"表现出不同于以往代际的特征。在家庭界面，进一步关注新生代员工对幸福感的追求，众多学者从工作—家庭视角展开了研究。基于资源保存理论，为防止各种资源的损失，从积极的工作体验到积极的工作反思，有益于提高家庭角色绩效水平和员工的身心健康。有学者从工作要求—资源模型（JD – R）角度分析了指导关系功能对工作—家庭冲突和工作—家庭增益的影响（Mao et al. , 2016），但也有研究指出了指导关系的双刃剑效应（Chen et al. , 2017），即在增加资源的同时，导师提高了对徒弟的工作要求，从而造成工作—家庭的冲突。基于研究结果不一致，指导关系作用机理特别在家庭界面还需要进一步深入探究。

　　具体而言，子研究 3 将检验企业导师制中指导关系与徒弟家庭角色绩效的直接关系，其次检验积极的工作反思的中介作用，最后检验徒弟的"向上"悟性在指导关系与积极的工作反思之间的调节作用，即徒弟的"向上"悟性是否会加强或减弱这种桥接关系。

　　在分析方法上，本研究将采用内部一致性 Cronbach'α 系数和验证性因子分析法（CFA）检验问卷的信度和效度。然后，检验指导关系与徒弟的"向上"悟性的交互作用，进行调节效应的分析。

　　子研究 2 和子研究 3 由第五章完成。

第四章　案例研究

随着导师制理论与实践的不断深入，中国企业导师制的研究也呈现出蓬勃发展的趋势。通过系统地梳理文献可知，首先，研究内容方面，国内的导师制研究站在组织视角，较为关注徒弟职业成功、组织效能等客观的结果绩效。其次，研究方法方面，我国导师制研究发展的近20年中，一直以总结、归纳国外研究前沿为主。近年来定量研究逐年增长，但仍然沿用国外企业导师制的成熟量表，因而无法完整考虑中国情境的文化因素，无法突出中国情境的典型性和特殊性。总体而言，中国情境下的企业导师制的案例研究较为缺乏，缺少对中国企业导师制现状的描摹。最后，理论视角方面，国内学者借鉴了西方经济学、管理学和社会学理论（如认同理论、社会交换理论、社会网络理论、社会认知理论等）阐明其中的作用机制，但西方理论的适用性还有待进一步探讨，抑或可以结合其他领域的理论成果进行深入阐释。另外，中国企业导师制实践的蓬勃发展推动着理论研究的步伐，急需一些典型性的实操范本，特别是某些行业领域迫切需要相关研究的指导与借鉴。简言之，我国导师制研究尚处于起步阶段，新时代中国企业导师制的现状与发展有待深入国内组织进行挖掘。

鉴于理论研究不足与企业实践的需求，本章将在文献综述的基础上选取4个不同行业的导师制，初步开展中国企业导师制的案例研究。

第一节　子研究 1 理论基础及框架

本章要解决的首要问题是：企业导师制为什么能够促进员工的组织社会化进程？组织知识与社会规范是如何通过导师传递给徒弟，并形成徒弟的价值观、知识、态度和行为？其具体过程如何？

一　整合组织社会化与烙印理论

（一）组织社会化理论

本研究主要基于组织社会化综合模型的框架（Saks & Ashforth, 1997），将员工主导、组织主导、员工—组织互动（Cable & Parsons, 2001）三种类型的理论视角进行了整合，将个人的社会化纳入整个社会的大系统中，且社会化的结果也存在个人、群体和组织三个层面。也即是说，组织社会化的过程会受到不同层次因素的作用和影响。这些因素包括了组织内外多种复杂的环境因素。而且，组织社会化的各个层面的影响因素还会互相影响，个人层面的组织社会化会影响到群体和组织层面的组织社会化，组织和群体层面的组织社会化也会对个人产生影响。组织社会化模型是将组织社会化作为一个复杂的系统体系加以考察。

（二）烙印理论

行为科学领域的烙印理论（Imprinting Theory）认为，小动物一出生会模仿第一眼所见物种的行为，且其影响长期延续。1965 年，Stinchcombe 首次将烙印理论运用于组织领域。关于烙印机制个体层面的职业生涯研究已成为一个新的研究增长点。

导师在员工职业敏感期具有关键作用（如入职期、组织变革期、工作轮换），但国内少有该视角的论证。已有研究表明，导师对徒弟具有可烙印性，必须满足了以下三个要素：第一，指导关系出现在徒弟的敏感期（Sensitive Period），这是产生烙印效应的前提。这个时期内，员工面临角色的重大转变，不确定性增加，认知和经验向外界全面开放。第二，导师与徒弟互动实则是通过外在环境对徒弟施加影响的过程。传递隐性知识、组织文化、价值观，帮助员工融入组织、融入社会。第三，烙印机制的持久性帮助徒弟完成角色定位和实现组织社会化。烙印的结果具有持续性，也就是说，徒弟的态度、行为一旦形成，即使更换环境，也不会轻易消退。烙印效应为指导关系影响的桥接机制研究提供了行为学视角，也为推进企业导师制的过程研究提供了思路。

此外，本研究还将对外部环境、组织环境、其他个体三个层面的因素进行综合考察。首先，外部环境的影响。新生代员工独特的价值观和行为方式，就是环境影响的集中体现。由于"80后""90后"的出生和成长环境较为稳定，国家经济、社会文化水平一直处于较为高速发展的过程中，物质生活水平不断提高，因此这代人对物质匮乏的感受较低，在择业中对薪酬的考量占比也大幅度降低。其次，组织环境因素。如内部经营状况，组织制度、组织规范、组织文化会影响个人的认知方式和行为方式。最后，组织中的领导、导师、同事，特别是与员工频繁接触的榜样，对其角色认同、职业认同、组织认同有着较为深远的影响。

二 理论框架

整合新生代员工组织社会化综合模型和烙印理论，首先，新生代员工组织社会化之所以关键，是因为新生代员工正处于角色转换、环境交替的敏感期，这个时期具有高度敏感性，具有可烙印性，与此同时又容易出现角色冲突、角色超载、角色模糊等问题。其次，新生代员工组织社会化的结果是各种环境的集中反映。烙印理论中外部环境、组织内部环境、个人的三个层次烙印者与组织社会化综合模型颇为一致，为烙印理论搭建了较为完整的影响因素分析框架。再次，组织社会化作为烙印效应的结果是一种不易衰退的印记。最后，组织社会化既是个人与组织内外环境互动的不断磨合和调整的过程，也是新生代员工接受组织内外各种环境烙印和新旧烙印相互迭代、交融的结果；烙印机制为组织社会化的过程机理提供了独特的解释视角。

基于以上理论分析，案例研究将基于烙印理论的视角，分析指导关系或指导功能如何将知识、技能、职业态度和价值观传递给徒弟，完成徒弟的组织社会化，并实现师徒双方、人与内外部环境的交互和作用。案例研究将试图揭示烙印机制为何，如何对徒弟产生影响，进一步打开导师制与徒弟组织社会化中间作用机制的"黑箱"。理论分析框架如图4-1所示。

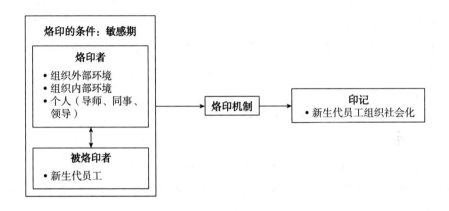

图4-1　子研究1理论框架

第二节　案例研究设计与案例简介

一　研究方法与案例选择

本案例研究采用多案例研究方法探析企业导师制促进新生代员工组织社会化的过程、机制。主要基于以下原因：一方面，因为案例研究范式的归纳逻辑适用于构建理论，回答"如何""怎么样"（How）以及"为什么"（Why）的问题（Yin，2013）；具体而言，需要考虑采用案例研究方法的情况如下：现有理论视角不足以解释组织现象，需要到现实中去挖掘、描摹；研究者探讨的是活生生的现状问题，不是几分钟的实验或变量的控制能解决的；或是研究者更关注其中发展、演化的过程而不仅是变量对变量的影响结果。虽然，国内外导师制研究已经从社会学习、社会认知、社会网络等视角对指导关系对徒弟的影响进行了研究，但是还缺乏中国情境中的探讨，特别是关于中国新生代员工组织社会化的典型案例。我国企业如何运用导师制实现新生代员工组织社会化是中国企业管理实践中亟待总结的现实的问题，要求研究者沉浸到现象中（Deep Immersion in Phenomena），来探讨管理现象中的具体机制。另一方面，子研究 1 围绕多个案例展开，以期提高案例研究方法的外部效度。且"浓"描述有助于挖掘典型案例中企业导师制促进组织社会化的示范性举措，总结出隐藏在管理问题背后的法则，对企业建立导师制，构建良性互动的指导关系具有较大的启发作用和借鉴意义。

本案例研究选择律师事务所、科研检测机构、陶瓷文化企业和传统建筑行业 4 个行业企业进行多案例研究，是遵循理论抽样的准则，兼顾了案例的典型性及研究数据的可获得性。选择法律工作者、科研检测人员、陶瓷技师、传统建筑业技术工人 4 个类型的员工基于如下原因：

第一，从知识管理的角度，能够被清晰描述或传递的知识是显性知识，有效传播难度较大的属于隐性知识。根据社会认知理论，指导关系可增加徒弟的描述性知识、程序性知识、策略性知识或者默会知识（韩翼等，2013）。知识型员工注重独立自主及创造性的培养，偏重于综合性的策略性知识、隐性知识习得，如律师、科研检测人员；而技能型员工则通过描述性知识、程序性知识形成自己独立操作的技能，熟能生巧后才可能创造新的隐性知识，如技术工人。以上 4 种类型员工的选择具有一定的典型性和覆盖面。虽然本案例研究无法穷尽所有产业行业的导师制，但是从认知学习的内容维度进行分类后，选取较有代表性的 4 种行业的导师制，作为知识型员工和技能型员工的典型代表，描摹并提炼出新时代企业导师制的指导阶段模式及作用模型。

第二，就职业特点而言，律师在国内外都具有较严格的从业资格制度，是需要具备专业法律知识和高度职业道德的法律工作人员。律师行业的出现是社会高度专业化和社会分工的结果，具有较高的职业门槛。从培养机制而言，英美法系中除了要求律师必须从事专业的律师知识的学习，还要求新律师必须要在实践场所完成实习期。资深律师采用"师带徒"的方式培训新律师的职业技能，职业实习制度也成为一种行业惯例。因此，导师制是该行业的普遍现象，有必要在中国情境中进行深入探讨，以案例方式全方位地进行"深"刻写。而技能工人或操作工，制造企业中的一线工人，这类员工知识文化水平相对低，但数量大，覆盖面广。技能工人的导师制中，师傅与徒弟的关系更接近中国传统师徒制。师傅传授给徒弟的往往是自己的"绝活""看家本领"因此特别看重徒弟的为人。师傅对徒弟负有责任，徒弟与师傅密切互动，紧密联结。有的公司（德胜洋楼）甚至还采用跪拜的拜师仪式来强化这种指导关系，加重传统师徒制的色彩。因此，技能工人之间的指导关系中"人情""关系"等类亲情的元素是否会更突出，值得在具体案例中探讨。另外，科研检测人员属于知识型员工，在新生代员工的培养和社会化过程中多采用导师制的模式以减少仪器的损耗、加快"上手"的速度。科研检测人员是综合运用理论知识并实际操作仪器进行实验检测的专业从业者，其工作内容兼具隐性知识与程序性知识的摄取过程，也应放入知识型员工指导关系中进行探讨。

综上，本书从烙印理论的视角，以律师事务所、科研检测机构、陶瓷企业以及传统建筑业企业为实际案例进行深入研究，具有一定的典型性和代表性，为丰富企业导师制，促进新生代员工组织社会化做出理论和实践探索。

二 数据来源

案例访谈中的问题主要涉及"导师制的重要性与必要性""高质量的指导关系是如何""导师指导徒弟的具体过程如何""导师制对导师和徒弟的影响和好处分别是什么""出师后如何与导师保持联系"等，并请导师与徒弟分别予以作答。

本次研究的访谈均采用中文并单独进行，在访谈过程中对内容进行录音，后期将其转化为电子文档并由笔者进行逐句编码。每次访谈为30—40分钟。访谈的对象中导师9人，徒弟11人。导师的平均年龄为38岁，徒弟的平均年龄为26岁。其中，律师行业和陶瓷文化企业的师徒关系年龄差距较大，而科研检测机构多为同辈指导，年龄差距较小，仅相差3—5岁。上述指导关系多为一对一的"对子关系"。

第一，律师事务所师徒数据主要是通过一手访谈采集数据，笔者调研了A律师事务所的4对师徒指导关系（其中，1名导师指导了2名徒弟，另2名导师分别指导了1名徒弟），通过撰写访谈提纲，采取结构化与半结构化面对面访谈，每人访谈时间为30—40分钟，录音并整理形成约2万字的文本资料。此外，查阅一些国内外律师行业现状的论文。

第二，在科研单位中选取了B省药品检验检测研究院（以下简称药检院）的6对师徒（其中1名导师指导了2名徒弟，其余4名导师各指导1名徒弟），通过结构化和半结构化的面谈形成了约3万字的文本资料。特别关注了这种知识与技能兼具的导师和徒弟的指导互动，挖掘员工组织社会化的过程（见表4-1）。

表4-1　　　　　　　　　　　多案例数据来源

序号	组织名称	数据来源	数量（份）
1	A律师事务所	深度访谈（4小时，导师3份，徒弟4份）；网站信息（3份）；论文（5份）	15
2	B省药品检验检测研究院	深度访谈（5小时，导师5份，徒弟6份）	11
3	J市PF建陶有限责任公司	深度访谈（2小时，导师1份，徒弟1份）；观察2天	2
4	德胜洋楼有限公司	公司官方网站信息（119份）；论文（16份）；新闻报道（约20份）	约155

注：深度访谈和观察为第一手资料，其他为二手资料。

第三，为了从技艺传授的角度，贴近传统师徒关系，本书还选择了一个传统工艺相关产业——陶瓷文化产业。J市源远流长的陶瓷艺术的发展和传承，更多的是靠师傅收徒，口传心授而流传下来。因此，选取了以制造"瓷毯"为核心产品的J市PF建陶有限责任公司。采用了面对面访谈的方式获取了1对师徒指导关系过程样本。由于企业规模比较小，样本有限，但师徒二人确实是缔结了较为深厚和持久的指导关系，因此，研究者与师徒二人进行了较为深入的交谈，访谈时间约为 50 分钟/人，并对其指导方式和工作内容进行了为期 2 天的观察，从而获得了较为直观的指导体验，以及更为丰富的一手资料。

第四，传统建筑业主要基于大量的第二手的文本资料，选取了具有典型中国管理特征，专业从事美制现代木（钢）结构住宅的研究、开发设计及建造的公司——德胜洋楼公司。主要资料包括：学者的研究论文、新闻报道与采访，并结合公司官方网站上的各种信息等。

三　数据研究方法及研究步骤

本书采用案例研究中的归纳法进行数据分析。以烙印理论和组织社会化综合模型为分析框架，数据分析程序主要包括以下 3 个步骤：（1）通过对原始数据资料的编码和分析，提取出企业导师制关系互动的过程的要素及烙印者因素的证据；（2）对相关证据进行内容分析，归纳出推动组织社会化的管理措施或导师指导的具体做法；（3）从原始数据中分析不同管理措施对组织社会化的积极影响。最后，对有效的路径措施以及师徒互动方式和模式再进行内容分析和编码，构建出企业导师制对员工组织社会化的影响机制系统，并在归纳和演绎推理的基础上形成研究结论（章凯、李朋波、罗文豪、张庆红和曹仰锋，2014）（见图 4 – 2）。

四　案例选取

（一）律师事务所中的导师制——以 A 律师事务所为例

A 事务所创建于 1990 年，是 B 省第一家合伙制律师事务所。A 律师事务所隶属 B 省司法厅，是 B 省乃至国内持续执业年限最为悠久的专业律师服务机构之一。曾办理多起省内、国内重大影响案件。

A 律师事务所自成立以来，始终秉承"明法、修德、尚义、笃行"的执业理念，面向国内外各类客户提供全面、优质的法律服务。

A 律师事务所现有执业律师及辅助人员 30 余人，均具有专门、系统的法学教育及其他相关联学科教育背景。作为专业的综合性律师事务所，A 律师事务所除积极从事公司改组、金融、投融资、证券发行上市、知识产权等高端法律业务外，还办理了大量经济、民事、行政、刑事案件。

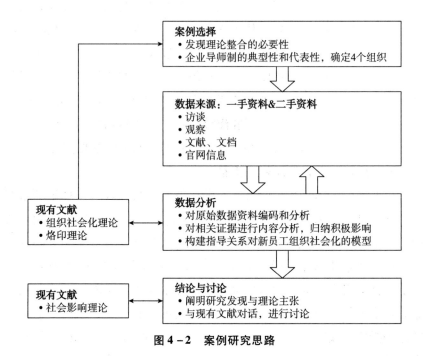

图 4 - 2　案例研究思路

A 律师事务所针对客户个性化需求，指派经验丰富的律师，并制定专业完善的法律服务方案，随时提供相关法律问题的咨询。为了为相关企业客户提供常规的、持续性的法律服务和咨询，律所还制定了"法律顾问服务计划"，以帮助支付固定费用或年费的客户在约定时间内享受到一系列专业、高标准的法律顾问服务①。

（二）科研检测机构的导师制——以 B 省药品检验检测研究院为例

B 省药品检验检测研究院（以下简称省药检院）始建于 1953 年，时称 B 省药品检验所，承担全省药品检验工作。2000 年由 B 省卫生厅成建制划归 B 省药品监督管理局。2005 年 6 月，更名为"B 省食品药品检验所"。2014 年 1 月，更名为"B 省药品检验检测研究院"。

① A 律师事务所官方网站，http：//www.jxhxls.com/company.php.

省药检院是依照《中华人民共和国药品管理法》《中华人民共和国食品安全法》《化妆品卫生监督条例》《药品注册管理办法》《保健食品注册的备案管理办法》《直接接触药品的包装材料和容器管理办法》《药品检验所实验室质量管理规范（试行）》规定设立的全额事业单位。主要承担药品、药用辅料、直接接触药品包装材料及容器、保健食品、化妆品注册审批检验、监督抽验、委托检验及复验工作；承担食品生产环节、流通环节和餐饮服务环节安全监督检验、委托检验工作；承担非特殊用途化妆品行政许可检验工作；承担食品、药品、保健食品和化妆品的安全评价检验检测工作；承担药品、药用辅料、直接接触药品包装材料及容器、保健食品、化妆品和医疗机构制剂检验方法研究，质量标准起草、修订和技术复核工作；承担食品、药品、药用辅料、直接接触药品包装材料及容器、保健食品、化妆品、医疗器械生产企业及医疗机构洁净区的空气净化监测工作。根据工作需要内设 15 个部门，其中包括 9 个职能科室和 6 个检验室。

省药检院在 1989 年首次通过了计量认证，1994 年、2000 年、2005 年、2008 年、2011 年、2014 年分别通过了计量认证复评审。2003 年通过了药包材（容器）计量认证扩项。2005 年 7 月通过计量认证复评审的同时通过了食品（含保健食品）计量认证增项评审。2009 年 7 月通过了化妆品计量认证增项评审。2011 年 9 月通过了食品检验机构资质认定评审；2014 年 9 月通过了食品检验机构资质认定复评审。1996 年通过国家卫生部对省级药品检验系统实验室认证。2005 年 10 月通过了中国合格评定国家认可委员会专家对本实验室评审，并于同年 12 月获得了"实验室认可证书"。2013 年 8 月获得国家食品药品监督管理总局保健食品注册检验机构资格。动物房获得 B 省科学技术厅颁发的"实验动物使用许可证"。

省药检院在岗职工 150 人。其中主任药师（技师）14 人，副主任药师（技师）14 人，主管药师（技师）23 人，药师（技师）74 人。专业技术人员中具有硕士学位的 50 人，具有博士学位的 2 人。按业务职能分成化药室、中药室、抗生素室、药理室、食品（保健食品与化妆品）室、药包材室 6 个检验室和科研室。涉及学科范围包括药物分析、生物化学、药物化学、中药鉴定学、植物化学、药理学、毒理学、微生物学、生物医学工程学、食品检验学、实验动物学等。

省药检院现有房屋面积 17919 平方米，其中试验场地包括某市北京东路 1566 号和省府大院西二路 10 号两处共 9567 平方米。主要有单台（件）10 万元以上仪器设备 200 余台（套）、仪器设备总价值 1.03 亿元。收藏药材标本和植物蜡叶标本 1578 种，计 5153 份。图书室拥有国内外图书杂志 4 万余册，以及订购了 CHDK 电子期刊、博硕论文数据库。

省药检院重点强化以"科学、公正、优质、高效"为质量方针的制度建设，不断提升检验人员的技术水平，提升应急检验检测能力，为打击制售假劣药品、食品违法犯罪行为，保障人民群众饮食用药安全，发挥着非常重要的技术支撑作用①。

（三）陶瓷文化产业中的导师制——以 J 市 PF 建陶有限责任公司为例

J 市 PF 建陶有限责任公司是参与国企改制于 2000 年 3 月成立的大型民营建陶企业。公司坐落在 J 市南大门，与 J 市高新开发区相邻，公司从无到有、从小到大，以全新的理念、先进的方法生产建陶产品著名，成为全国建陶行业中一颗璀璨的明珠。

公司下属两个分厂，总占地面积 125000 平方米，厂房总面积 52800 平方米，总资产 4689 万元。主要设备有：8 吨球磨机 3 台，15 吨球磨机 8 台，40 吨球磨机 4 台，1500 吨德制莱斯自动压机 2 台，3800 吨科达压机 2 台，96 米双层干燥窑一座，120 米干燥窑一座，100 米、200 米和 300 米自动施釉线各一条，84 米 × 1.8 米意大利汉索夫辊道隧道窑二条，170 米 × 2.5 米辊道窑一条，150 型、320 型和 500 型喷雾干燥塔各一座，现生产能力为年产双拱连锁瓦 2800 万片、墙地砖 360 万平方米。五年来，PF 品牌知名度和美誉日渐提高，公司注册商标"PF 牌"产品有：渗花高级耐磨地砖、内墙砖、外墙砖、台阶砖四大系列 20 多个色面（规格）品种。全部采用 J 市精湛的制

---

① B 省药品检验检测研究院官方网站，http：//www.jxifdc.org.cn/jgjj/zyzz/index.html.

瓷技艺和国际先进设备制造。产品具有外型美观、色泽艳丽、吸水率低、耐磨强度高、规格整齐、不含铅镉等有毒性物质及对人体有害的放射性元素。属集科技、环保于一体的墙地装饰性材料。产品销往浙江、江苏、湖南、湖北和江西等共21个省市和地区，深得用户口碑，还打入了美国、欧洲市场，成为J市规模较大的建筑陶瓷企业。

J市PF建陶有限责任公司2003年通过ISO9001：2000质量管理体系认证，2005年经国家质检总局确认首批通过原产地标记注册，2006年其研发中心成为B省建陶行业第一家省级企业技术中心。公司创建以来，先后荣获"中国优秀建材企业""B省质量管理先进企业""B省创新型企业""十大科技创新陶瓷企业"等荣誉称号。公司在自主研发与创新之外，仍注重产品创新和知识产权申报与保护，现有版权和专利分别达一百余个。

公司的组织结构如图4-3所示。目前有职工480人，其中各类专业技术人员120余人。[①]

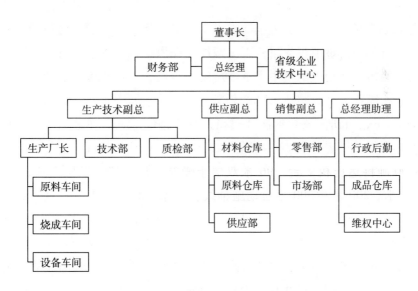

图4-3 J市PF建陶有限责任公司的组织结构[②]

---

① J市PF建陶有限责任公司，http://933419.51sole.com/companyabout.htm.

② 笔者根据J市PF建陶有限公司总经理助理吴健口述整理。

（四）建筑行业中的导师制——以德胜洋楼公司为例

德胜（苏州）洋楼有限公司成立于 1997 年，是美国联邦德胜公司（FEDERAL TECSUN, INC.）在中国苏州工业园区设立的全资子公司，它的前身是美国联邦德胜公司在中国上海设立的代表处。德胜公司从事美制现代木（钢）结构住宅的研究、开发设计及建造，是迄今为止中华人民共和国境内唯一具有现代轻型木结构住宅施工资质的企业。德胜创始人聂圣哲是德胜管理体系创建者，亲自编写了《德胜公司员工读本（守则)》，并把它作为德胜的管理制度文本（胡海波、吴照云，2015）。这家只有千人的公司生产加工能力卓越，其组织结构去层级化，反官僚制，把农民工改造成高素质的产业工人和绅士，奉行中国传统文化"诚实、勤劳、有爱心、不走捷径"的德胜理念，精细化的理性管理和人性化管理并重，实则是中国企业领先之道——"中国理念、西方标准"的集中体现。

1997 年到 2018 年，德胜洋楼公司在木制结构住宅领域深耕细作，公司从上至下推行"中国精造"，设立"匠士"学位，尊重匠士，并着力培养匠士。公司努力吸纳农民工，给予他们学习成长的机会，并将践行公司的价值观，培养工匠精神，成为一名合格的"德胜人"作为公司组织社会化的重中之重。所谓"德胜"就是以爱岗敬业、专注踏实的职业道德，精益求精的创新能力决胜于千里（曾颢、赵曙明，2017）。已有研究关注到该公司在推行导师制方面，促进员工组织社会化取得了一定的成效。（曾颢、赵宜萱、赵曙明，2018）。

第三节 数据分析

在 4 个案例的访谈中，无论是知识型员工还是技能型员工都充分肯定了导师制的必要性与重要性。如前所述，4 个组织均属于专业性较强的行业，需要从业人员具有基础扎实的专业知识或技能。如律师事务所的徒弟大多为法学相关专业的本科毕业生、硕士研究生，从事药检工作的大多具有药学、化工制药等专业的本科及以上学历（受访徒弟中，本科学历4人，硕士学历2人）。技能型员工学历要求相对较低，但也必须接受过专门的职业教育。首先，尽管4个行业大相径庭，但依据过程标准化和结果标准化的2×2构型（见图4-4）可知，律师办案有一定章法可循，但是因为案情千差万别，每个律师对法条的理解存在一定差异，因此，无论从办案的过程和结果上都难以做到标准化。同样，陶瓷文化产业的技艺传承也是如此，这个行业富于创意，即使是一个师傅教出来的徒弟，加入自己的理解和体会，可能会形成个人的艺术风格，因此也属于过程标准化低且结果标准化低的行业。其次，药品检验和木工建筑业属于结果标准化要求极高的行业，其职业的特点就是通过教育和培训，以过程的标准化达成结果的标准化。并且，一旦操作失误或不规范就容易造成安全事故或者成本浪费等严重的不良后果。因此，后面两个行业属于过程标准化和结果标准化要求都高的行业。由此可见，过程和结果标准化要求双低或双高的行业都迫切需要导师制的指导。这是因为，过程结果的灵活性和复杂性，创新性程度高，更需要导师的经验、技巧等隐性知识的传导；而结果标准化要求高的行业可以通过导师的指导形成标准，并在工作过程中予以控制，降低培训成本，减少失误带来的成本损耗及风险。

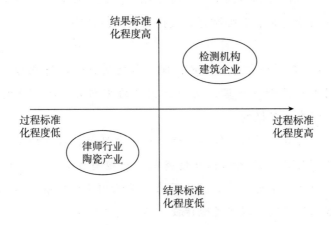

图4-4 过程标准化与结果标准化的行业解析

律师业务比较复杂，难以做到标准化，只能采取师徒制。但我不愿当导师，很累，而且风险很大。

（A 律师事务所　导师　袁律师）

律师行业涉及面太广太细，需要经验丰富的律师给予帮助和鼓励。我国相关法律也有所规定，实习律师不能独立办案，需要导师陪同。

（A 律师事务所　徒弟　小赖）

药检行业需要扎实的药物分析基础及仪器操作技能，操作要规范、精准。这些知识只能在实践中获得，只能通过一对一带教。不正确的操作还可能会引发安全事故，我们需要特别谨慎，这也是我们行业的特殊性。

（B 省药检院　导师　钟师傅、刘师傅）

我不喜欢带徒弟，至多是多个人帮忙，但是耗费自己很多时间和精力。

（B 省药检院　导师　周师傅）

J 市的陶瓷工艺流传千年，正是由于传统师徒制的培训体系使得独门手艺或者工艺得以传承。伴随着大工业化进程以及现代教育制度的发展，家族世袭和地籍世袭的师徒制逐渐被职业院校教育取代，现代师徒制特别是企业导师制开始发挥着巨大的作用。

J 市是一个宜居的城市，现在本地的孩子不肯吃苦，学陶瓷这门手艺的渐渐少了，反而是相邻的鄱阳县、乐平县的孩子肯学。还有些安徽的。

手艺活跟别的工作不一样，每一个环节，每一细节，只可意会不可言传，只能跟在师傅身边，一边感受体会，一边做一边学。原来的手艺为什么能传下来、世代相传？父亲传给儿子，这样技艺和工艺得以完整地传授，不会有所保留。

J 市教授陶瓷学校有：J 市陶瓷大学、B 省陶瓷工艺美术职业技术学院、J 市陶瓷职业技术学院。我本人就是 J 市陶瓷大学毕业的，但是学校的大班教学毕竟作用有限，课堂上，一样的教科书，老师讲一样的内容。新生代员工上不了手，很多技能，特别是符合企业需求的，都必须在企业里跟着师傅重新学。

我的师傅怎么带我的，我就怎么带我的徒弟，这也是一种传承。我觉得应该对徒弟好。

（J市PF有限公司　导师　朱总）

德胜洋楼公司开办鲁班木工学校、实行木工匠士师徒制。2003年10月，全国首家全日制木工中等专业学校"德胜—鲁班（休宁）木工学校"建成，德胜洋楼公司首次将企业用工与职业教育对接起来，体现了德胜最为核心的"再育人"思想。这所学校主要招收完成义务教育的农民子弟，在招收学员时要通过一系列考核方能入学，保证这些学员都是充分认可"诚实、勤劳、有爱心、不走捷径"价值观。办学宗旨就是培养德艺双馨的木工手艺人，打造自食其力的现代高级蓝领。这所学校主要由师傅传授木工和雕刻技艺，重做人教育，重现场实训，"教学做合一"。毕业考试不是传统的笔试，而是独立完成八仙桌和太师椅各1个，由师傅评判合格后颁发匠士学位。另外，德胜洋楼公司为新生代员工建立了以师徒制为基础培训体系。愿意（申请）来德胜公司工作的毕业生（第一年为见习期），德胜公司沿用传统技艺的传承方式师徒制，精心甄选德艺双馨的师傅，一个师傅带两个徒弟，采取"捆绑式"的管理模式，指导徒弟出师并成长为合格的德胜员工。在这个过程中，充分发挥师傅的功能，从技能和艺德等多方面帮助徒弟成长为既具有高度职业道德又符合组织价值观的员工。

由以上分析可知，相较于知识型员工，技能型员工的指导关系受到传统师徒制的影响较大，是经过历史实践验证过的，且行业里存在普遍共识："师带徒"是最佳的培养方式，导师指导徒弟的意愿更为强烈，并认为"口传心授"对技艺传承、培养人才和建立组织核心竞争力具有重要意义。有的企业还将其作为一项人力资源管理政策以正式制度的形式固定下来。这种情况下，导师愿意培养徒弟，徒弟也期待接受师傅的指导。这种工作岗位上的在职培训对于新生代员工极其重要，主要表现为知识技能的传递，知识从导师到徒弟的单向转移。

一 烙印的前提条件：敏感期

A 律师事务所。依据律师行业的惯例，大多数律所都有导师制。一方面，律师的工作专业化程度高，涉及的范围广泛，门类繁杂，法条众多，只有经过资深律师的指导，资浅律师才能了解行业规范、办案流程，学习相关经验，最终经过 2—3 年成为能够独立办案的执业律师。A 律师事务所的资深律师根据自己业务需要定期招收律师学徒。特别是有些资深律师对互联网较为生疏，徒弟可以通过网络及时与当事人或者法院联系，掌握信息，从而帮助减轻导师的工作负担。这两类新生代员工，一种是律师助理，另一种是实习律师。律师助理一般是尚未取得律师所资格证的律师，只能以助理形式，协助执业律师办案，从事查找法条以及整理文案或递送文书等事务性工作。这类人员可以是法学专业的毕业生，也可能是非法学专业却有志于从事法律工作的员工。我国现行的教育体制里也有学科的交叉和综合培养体制，从而更好地培养复合型法律人才。而实习律师是已通过法律职业资格考试，取得律师执业资格的资浅律师。这些律师刚刚进入律师行业，处于律师职业生涯的早期。律师的学徒期一般持续 1—3 年。出师的徒弟有的留在导师团队，成为导师的伙伴，有的考公务员进入司法队伍，有的去了别的律师事务所，但大多都从事与法律有关的工作，与导师保持较为密切的关系。

> 律师助理或实习律师跟着导师一般是 3 年，一年学习，两年辅助办案。
>
> （A 律师事务所 导师 徐律师）
>
> 我希望 3 年出师，拿到执业资格，会一直跟导师保持联系。一日为师，终身为父。导师的指导之恩，一辈子忘不了。
>
> （A 律师事务所 徒弟 小赖）

B 省药品检验检测研究院（以下简称 B 省药检院）。B 省药检院会为每一位刚入职的员工分配固定的导师。一般是由组织或领导进行分配。导师和徒弟往往都会服从组织分配，接受程度较高。药检院中具有 3 年以上经验，能独立熟练完成检品的药检专业人员一般可以同时指导 1—2 名徒弟。导师看重徒弟的特质集中在：肯吃苦、踏实、主动积极、"悟性高"等。徒弟主要包括两类人员，一种是大专院校的参加毕业实习的实习生，另一种是研究院新入职的正式员工。对于新生代员工而言，6 个月到 1 年的时间里，他们初次接触药物分析和检验工作，会逐步了解工作的环境、工作内容、性质和强度等。这时导师的知识和技能，以及对职业的态度与看法都会对徒弟的职业行为产生深远的影响。众所周知，药品、食品的检验工作，标准精确、规程严格，直接关系到广大人民群众的生命健康和安全，是具有高度的责任心和使命感的职业。因此，导师对徒弟的教导不仅仅是知识和操作规范上的，还要以身作则，增强责任感，向徒弟灌输一丝不苟的职业精神和职业道德。

> 师傅每天都会面对面指导我，我随时都可以问师傅。下班后，通过微信或者电话指导。
> 我们单位是有早餐和午餐的，一般都是跟师傅一起吃，常常聊天。我们的工作性质也常常加班，晚餐时师傅请我们吃外卖，或是几个人一起出去吃。
>
> （B 省药检院 徒弟 小王）
>
> 我刚入职时，什么都不会，但我愿意学。师傅逐字逐句指导我写报告书，告诉我要注意每个细节，认真、踏实。我心里很感激。
>
> （B 省药检院 徒弟 小万）

J 市 PF 建陶有限公司。近年来，建筑陶瓷行业面临着资源约束加大、整体产能过剩、下游行业低迷等种种困境。对于建陶行业的企业而言，如何从战略上突出重围，从战术上创新，构建持续的竞争优势成为亟须解决的问题。PF 建陶是一个中小型企业，正努力从传统建陶产业向文化创意产业转型升级，因此，迫切需要招聘和培养一批具有专业潜能且愿意在文化创意产业中发展的年轻人。具有丰富行业经验的朱总从 J 市陶瓷大学中招聘了小李作为研发部的后备力量，在研发文化创意"瓷毯"的过程中，一直观察、考验、培养他，并给他分配有挑战性的工作。小李刚从学校毕业，初次进入陶瓷文化行业，踏实努力，虚心向师傅和其他同事学习，因而在三年多的时间里取得了长足的进步。

> 我 2015 年进入公司就跟着朱总了。很多化工材料的专业理论知识，我虽然在学校里学过了，但是在实际中如何运用，如何开展工作我很迷茫。公司的产品如何设计研发，都是跟着师傅一点点学起来的。没有师傅教，我什么都干不了。
>
> 我不怕吃苦，反正我还年轻。我什么都不会，我就拼命地学。我佩服我的师傅，他干这一行一干就是 20 多年。我也很喜欢我们公司的氛围，大伙一起做事很有干劲。
>
> （J 市 PF 建陶有限公司　徒弟　小李）

德胜洋楼公司。基于烙印理论（Stinchcombe，1965），对于 15—16 岁的青少年而言，他们第一次面临职业选择，进入鲁班—休宁木工学校是他们职业生涯前期，学员们通过知识技能学习了解未来职业的工作内容、职责、职业规范与道德等，初步确定职业发展方向，积极修炼、发展自己并为步入社会和职场做好准备。在敏感期内，徒弟的个人角色急剧变化，较非敏感期而言更易受到环境的烙印影响。同理可知，当木工学校的毕业生初进入德胜洋楼工作，个人角色由学生向职场人转变，也是进行烙印的关键时期。

综上可见，知识型和技能型员工都在刚入职时存在一段关键而短暂的敏感期。这是烙印效应发挥作用的重要前提。敏感期是徒弟接受专业知识、塑造自我概念，形成职业认同、组织认同极其关键的阶段之一。敏感期由于环境不确定，角色转换极易出现角色模糊、角色冲突、角色超载等问题。由师傅从工作技能、社会心理、角色模范三方面对徒弟施加影响，可达到事半功倍的效果，较好地推进新生代员工的组织社会化。

二　烙印者与被烙印者

根据理论研究所述，新生代员工作为被烙印者（Imprinted Entity），其三个层面的烙印者（Imprinter）是组织外部环境、组织内部的制度与文化条件以及新生代员工的导师。前两个因素在德胜洋楼案例中体现得尤为突出。

组织外部环境。德胜洋楼新生代员工的组织社会化重要内容之一，就是强调质量为上，养成工匠精神。德胜洋楼的社会化政策适应了国家大政方略，与倡导培育工匠精神、培养大国工匠、打造中国品牌，提升质量以及实现工业 4.0 战略、制造业 2050 战略，以及党的十九大报告中建立现代经济体系的需求不谋而合。通过组织外部经济转型下，高速发展向高质量发展转变的时机，提高了员工个体对工匠精神的认知水平和认同程度，培养新生代员工的工匠精神。

　　聂圣哲于 2005 年首提中国精造概念。李克强总理于 2018 年 10 月 24 日在中国工会第十七次全国代表大会上说，"中国制造"要尽早变为"中国精造"，无论是日常消费品生产，还是高精尖制造，都需要有一大批"身怀绝技"的大国工匠。只要潜心弘扬精益求精的工匠精神，大胆创新能者多得的激励机制，中国制造就不仅会以性价比风靡全球，更能靠高质量行销世界。

（《2018 大事记》德胜洋楼官网①）

　　我国正处在从大改革、大发展到互联网＋、大数据时代，离不开成千上万的工匠默默奋斗的身影。

（赵雷：《工匠精神与德胜洋楼》②）

_____

① Tecsun：《2018 年大事记》，德胜（苏州）洋楼官网，http：//www. tecsunhomes. com/article/j1apBbKKOmbAE. html，2020 年 1 月 05 日。

② 赵雷：《工匠精神与德胜洋楼》，《商业评论杂志》，https：//www. sohu. com/a/ 111626803_ 479780，2016 年 8 月 23 日。

组织内部制度与文化。德胜洋楼公司一直奉行"诚实、勤劳、有爱心、不走捷径"的价值观，力求把普普通通的农家子弟培养成具有德胜精神的产业工人。整个公司的制度与氛围是一个巨大的"模子"，塑造和改造着员工的态度和行为（见表4-2）。

表4-2　　　　　　　　　德胜洋楼形塑工匠精神示例

主体	形式	示例	观点
企业家、管理者	演讲	第五届1212高峰论坛——巨变时代的创新突围纪实等《中国精造与工匠精神》	"诚信绝不仅仅是品德问题，而是市场经济的重要保障，更是经济交易的基础。如果没有诚信，你会大大增加你的交易成本。""精造绝不是为了产品打开销路的一个手段，精造是我们生产、生活最重要的价值取向。"
	会议、论坛、仪式	第二届"中国德胜管理高峰论坛——工匠精神，大道匠心，开启中国精造时代"大会	参与、召开全国性论坛，召开公司例会、德胜公司老员工欢送会、拜师仪式、德胜（休宁）鲁班木工学校毕业典礼、事务总结会、训导会、制度例会及礼品拍卖会等
	建筑、机构、石刻	匠心堂、匠心社	匠心社是以培养和弘扬工匠精神、宣传中国精造意识的一个微型平民学艺组织，同时培育手艺人丰富多彩的有特色的自娱自乐文化。 工匠精神显神通，德胜理念石上留
	著作	《中国人是如何管理企业的》	推广中国管理理念、输出中国文化、宣传普世价值观，让世界了解中国的重要成果（英文版、马来西亚版，波兰文版）
	文章（微信公众号）	聂圣哲：《德胜为什么能做中国的最强？华为的大，德胜的强！》	"德胜和华为比，规模太小了，千人企业，一年就几个亿的销售额。但德胜很强——我们就是天天不求上进，15年内也没有其他同类企业能超过我们，因为我们的质量比美国本土做得还好。并且，我们这个行业，门槛很高，没有10年入不了门，山寨也很困难！"

续表

主体	形式	示例	观点
员工	文章/书评	德胜二十年来的贡献（系列文章）	聂先生创立德胜管理体系和企业文化，我把它概括起来就是——"一个核心、两个基本点、三大管理特色、六大文化"。一个核心就是一个核心价值观即"诚实、勤劳、有爱心、不走捷径"；两个基本点即有效教育是德胜管理的灵魂，工匠精神是德胜制造的保障；三大特色即人性化管理、精细化管理、程序化管理；六大文化即德胜的物质文化、制度文化、程序文化、网络文化、行为文化、精神文化
业主	文章、图片	业主：美制木结构住宅感觉真好	业主杨女士送来一面锦旗，对项目负责人程细进总监的工作进行了肯定与赞扬
访客	文章、座谈、读后感	德胜公司2018年全年共接待中外来宾4562人	①在企业管理方面，德胜公司要求，员工素质管理是不可忽视的 ②德胜公司要求员工工作程序化，严格员工工作的过程管理，提倡敬业认真 ③在企业文化方面，德胜公司倡导的是诚实、勤劳、有爱心、不走捷径的核心价值观（《参观德胜公司有感》）
媒体	访谈	网易直播	①"工匠精神"，就是在工匠在手艺上有着无休止的追求——追求精细和准确，这也是手艺人的本分。工匠精神是离不开"手"和"心"的配合与协调的，是"手"与"心"合一的劳动 ②工匠是有自己的本分和操守的，他们会对自己的手艺活永不满足，手艺做到极致是他们一生的追求
	新闻报道	中国网、中国青年网、东方网等	2016年3月25日，在"2016·国际青年家具制作大奖赛"上，中国唯一一参赛选手"匠士"徐长军在70多个国家参赛选手中脱颖而出，成绩突出，荣获评委会授予的技能（Technique）大奖

续表

主体	形式	示例	观点
学者	论文、著作	哈佛案例等	众多学者从企业文化、组织管理制度创新、人力资源管理等方面进行理论和案例研究。
咨询公司	案例分析	深圳市比拉迦管理技术有限公司	认真剖析德胜公司的系统管理，通过 8 年的努力，打造出了一套系统思维、系统管理的全套培训和咨询服务体系，将德胜管理体系研发成十二大系统，在全国推广。

资料来源：根据德胜（苏州）洋楼官网信息整理。曾颢等：《构建工匠精神对话过程体系模型——基于德胜洋楼公司的案例研究》，《中国人力资源开发》2018 年第 10 期。

您现在所报销的必须真实及符合《财务报销规则》。否则都将成为您欺诈、违规甚至违法的证据，必将受到严厉的处罚并付出相应的代价，这个污点将伴随您一生。如果因记忆模糊而自己不能确认报销的真实性，请再一次认真回忆并确认凭据无误然后开始报销，这是极其严肃的问题。

（周志友：《德胜员工守则》[1]）

2018 年 4 月 5 日，＊＊＊（工牌号：620）先生在工作期间未佩戴工牌，根据《德胜公司员工读本（手册）》（奖惩条例）第三条第 22 款之规定，公司决定对其进行 20 元的经济处罚。

（《德胜公告》[2]）

公司规定两个钉子之间的距离是 6 寸，那就不能在 6.5 寸、7 寸处钉钉子。6.5 寸和 7 寸其实并没有什么本质的区别。但是，放开了就有可能在 8 寸或 9 寸处钉钉子，质量就会受到威胁。有人说德胜是在浪费，可如果质量不能保证，不能按程序化进行管理，公司的生存都会受到影响，哪还能讲节约！

（周志友：《德胜员工守则》[3]）

---

[1] 周志友主编：《德胜员工守则》，安徽人民出版社 2005 年版，第 32 页。

[2] 《德胜公告（贰仟壹捌年第零零叁号)》，《德胜（苏州）洋楼官网》http://www.tecsunhomes.com/article/54k‐R1N9MrQJbprwa.html，2018 年 4 月 9 日。

[3] 周志友主编：《德胜员工守则》，安徽人民出版社 2005 年版，第 40 页。

在施工过程中，为了保证工程质量，企业会指派一名专职的质量督察人员到工作现场——检查，不放过任何一个细节问题。公司还成立一个程序中心，给公司的各个运营环节、各项工作都制定了明确的操作细则。有学者总结为："一事一程序，一事一规矩，一一对应。"德胜洋楼公司的管理看似是靠员工"自觉"，比如上班不打卡、随意调休、报销不签字、开放长途电话等。但公司的"他律"制度也落到实处。以报销制度为例，"财务报销规则"并非没有约束，公司的"个人信用分析系统"会监督个人的欺诈行为。且一经查实，惩罚十分严厉。

德胜洋楼公司以制度为根本为塑造工匠精神奠定基础，也以各种各样的不同主体、不同体裁的文本构建出一个工匠精神的对话体系（曾颢、赵宜萱、赵曙明，2018），形成了全体员工服从、认同并最终内化的德胜价值体系。

导师。A律师事务所、B省药检院和德胜洋楼有正式的导师制，J市PF建陶有限公司朱总与徒弟小李自2015年就结成对子关系。除了外部的政治、经济文化等宏观环境，组织内部的制度、技术与企业文化，导师是徒弟最直接、最深刻的烙印者，所有的导师与徒弟都认为指导方式应为面对面指导为主，这是因为面对面指导方式信息的传递和情感的联结具有无可比拟的优势。导师的言传身教，对质量的一丝不苟，对工序的烂熟于心，职业道德、高超的技艺等都能够给新生代员工的社会化带来榜样示范作用，达到事半功倍的效果。导师对待工作的态度和方法也会潜移默化地影响徒弟。与此同时，也能帮助徒弟缓解刚入职时对环境的陌生感，给予情感的支持与帮助。

有一次我跟着老师准备一起行贿案的辩词。师傅对法条非常熟悉，及时给我指导，还提示了很多我没想到的细节。我当时就非常佩服，心想我要成为师傅这样的律师就好了。开庭前一天，老师还让我在他面前演练，并亲自给我示范。一遍又一遍地。他对待工作认真负责的态度感染了我，我也要一直对我的专业负责，为我的当事人负责。

（A 律师事务所　徒弟　小赖）

师傅除了带教我们，自己也有很多的检测任务。我师傅注重工作效率，不喜欢拖延工作。即使有非常紧急的工作，需要加班也会征求我的意见。待人很平等。每次都是自己先努力提高工作效率，但又不降低工作标准。这一点我很认同。

（B 省药检院　徒弟　小姜）

德胜洋楼公司精心挑选了德艺双馨的木工师傅担任新生代员工的导师，从一定程度上说，这些师傅就是德胜理念和价值观的践行者。在 J 市 PF 公司也是如此，小李自从入职以来就一直跟着朱总学习，小李将朱总当作榜样，朱总手把手地教他硅酸盐的专业知识，以及如何运用在企业实际中，并告知公司的工作流程等一些细节信息。且在传统行业中，更强调朴实的"先做人再做事"的道理，徒弟孝顺师傅，尊师重道，师傅爱护徒弟，遵循一种中国社会特有的"人伦"。

其实，跟着师傅是先学做人再做事。以前拜师学艺没有这么容易的，要帮着师傅干杂活，这个过程中师傅也在考察你的为人，是否诚实，是否值得信任。师傅高兴了教你一点，就可以少走好多弯路。

（J 市 PF 建陶有限公司研发部　小李）

三　烙印过程：指导关系的互动

案例 1：小赖是 2018 年 5 月进入 A 律师事务所工作，是袁律师招聘的实习律师。小赖是法学本科专业的毕业生，并辅修了管理学专业，现已通过了司法考试。袁律师从 2000 年 10 月开始从事律师行业，从 2015 年开始带徒弟。他是商法方面的专家，业务量大，同时需要处理的案件较多。因此，聘请小赖作为助手，一方面是协助自己处理事务性的工作，另一方面也是帮助年轻律师成长，为律所吸纳和培养人才（如表 4 - 3 所示）。

表 4 - 3　　　　　　　　律师师徒互动过程示例

袁律师（导师）	小赖（徒弟）	事件/阶段	范畴
我擅长的领域是商法，本来想找一个男孩做助手，但是看到小赖，她非常踏实，也很勤奋。毕业不久就通过了司法考试，就考虑好好培养。而且她在大学里辅修了管理学专业，我觉得会比较了解企业，跟着我钻研商法各方面比较合适	我进 A 律所是因为它是我省规模比较大的一家律所。这里有一批很有经验的律师。袁律师是商法方面的专家，很有名气，他正好招收助手，我觉得跟着这样的导师肯定得在实践中成长很多	通过招聘，师徒初识	徒弟的需求、导师的需求
小赖刚来，我就跟她说：你要能明确自己的业务专长，在一个领域里下苦功夫，积累个 5 年 10 年就不一样了。而不是什么官司都打，那样走不远	我的导师很会为徒弟着想，我一去，他为我制定了职业发展的目标，鼓励我在商法、公司法这些领域钻研。刚到律所他像我的父亲一样，爱护我照顾我，不会分配给我很繁重的事务性工作，而是以熟悉流程和法条为主	提供职业支持，制定职业发展规划	职业支持
一方面，我希望带到好的徒弟，这样可以辅助自己的工作，也可以看到年轻律师的成长。而且每一次指导或是讨论，也是自己对法条深入理解和学习的过程。但是另一方面，带徒弟也耗费自己很多的时间和精力。有的事情自己做可能更快更好，但要帮助徒弟成长不但要手把手教，还要放手让他们去试，但是这个结果都是要导师来承担的，因此有一定的风险	我很尊敬我的导师，也特别愿意跟他一起工作。每天我都早早到律所，帮他收发资料。有什么事我也愿意主动承担 导师就像我们的安全员一样，像驾照考科目三的那个陪考师傅，总有一个急刹在他那里，让我们觉得安心	导师的指导意愿与作用	导师的需求，徒弟的需求

续表

袁律师（导师）	小赖（徒弟）	事件/阶段	范畴
无论是带小赖开庭还是一起办案，小赖都是比较肯学的，也很尊重我，但是可能缺乏一些灵活性，当然这也是阅历和经验决定的，后面还有学习和磨炼的时间 其实，法律知识的教导比较有限，作为导师是要为徒弟树立榜样，告诉他们实际中工作的方式方法，让他们建立对律师职业的热爱和责任感。还要在生活上关心徒弟	人生第一次开庭是和导师一起的。导师告诉我要战胜恐惧的心理，适应庭上的氛围，了解开庭的程序。导师让我熟悉起诉状，并在导师发表意见时，给导师递送相关证据，我也在一旁观察导师的言行，并模仿学习。这次开庭比较成功 还有一次，导师带我去某家银行帮助他们进行定向增发的项目。前期他指导我查阅相关法条，了解该行业和项目，并根据导师列好的提纲交代的法律，进行法律意见说明书的写作。期间导师发现问题就与我交流，反复修改了4—5次。每次修改我都觉得自己在进步。最后，我完成了项目，知道了银行融资的相应流程，银行也顺利进行了资本增加	导师的功能	认知信任
我从业的时间已有20年了，算是比较早的一批律师。带的徒弟也有10来名。交往密切的有4—5名。他们有的留在律所，有的我鼓励他们去考公务员，成为法律工作者。也可以说是自己的一些资源。我们这个团队氛围都比较好，有案子大家一起讨论，互相帮忙，互相介绍。徒弟出师后留在律所就是同事了，相处很融洽。逢年过节大家都会聚一聚	我的导师其实还有别的徒弟，有的已经出师了就留在了律所，他们也是我的老师，我们也经常一起讨论，一起吃饭，像一个家庭一样 我喜欢律师这个职业，受人尊敬也很有挑战性	指导结果	情感信任、社会网络

案例2： 2016 年，J 市 PF 建陶有限公司开始了从传统建筑陶瓷向

文化创意陶瓷产业转型之路。其中，重中之重就是名镇"瓷毯"创新产品的研发与生产。这个产品就是研发总监朱总带领小李共同研发成功的。从小李进入工作成为朱总的徒弟，一起开发"瓷毯"新品，朱总对小李的指导既有工作上的启发又有生活上的关爱，并且指导关系在互动过程中不断深化，如表4-4所示。

表4-4　　　　　　　　陶瓷艺术师徒互动过程示例

导师（朱总）	徒弟（小李）	事件/阶段	范畴
一直希望公司招聘一些硅酸盐、材料学相关的员工来辅助我。""小李是我面试的，感觉他比较朴实，对这一行有兴趣，是陶瓷大学的毕业生	非常感谢朱总把我招进公司，虽然我是材料化学专业毕业的，但是如何在实践中开展工作，运用知识，我一点也摸不到头脑。我觉得朱总很和气，我希望能跟他相处好，跟着他学东西，把工作做好	通过招聘，师徒初识	组织需要
项目一开始我就带领研发部召开技术攻坚会，确定研发'瓷毯'的发色、防滑、色泽度和凹凸感四大技术难题，我请小李仔细做好会议记录并拿给我看	我一直按照师傅的要求做好会议记录，并在他的指导下修改后，分发给大家并存档。这样也有1个月的时间，大小有十几次会议。虽然，我不懂得用意何在，但是师傅盼咐了我就照做。一开始，我也不知道该怎么跟师傅沟通。但是，师傅每次看完我的记录都会询问我有什么想法	师傅分配具体任务，开始接触并了解对方	指导的内容和方式
在工作中也没有刻意地指导，就是让徒弟跟在身边，看师傅怎么工作的，怎么用经验去解决问题的，要他自己去悟一些东西。每天早上我都要召集研发部开会，布置当天工作，交代小李每天下班前要到配料间和仪器室检查一下再走	发色和色泽度的问题很快解决，师傅想到传统工艺中，日用瓷中普遍采用的高温色釉料，一般可以烧到1300多摄氏度，既可以保证质量又可以做出地毯色彩鲜艳的效果。选用高温色釉作为瓷毯原料，经过几次试验，达到了预期效果。哑光釉的使用将瓷毯的光泽度严格控制在5度以下。我很佩服师傅的专业知识	互相接触与了解，建立联结	指导内容和方式

续表

导师（朱总）	徒弟（小李）	事件/阶段	范畴
瓷毯凹凸感问题一直没有解决，我们研发部常常开会到晚上10点才下班。小李没有一句怨言，会后他还整理一会儿资料才下班。我觉得他耐得住性子。干我们这行，就是要踏实，不能急功近利。不然干一干，就去佛山赚钱去了	整理会议记录的时候，师傅提到J市的雕刻艺术，我觉得受到了启发，于是我利用休息时间询问大学里的学艺术设计的同学，了解雕刻的有关知识，初步找到了解决方案，并且将这个想法向师傅汇报	师傅观察徒弟，徒弟努力表现	职业道德、职业规划
小李的脑子很活，他想到传统雕刻的方法解决问题，我们一起探讨用J市雕刻艺术翻制模面的可行性，周末时间我还带着小李一起去寻访J市的传统雕刻艺人。在寻访的过程，我请徒弟吃饭，给他讲一些我们这行的故事。我是河南人，但是因为从事这个专业，热爱这个行业，安家在这里。工作的过程是艰苦的，进步的速度也很缓慢，但是我一直坚持在自己的岗位上做好本职的工作。 我不会批评徒弟，但我会告诉他'不为失败找理由，要为成功找方法'。经过瓷毯的研发，我觉得可以慢慢放手让徒弟承担更多的责任	雕刻模面只是第一步，接着翻制一个胶膜，再到机械加工厂制作模具，再用一个多星期的时间翻制一个钢膜，最后装到压制机械上，高温烧制成品。初步评定会上，师傅认为模具雕刻得太深，呈现的效果差强人意，不像地毯却粗糙犹如砂纸。第二次的试验又花去近2个月，重复了以上流程，但得到的结果是纹路太浅，从视觉到触觉都不像地毯，且达不到防滑的效果。如此反复多次，但是师傅仍然没有放弃对质量的要求和对产品的信心。最后，竟然是一张砂纸解决了雕刻纹路略深的问题，我们终于在去往佛山博览会的前夕，做出一块深浅适度的瓷毯砖，那一刻我太佩服师傅了，几个月的付出有了回报，感受到工作的成就感	导师发挥指导功能	认知信任、情感信任

续表

导师（朱总）	徒弟（小李）	事件/阶段	范畴
在国际标准中，并没有测量摩擦系数的统一仪器。我就让小李去想办法解决	我不知道怎么测量摩擦系数，但是我不想让师傅失望。就带着研发部几个员工从小试开始，将瓷毯砖倾斜30°角，洒上水，轮流让大家踩，反复试验至少20次。就是用这样的"土"方法，瓷毯的防滑系数超过国家标准，出口欧盟	为徒弟分配有挑战性的任务	指导的内容和方式
瓷毯研发成功之后，小李慢慢能够独立工作了，我比较放心了。我现在让他负责石墨烯涂料在瓷毯上的运用。工作之余我们常常聊天，一起吃饭，我鼓励他去读一个材料学方面的研究生，也告诉他要平衡家庭和工作，早点成家立业。我们不像上下级，更像朋友	师傅教我很多专业知识，也很关心我个人的成长和工作之余的生活。原来，我下班后也就是在公司上网，现在师傅会叫我去他家吃饭，或者一起去运动。我感觉我的工作更加有干劲了，生活也更加丰富了。师傅对很多问题的看法和态度都影响了我，无论什么事我都会想听听他的意见	指导结果	认知信任、情感信任、师徒关系

　　陶瓷地毯，是一个创新。既是瓷砖又是地毯，是我们研发部的一个重大挑战。我们要解决的四个难题是发色、防滑和雕刻和凹凸感四个问题。

（J 市 PF 建陶有限公司　研发部　朱总）

四　印记：指导关系的结果

　　对导师的影响。首先，导师为徒弟提供各种工作资源、帮助行为，与此同时也收获徒弟的尊重，并在指导过程拓展、深化或者更新知识。导师为徒弟树立榜样，因而也会更高标准地要求自己、督促自己完善发展。其次，作为指导关系的主导者，导师在指导过程中不断发展自己的领导力、人际交往能力、沟通协调能力等。再次，在中国文化背景下，导师把徒弟的发展作为自己的责任，为徒弟的职业成功感到欣慰和自豪。最后，培养徒弟有益于拓展导师的社会网络，成为导师社会资本的源泉，从长远来看有利于导师的职业成功。另外，培养徒弟从短期上会花费导师大量的时间和精力，占用自己的资源，有的行业中还存在一些潜在的风险。特别是质量不高的指导关系可能会触发导师的情绪耗竭等工作压力源，带来一些负面影响。

> 我带过 10 多个徒弟，自己也会总结哪些方法会比较合适，效果比较好。对待男徒弟、女徒弟的方式是不一样的。这些年，指导徒弟的经验不断丰富，也是对自己的考验，今年合伙人们还推举我当律所的负责人。
>
> （A 律师事务所　导师　袁律师）
>
> 我的徒弟大部分留在行业里，有些就留在律所，加入了我的团队，我们成为了工作上的伙伴，生活中的朋友。还有一些考上了公务员，去了法院、检察院，到那些单位办事也多了一些方便。既然招了徒弟就希望他们能好好发展，看到徒弟有了发展，师傅也有面子。
>
> （A 律师事务所　导师　徐律师）
>
> 徒弟不仅仅是学生，还是导师的助手。
>
> （A 律师事务所　徒弟　小冯）
>
> 因为我们单位的制度，徒弟分配来就是同事。适应工作后也就留在本部门。师徒指导让大家更为融洽，更好地沟通。也为单位节约了培训成本。我们这种师徒不是传统的师徒，大家都是很平等的，更多的是互相帮助和学习。
>
> （B 省药检院　导师　钟师傅）
>
> 带徒弟的过程也能让带教老师巩固自己的知识，明确自身的缺点与不足。
>
> （B 省药检院　徒弟　小江）

对徒弟的影响。从访谈结果来看，导师和徒弟都认为，指导关系最重要的功能在于传授专业领域的经验、程序和技巧。高质量的师徒关系则会通过职业领域进入心理层面，提供情感的支持、爱护、友谊等，待到工作界面的交往延伸至生活领域，即在工作之余与师徒之间的交往也较为频繁，会一起吃饭、聊天等，则意味着师徒关系进入一个较为深入和稳定的阶段。对徒弟的影响具体表现在：帮助树立职业的目标和助力职业成功，形成自我概念，建立自我效能感和职业认同等；知识的充实，导师的支持和友谊让徒弟的能力、自主性以及归属感需求得到满足，产生积极情绪和良好的心理状态，工作繁荣不断涌现；增加工作资源，减轻徒弟的角色压力。在访谈中还注意到，"90 后"的新生代员工更愿意与家人袒露自己的工作体验，会将工作中的得失与家庭成员分享，这样导师制的正面效应作为良好的工作体验进入到家庭领域，徒弟可能通过与家人的交流、反刍，保存及获取积极的认知资源，进而促进家庭角色绩效，维持工作家庭平衡。

　　导师通过教导与日常监督，提升徒弟的经验和能力。传递正能量，拓展视野与人脉。还收获一生挚友，如父如友，指引着我们的律师生涯。

　　我的家在外地，每2—3天就会跟父母通话，说说工作和生活的事。每次处理好了一个案子或是事情办得好获得师傅表扬，我都会跟他们分享。他们也会鼓励我总结经验，再接再厉。

（A 律师事务所　徒弟　小赖）

　　导师首先要帮助徒弟生存下去。导师指导能帮助徒弟在律师行业走上正轨，获得正确的职业指引。徒弟能传承法律责任，守护社会核心价值观。

（A 律师事务所　徒弟　小周）

　　师傅能够帮助徒弟更好更快地进入工作，熟悉工作的环境和流程；树立良好的人生观、世界观、价值观。作为女生，我的师傅也是女性，我常常跟师傅倾诉工作和生活上的烦恼，她总能以自己的经验给我一些建议。

（B 省药检院　徒弟　小郑）

带教老师每天的指导让我的工作更有计划性，每天都在学习，都在进步，这种充实感让人心情愉快，充满干劲。

（B 省药检院　徒弟　小郑）

跟着师傅我学到很多学校学不到的知识和技能，而且懂得了很多待人接物的道理。有的时候我们研发部出了问题，师傅也会第一个站出来承担责任，甚至"护犊子"。师傅在陶瓷界认识不少人，跟着师傅去陶博会见了不少世面。我想像我师傅一样，在这一行好好干，也像他一样承担家庭的责任，把家人照顾好。

有的时候工作中解决了一个难题，我会特别有成就感，自己常常会想起那些事，也会第一时间与家人朋友分享，感受到更多工作的乐趣。

（J 市 PF 建陶有限公司　徒弟　小李）

对组织的影响。已有研究表明，高质量的师徒关系有利于巩固组织的文化，传播组织的价值观，促成组织知识的共享和创新，特别是帮助员工形成组织认同。从访谈和收集资料来看，拥有正式导师制的组织，通过指导关系发展组织认同的效果更好。比如，德胜洋楼公司。而基于新生代员工的特征和价值观，指导关系可能会通过导师的示范作用施加影响，使员工形成角色认同和职业认同，如律师行业。组织也可以通过导师制降低培训的成本，与此同时，拓展资深员工的领导力以及协调沟通等能力。

第四节　数据分析结果

一　师徒互动关系过程

基于以上资料的分析，通过开放性编码、主轴编码和选择性编码，先得到范畴、概念，并建立指导关系过程模型。

开放性编码是指将原始资料概念化和范畴化的过程，访谈资料样本示例如表4-5和表4-6所示。这一过程的具体步骤是将资料中体现的现象进行指认,提炼出概念。进一步将形成的概念进行归类,界定出范畴(蒋震艳等,2015)。本书对3个组织中,9位导师和11位徒弟访谈资料,进行提炼、归纳并形成概念(见表4-7),访谈回答与范畴的对应如表4-8所示。

表4-5 导师访谈回答样本

	组织	访谈回答
导师	A 律师事务所	带徒弟更多的是由于自己业务需要,也遵循行业的准入规定。律师行业比较特殊,难以标准化,所以资深律师需要把自己的办案经验、风格等传导给自己的徒弟。一般来说,会先给入门的徒弟安排一些基础性的工作,观察他的悟性、人品、品行等,有专业上的指导也要多鼓励。比较好的师徒关系是亦师亦友的,可能是工作上的伙伴,今后也可能是事业拓展的资源
导师	B 省药检院	师带徒是组织安排,可以节约培训的成本,也可以帮助自己完成检验任务,但耗费时间精力。单位里的仪器设备和专业知识必须要师傅手把手地教,随时随地指导,有的时候下班后还会接到徒弟的电话询问。组织内部的指导一般都是同辈指导,带教的同时也可以提高自己的专业技能。师徒双方既是同事又是师徒,关系比较平等。由于工作关系紧密,也常常下班聚餐。指导的结果能让徒弟迅速适应工作要求,融入组织,日后也成为较好的工作搭档
导师	J 市 PF 建陶有限公司	我们这一行是有带教传统的,师傅怎么带我的,我就怎么对待徒弟。带徒弟很久了,就像是自己的家人、孩子。但是最开始也要观察徒弟,看他的品行、做事的方式,适不适合做我们这一行,值不值得信赖。指导方式也是随时指导,回答徒弟的疑问。然后给他布置有挑战性的工作,多鼓励,多帮助他,使他爱上这一行。非工作时间也常常与徒弟在一起,像家人一样相处,很自然和随意。徒弟在组织中迅速成长,已经能够独当一面,也为导师奠定了职业拓展的基础

表4-6 徒弟访谈回答样本

	组织	访谈回答
徒弟	A 律师事务所	一般会选择到专业且规模大的事务所当徒弟，要是导师在行业里有些名气就更好了，可以有更多学习的机会和经验。导师待人是很亲切的，一般都把我需要做的事情清楚地告诉我，我做得好的地方也会鼓励我，让我有成长和进步的感觉。导师还会告诉我一些行业的准则规范，让我更快地适应职业需要。我对导师的业务能力非常佩服，也希望成为像他一样的律师。导师的指导让我更快地通过律师资格考试，也让我更加热爱律师这个行业，为当事人做好服务
徒弟	B 省药检院	按照单位的安排每个新生代员工都有一个带教老师。新生代员工入职后的工作都是跟着师傅的，师傅会手把手地教授药检的专业知识，如操作仪器，看实验结果，出质检报告等，每个环节都很细致。不懂的地方随时问师傅，师徒几乎天天在一起工作。药检的工作时间长，有时候下班师傅会请我们一起吃饭。大家一起聊天，更像是朋友。有了师傅的指导能够更快适应工作，独立工作，出师后也会与师傅成为很好的工作伙伴，合作起来更顺手
徒弟	J 市 PF 建陶有限公司	师傅带徒弟是我们行业的惯例。我的师傅招聘我进公司，然后一直把我带在身边。我也会努力表现我自己，努力工作，让师傅满意。师傅交代给我的工作我都认真完成，不懂的地方先自己寻找解决办法，实在不行才会请教师傅。师傅也越来越信任我，非工作时间我和师傅常常在一起，不管是工作还是生活我都会请教师傅，听师傅的建议。师傅还给我制定了职业发展的规划，鼓励我进修，不断学习。"一日为师终身为父"，不管我在哪里都会跟师傅保持联系

表4-7 开放性编码形成的范畴

编号	范畴	概念
1	徒弟需求	生存、适应工作、熟悉环境、职业发展
2	导师或组织需要	导师业务需要，组织培养人才，组织转型发展，导师的助手
3	认知信任	积极主动、脑子活、手脚勤快、肯吃苦、耐得住性子、放心交付任务、举一反三、尊重、佩服
4	指导内容	经验、方式、操作程序、技巧、知识、组织规范、潜规则、价值观、职业道德
5	指导方式	手把手教，随时问随时答，让徒弟"悟"、互相学习、互相帮助、"护犊子"、指派工作、示范

续表

编号	范畴	概念
6	导师角色	指引、传承、榜样、安全员、职业规划
7	情感信任	倾诉工作和生活中的烦恼，安心、踏实、关系融洽、聊天、吃饭，听取意见，"一日为师终身为父"
8	师徒关系	父亲、朋友、伙伴、挚友、亦师亦友
9	指导结果	适应工作、不断学习、有干劲、主动与家人分享被指导的体验、社会网络（人脉、关系网、团队、大家庭、资源）

表 4 – 8　　　　　访谈回答与范畴对应表

访谈编号	徒弟需求	组织/导师需求	认知信任	指导内容	指导方式	导师角色	情感信任	师徒关系	指导结果
HX_ DS01		√		√	√			√	√
HX_ DS02		√	√	√	√	√			√
HX_ DS03		√	√	√	√		√	√	√
HX_ TD01	√			√	√	√		√	√
HX_ TD02	√			√	√				√
HX_ TD03	√			√	√		√	√	
HX_ TD04		√		√	√			√	√
JC_ DS01		√		√	√	√			√
JC_ DS02	√	√	√	√	√		√	√	√
JC_ DS03		√	√	√	√	√	√	√	√
JC_ DS04		√	√	√	√		√	√	√
JC_ DS05	√	√	√	√	√			√	√
JC_ TD01	√			√	√				√
JC_ TD02	√			√	√		√		
JC_ TD03		√		√	√		√		√
JC_ TD04	√							√	√
JC_ TD05		√	√	√	√			√	√
PF_ DS01		√	√	√	√		√	√	√
PF_ TD01			√	√	√	√	√	√	√

注：HX、JC、PF 分别代表企业名称，DS 为导师，TD 为徒弟。

接着，在指导关系阶段理论基础上，结合案例中师徒指导关系的演进过程进行归纳和修正，得到指导关系六阶段模型，分别是指导关系建立—指导关系初探—指导关系发展—指导关系深化—指导关系稳固—指导关系再定义，如图4-5所示。

二 指导关系的烙印机制模型

基于理论研究和案例扎根法，我们建立指导关系的烙印机制模型，如图4-6所示。

在中国情境中的多案例研究中，首先，确定了新入职的员工处于短暂而关键的敏感期，因而具备了烙印的前提条件。其次，研究识别出了烙印效应主体与客体——烙印者和被烙印者。二者在互动中，相互作用、相互影响。其中，烙印者包括组织外部的环境，如宏观的政治、经济、政治、文化、法律环境；组织内部的各种情境因素，如组织制度和文化、价值观、领导风格、技术条件等；导师制中导师对徒弟具有直接的影响。在指导关系阶段模型中，由于指导关系的建立都是从组织和导师的需要出发，徒弟选择的余地较小。而且在求职的过程中，由于徒弟专业知识薄弱，缺乏社会经验和工作技巧，在指导关系初期徒弟与导师都存在权力、知识、地位上的势差，徒弟一般都服从、顺从导师的分配和安排。虽然，某些组织的徒弟是由导师自行招聘和选用的，但是由于一开始仅是短暂的接触，导师对徒弟普遍缺乏了解，初步建立关系后会通过一段时间观察徒弟表现或者考验徒弟。

为了获得导师的认可或良好印象，徒弟都会采用印象管理的策略。一方面，服从导师的安排；另一方面，积极地主动地争取表现，或根据导师的态度调整自己的行为和态度。在师徒关系初探之后，导师主要从职业发展、社会心理支持等方面对徒弟进行指导和帮助，在这个过程中师徒关系深入发展，导师帮助徒弟应对工作中的各种压力，增长自身能力，建立独立工作的信心，形成自我概念，并逐步认同职业、认同工作。与此同时，徒弟也更加认同师傅，并通过认同师傅进一步认同职业、认同组织。在这个过程中，导师帮助徒弟，徒弟努力完成导师交代的任务，或者展现出较好的"悟"性或工作能力，

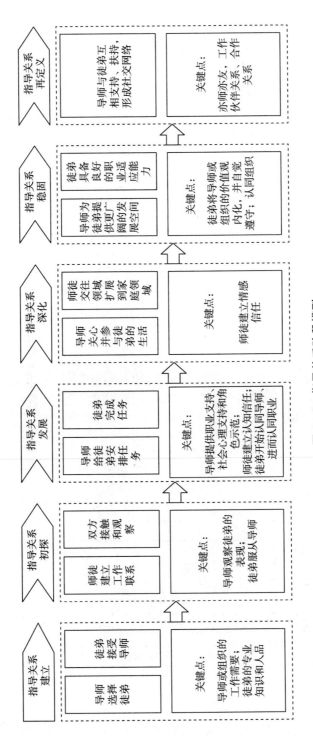

图 4 - 5 指导关系阶段模型

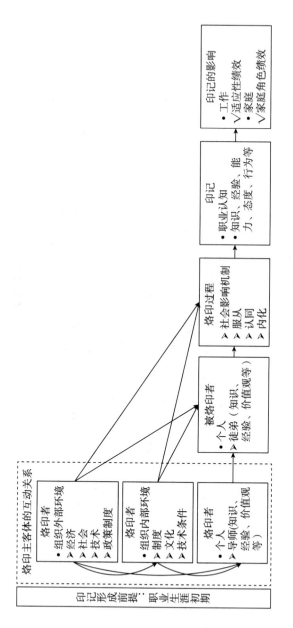

图 4 - 6 指导关系的烙印机制模型

容易建立师徒间的认识信任。随着关系的深入发展，直至徒弟跟导师工作之外的交往增多，家庭生活的交流频率更高，师徒关系更为稳固，逐步建立起情感信任。

基于之前的理论分析，对烙印过程进行具化，识别出社会影响机制。社会影响理论主要包括了服从、认同以及内化三个主观规范机制。其中，服从机制多来源于外部的客观条件的约束，符合中国高权力距离和尊师重教的儒家文化氛围；且随着交往频度和程度加深，导师的指导达到徒弟的预期，导师也从中获得积极的反馈，师徒建立了高质量的指导关系，认同效应开始发生作用。徒弟由认同导师形成自我角色同一性，产生职业认同、组织认同，由此将导师和组织的认知和职业操守、价值观逐渐内化自我的价值，整合进入自我概念之中。简言之，在徒弟的敏感期内，由烙印主客体互动，经过烙印机制的作用，帮助员工实现组织社会化。在变革和动态的环境中，我们主要关注新生代员工职业适应能力以及与之相关的适应性绩效。再结合新生代员工对工作与家庭平衡的需求，考察与幸福感相关的家庭角色绩效。

第五节 本章小结

子研究 1 在全面回顾文献的基础上，采用一手数据和二手数据结合的方法对企业导师制进行了多案例的分析。涉及的行业主要包括律师行业、科研检测机构、陶瓷产业和建筑类企业。前两种属于知识型员工，后两者划分为以技能为主的员工。这两种导师制既有相同点，也有差异，比如律师行业的过程和结果都难以标准化，科研检测机构和陶瓷艺术包含较大成分的创造性劳动，而建筑产业希望通过过程的标准化达到结果的标准化等，这些行业具有一定的典型性和代表性，集中展现了中国企业导师制的特点。

多案例研究首先通过归纳、提炼得到核心范畴，建立了中国情境下指导关系的阶段模型。再以烙印理论为框架，识别出烙印者、被烙印者、烙印的条件以及烙印机制、烙印结果，构建了指导关系的烙印机制模型。并进一步解析了组织中的情境因素，烙印的结果变量等，为后续的实证研究奠定基础。

第五章　实证研究

孔子说："三人行必有我师焉"。几千年前的理念竟然与当今多形式、多元化的导师制不谋而合。首先，通过第四章多案例的研究发现，企业导师制对徒弟的工作、家庭两个界面均产生了积极影响，因此将继续以工作结果和非工作结果为因变量检验指导关系的作用；其次，案例研究揭示，企业导师制通过激发新生代员工蓬勃向上的工作状态以及触发积极的工作反思产生积极影响，因此实证研究将重点考察这两方面的中介机制；最后，结合中国管理的情境发现，导师在定义好徒弟和阐述指导意愿时反复提及了徒弟的特征，如主动性、"悟性"等，因此，以上因素可能成为指导关系在中国文化情境中发挥作用的边界条件，应在实证研究中进一步深入探究。

本章将在案例研究的基础上，从工作和家庭两个界面分别构建理论研究模型，进一步检验案例研究的结果，更深入、全面地认识企业导师制发生作用的机理机制。

第一节　指导关系对徒弟适应性
绩效的影响机制研究

无论是中国的领先企业采用"师带徒"的指导模式，还是世界财富 500 强企业启用导师制，都是基于企业导师制在工作领域的积极作用，即对师徒双方（导师和徒弟），特别是徒弟以及对组织的正面效应。在新时代变革、动态的背景下，组织将人的培养与发展放在更大的环境中加以考察，关注个人职业生涯的持续发展。尤其是组织社会化的研究更加关注人力资源管理制度对员工职业适应能力的培养，因此，本节将采用实证研究方法对企业导师制工作领域的积极效用及作用机制进行探索和验证。

一 子研究 2 理论基础与研究假设

（一）指导关系对徒弟适应性绩效的影响

导师制的实践开始较早，直到 1983 年 Kram 正式提出导师制的定义，指导关系研究逐渐成为组织管理研究的重要领域之一。在研究过程中，众多学者对导师制进行了界定和剖析，但最被广泛接受的概念认为，指导关系是组织内的资深者与资浅者建立的发展型的互动关系，资深者向资浅者传导知识、技能及经验，并适时地提供支持、指导、友谊和帮助等。早期研究指出，指导关系功能具有职业指导和心理指导两个维度；而后 Scandura（1992）从心理指导中细化出独立的一个维度："角色模范"，即导师作为徒弟的榜样，是徒弟模仿、学习的对象，具有积极的示范作用。至此，确立了指导关系的三维度说，即职业支持、社会心理支持、角色模范。

作为与徒弟互动频繁的工作角色，导师对徒弟的职业成功、绩效发展、薪酬提升具有重要影响。资源保存理论（COR）认为，资源是"个体特征、条件、能量等让个体觉得有价值的东西或者获得这些东西的方式"。宝贵资源的损害或流失会让个人受到威胁，因此，个体倾向于积极努力地保留、保护、获取他们珍视的资源。知识、技能、工作发展机会、工作自主性、社会关系、社会支持、工作幸福感、乐观个性等都可被视为个体有价值的资源（瞿皎姣，2014）。导师制通过知识、技能共享，为徒弟提供有挑战性的工作，社会支持和关系庇护等支持性的行为，对员工的绩效和行为产生积极影响。企业导师制通过提供支持性的资源帮助员工构建积极的心理体验，以应对不确定性的挑战。本研究将首先在动态、不确定情境下，探讨企业导师制对适应性绩效的正向关系。

适应性绩效，是指员工在不确定的环境中，改变个体行为去适应工作要求以及各种变化的成熟度（Proficiency）。从绩效行为观的角度来看，各种适应性行为反应包含认知成分与非认知成分。其中，前者主要涉及解决问题的技巧与知识的灵活运用；后者包括应对任务变化的心态调整。研究指出，影响适应性绩效的因素可以划分为个体因素（如一般认知能力、自我效能感、大五人格等）和环境因素（如团队中的互动与支持）两大类（吴新辉、袁登华，2010）。

具体来看，导师主要通过指导关系为徒弟提供和补充工作资源，进而对员工的适应性绩效产生影响。首先，指导关系提升知识技能，有利于适应性绩效的发展。导师通过职业支持向徒弟传导知识、技能和经验，特别是隐性知识的共享与传递让徒弟迅速掌握职位所需的专业知识和工作技巧，通过社会学习提高认知水平，从而增强适应变革的能力。研究表明，知识技能对适应性绩效存在直接与间接的促进作用（冯明，纪晓丽和尹明鑫，2007）；其次，指导关系提高自我效能感，正向影响适应性绩效（Griffin & Hesketh，2003）。在指导关系中，导师通过言传身教，使徒弟获得实践经验、替代性经验，达到身心改善，增强自我效能感；另外，导师的接纳与认可，建设性的关心与沟通增加徒弟工作中的把握感和自信心。导师的保护、咨询和引导会使徒弟的自我效能感和心理安全感（Smith – Jentsch. et al.，2008）提升，从而增强应对变化行为的动机。最后，指导关系作为一种支持性组织因素促进员工的适应性绩效。除了职业支持之外，导师还充当徒弟的保护者、咨询者、引导者，在必要时提供庇护、友谊和爱护，构建一种积极的情境因素，能够有效提升个体适应性绩效。总之，指导关系通过职业支持、社会心理支持和角色模范功能提供知识技能、自我效能感、社会支持等工作资源，增强了员工实现适应性绩效的动机和能力，从而提升了员工的适应性绩效水平。基于以上分析，提出 5 - 1：

H5 - 1：指导关系有利于提升员工的适应性绩效水平。

（二）工作繁荣的中介作用

工作繁荣（Thriving at Work）是一种奋进心理状态，指个体在工作中感受到活力（Vitality）和学习（Learning）的积极体验（Spreitzer，et al.，2005）。活力和学习两维度分别对应着个人成长过程中情感和认知体验，活力是一种能量充沛、活跃而热情的感觉，学习则是通过知识和技能改善工作和建立自我效能感的能力（Spreitzer &

Porath，2014）。学者们通过分析认为，工作繁荣体验包括：学习、承认和成就，以及人际关系和互助行为。由工作繁荣社会嵌入模型（Spreitzer et al.，2005）和工作中的个人成长整合模型（Spreitzer & Porath，2013）可知，个体的工作资源是工作繁荣的重要前因之一（李超平、毛凯贤，2018）。员工在工作场所中获得的资源是工作资源，它们对个体的认知、情绪和关系均有影响（韩翼、魏文文，2013）。指导关系就是通过提供各种工作资源来帮助徒弟达到学习状态和活力的体验，进而促进工作繁荣的涌现。导师提供的资源主要包括以下四种：技能，视角，心理资源和社会资本（Greenhaus & Singh，2004）。具体而言，首先，导师给徒弟传授知识和技能，提供建设性的建议，分享经验，有利于徒弟的学习和成长，帮助徒弟迅速地融入组织，适应组织规范。其次，对于新生代员工而言，导师接纳认可徒弟、良性的互动反馈为徒弟提供了宝贵的情感资源，可以补充徒弟因工作压力损失的心理资源。与此同时，导师在徒弟遇到困难时予以保护和帮助，会使徒弟产生心理安全感，并形成积极的自我评价，更容易达到充满活力和希望的状态。再次，徒弟会通过学习和模仿导师来塑造自己的态度、价值观及行为等，形成积极的自我概念、角色认同，帮助徒弟从更广泛的视角分析问题、解决问题、拓展认知，促进个人的进步和能量的增长。最后，在组织中，导师是徒弟的最主要的社会资本，导师构建的社会网络可以帮助徒弟在短时期内崭露头角或是获得挑战性的任务，帮助徒弟最大限度地拓展人际资源，获得发展的机会。社会资本的获取与传承促进徒弟的进步与提高，也让徒弟对工作感受到更多的意义感和掌控感，对徒弟的工作繁荣具有重要的正向影响。进一步而言，个体的工作繁荣不是一个静止的状态，而是一个由动因性工作行为持续引发的状态。其中，导师与徒弟的互动交流作为一种积极的人际联系就属于动因性工作行为的范畴，有利于促进工作繁荣。与此同时，指导关系中获取的工作资源又会反过来促成这种动因性工作行为，进一步推动工作繁荣水平向前发展。

指导关系带来的工作繁荣主要从认知和非认知两个层面帮助徒弟

实现适应性绩效。一方面，工作中学习不仅让徒弟获得知识、建立自信，也能增强其识别组织问题和改进组织现状的能力（Magni & Maruping，2013）。能力带来的自我效能感使得徒弟相信自己能适应工作环境，并具备面对变革的成熟度，且有信心面对主动适应行为实施过程中的挫折等，因此徒弟的适应性行为意愿会得到增强。另一方面，指导关系具有情绪支持功能（Kalbfleisch & Davies，1991）。根据拓展建构理论，积极情绪能够拓展思维，提升认知灵活性，增强个体对能带来积极后果的行为倾向（Fredrickson，2001）。研究表明，积极情绪与员工展望未来与计划、实施和反思变革等主动性行为显著正相关（Bindl，Parkers & Totterdell，et al.，2012）。Li、Liu 和 Han 等（2016）的研究也证实了工作繁荣与员工变革导向的公民行为呈显著正相关。因此，徒弟体验到的活力及其包含的积极情绪能够进一步提升其适应性行为的意愿。已有研究指出，自我效能感、知识、技能都是适应性绩效的重要前因变量（韩翼和魏文文，2013）。综上，本书认为指导关系会通过促使徒弟获得工作繁荣的体验，进而做出更多的适应性行为。基于以上论述，我们提出如下假设：

H5 - 2：工作繁荣在指导关系与徒弟适应性绩效之间起中介作用。

（三）促进焦点的调节作用

由于导师与徒弟之间存在知识、地位的势差，中国文化又是以高权力距离为特征的，因此，中国情境下的指导关系与领导—下属关系类似。领导的权变理论（Contingency Theory）强调情境因素，并指出领导的有效性不单单由领导者决定而是领导者、下属和组织情境三个变量的函数（Fiedler，1967）。因此，在研究领导施加影响的过程中要充分考虑下属的个人特征、任务和组织等方面的因素。

如前所述，师徒特征与指导关系的交互作用的研究已逐步展开，如学习目标导向、自我监控、核心自我评价、自尊、主动性等。不同徒弟对指导关系的响应可能存在差异，因此其影响程度也存在差异，即指导关系的效用与徒弟的需求和特质密切相关（Halesleben，Neveu & Paustian - Underdahl，2014）。本书中，徒弟的工作繁荣状态除了受指导关系这一情境因素的影响外，徒弟的个人特质——调节焦点也会影响徒弟对外界环境的解读和反应。本书所讨论的调节焦点是个体的特质，属于一种长期的、较稳定的倾向焦点（曹元坤、徐红丹，2017）。调节焦点理论（Regulatory Focus Theory，RFT）认为，个人在追求目标的过程中会表现出"趋利避害"的倾向，可能出现两种互相独立的行动策略：防御焦点（Prevention Focus）和促进焦点（Promotion Focus）。其中，为实现成长和成就需求，采取进取的方式实现理想，获得自我成功的特质称为促进焦点；而防御焦点的个体则注重安全需求，采取避免失败的回避策略，行动只是履行责任和义务。不少研究证实领导风格与特质性调节焦点具有交互作用，显著影响员工的工作态度和结果（李磊等，2013）。元分析还表明，促进焦点与学习导向正相关（毛畅果，2017）。基于调节匹配理论，在追求目标的过程中，成本—收益最大化的价值感（Value from Worth）往往不及决策方式与个体自身的调节焦点的匹配产生的效价（Value from Fit）。也就是说，个体会采取与自己调节焦点相匹配的方式去采取行动；当行动指向与调节焦点趋于一致时，则会增强个人行动的意愿；或给予与自己调节焦点匹配的对象更高的评价（Higgins，2000），反之则不然。促进焦点的徒弟特别关注个人的成长与发展，乐于通过持续学习或改进完善自我，或接受挑战性的工作条件，这种行事方式与指导关系所供给的职业成长和发展机会等工作资源相匹配，因此，就会引发更高的活力和学习热情，会更加认同指导关系，工作繁荣水平更高。相反，对低促进焦点的个体来说，完成基本工作任务与职责、规避差错和风险才是最重要的，所以指导关系带来的学习和发展机会等资源与低促进焦点个体的需求并不匹配，进而导致这类徒弟的工作繁荣水平偏低。此外，研究还指出个体对资源的评价和使用，取决于资源特征与个人需求是否匹配，指导关系提供的发展和学习等资源，以及积极的情感资源正迎合了促进焦点类群的需求，因此他们体验到更多的繁荣感。简言之，高促进焦点的个体追求成就渴望学习和发展，因此指导关系提供的知识、技能指导等资源迎合了其需求，工作繁荣水平会更高。基于上述分析，本书提出如下假设：

H5 - 3：徒弟的促进焦点对指导关系与工作繁荣之间的关系具有

调节作用。徒弟促进焦点水平高的情况下，指导关系对徒弟工作繁荣的正向影响更大。

综合 H5 - 2 和 H5 - 3 提出的关系，本书预测徒弟促进焦点会调节工作繁荣在指导关系与徒弟适应性绩效间的中介作用，构成了被调节的中介作用。具体来说，当徒弟促进焦点水平高时，指导关系对员工工作繁荣的影响就越大，那么经由工作繁荣传导的指导关系对徒弟适应性绩效的间接影响就越强。反之，当徒弟促进焦点水平低时，指导关系与徒弟工作繁荣的关系更弱，那么通过工作繁荣传导的指导关系对徒弟适应性绩效的正向影响也会减小。

H5 - 4：徒弟促进焦点对工作繁荣与适应性绩效之间的中介作用具有调节效应。在徒弟促进焦点水平低的情况下，工作繁荣的中介作用更弱。

基于以上论述，提出子研究 2 的概念模型（见图 5 - 1）。

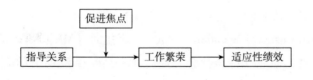

图 5 - 1　子研究 2 概念模型

二　子研究 2 研究设计

（一）研究对象和数据收集

本子研究的调研范围共涉及江西省南昌市、景德镇市的 19 家企业，选取企业员工作为调查对象。这些企业均为民营企业，主要包括陶瓷制造（6 家，32%）、制药（5 家，26%）、化工（8 家，42%）等行业产业。由于均采用国外成熟量表，因此在使用时用翻译—回译的程序，以保证表达意思明晰，容易理解。在正式问卷调研前，研究团队与各个公司人力资源部门进行了多次访谈沟通，并就题项语句进行修正以确保问卷表述清晰、适合企业情境。并在前期访谈中确定，这些企业中，尤其是生产线上的普通员工都存在较为正式的指导关系。1 名师傅带 2—3 名徒弟的情况较为普遍，占 80% 以上，其余为一对一的指导关系，这些师傅大多担任班组长，徒弟就是其小组成员。在调研中，我们采用师徒配对的数据，由徒弟填写个人背景信息、指导关系、徒弟工作繁荣及促进焦点的数据，由导师评价徒弟的适应性绩效，并填写相关个人信息。

子研究 2 共发放 400 份问卷，得到 269 份有效问卷，问卷的有效回收率达 67.25%。有效研究样本中，男性徒弟 81 名，占 30.1%，女性徒弟 188 名，占 69.9%；年龄方面，20—29 岁的占多数（约为 85%）；学历方面，高中及以下的 7 人，占 2.6%；专科的 76 人，占 28.3%；本科的 181 人，占 67.3%；硕士及以上的 5 人，占 1.9%。平均任职年限为 2.57 年。

（二）测量工具

除控制变量外，本书均采用 Likert 5 点量表打分，1 代表"完全不符合"，5 代表"完全符合"。

本书中的所有测量工具均来源于国外权威期刊上发表的量表。指导关系采用 Castro 和 Scandura（2004）简化的（MFQ‑9）量表。由 9 个题项组成，职业支持、社会心理支持和角色模范每个维度各 3 个题项，示例题项如："导师会关注我的职业发展"（职业支持维度）；"我会与导师分享较为私人的话题"（社会心理支持维度）；"我会将导师的行为视为楷模"（角色模范维度）（Pellegrini & Scandura，2005）。之所以采用 MFQ‑9 量表是基于以下两点原因。首先，MFQ‑9 的心理测量有效性已通过探索性和验证性因素分析得到验证（Castro & Scandura，2004；Pellegrini & Scandura，2005；Wanberg et al.，2003）；而 Noe（1988）或 Ragins 和 McFarlin（1990）测量项是仅基于探索性因子分析（Wanberg et al.，2003）。其次，另外两种量表的题项超过 20 个，操作难度较大。而且，较少测量项的实践意义可能更大（Hu，2008）。工作繁荣采用 Porath 等（2012）编制的 10 题项量表进行测量，示例题项如："在工作中，我常感觉充满活力"。适应性绩效采用 Griffin（2007）开发的 3 题项量表进行测量，示例题项如："我很好地适应核心任务的变化"。促进焦点采用 Zhou，Hirst 和

Shipton（2012）开发的 4 题项量表进行测量，题项为："我会经常思考如何得到好的结果。"本子研究选取性别、年龄、受教育程度和任职年限作为控制变量。

三 子研究 2 数据分析结果

（一）信度与区分效度检验

子研究 2 运用 SPSS19.0 对相关的 4 个量表信度进行检验，结果显示，指导关系在本书中的内部一致性系数为 0.86；适应性绩效的内部一致性系数为 0.90；促进焦点的内部一致性系数为 0.93；工作繁荣的内部一致性系数为 0.84。采用 Mplus7 软件对 4 个变量进行了验证性因子分析（CFA），以确定相关变量之间具有良好的区分效度和真实性。结果表明，四因子模型的拟合指标均显著优于其他备选模型（$\chi^2 = 608.33$，$\chi^2/df = 2.08$，CFI = 0.92，TLI = 0.91，SRMR = 0.06，RMSEA = 0.06），这表明本子研究所涉及的 4 个变量间具有良好的区分效度，它们代表了 4 个不同的构念，可用于后续分析。

（二）描述性统计分析

表 5 - 1 是子研究 2 自变量、中介变量、因变量的描述性统计结果。从表 5 - 1 我们可以看出指导关系与工作繁荣显著正相关（r = 0.37，p < 0.01），与适应性绩效显著正相关（r = 0.20，p < 0.01）；工作繁荣与适应性绩效显著正相关（r = 0.43，p < 0.01）；促进焦点与指导关系、工作繁荣和适应性绩效的相关关系分别为 r = - 0.01（p > 0.05），r = 0.20（p < 0.01），r = 0.18（p < 0.01）。分析结果与理论假设相符，由此为后续的数据分析奠定了基础。

表 5 - 1   **子研究 2 均值、标准差和相关系数**

	均值	标准差	1	2	3	4	5	6	7
1. 性别	1.70	0.46							
2. 年龄	29.84	5.06	- 0.11						
3. 学历	2.68	0.55	- 0.01	- 0.07					
4. 任职年限	2.57	1.89	0.04	0.40 **	- 0.08				

续表

	均值	标准差	1	2	3	4	5	6	7
5. 指导关系	3.81	0.68	−0.00	0.02	0.02	0.13*			
6. 工作繁荣	3.72	0.52	−0.01	0.13*	0.06	0.15*	0.37**		
7. 促进焦点	4.21	0.62	−0.08	0.06	0.07	0.01	−0.01	0.20**	
8. 适应性绩效	4.33	0.50	−0.13*	0.10	0.02	0.13*	0.20**	0.43**	0.18**

注：$N=269$；＊表示 $p<0.05$，＊＊表示 $p<0.01$，＊＊＊表示 $p<0.001$（双尾检验）。

（三）假设检验

为了验证研究假设，子研究 2 采用层级回归法检验模型，分析结果如表 5−2 所示。首先，主效应检验：从 Model 6 可以看到，指导关系对徒弟适应性绩效有显著的正向影响（$\beta=0.19$，$p<0.01$），验证了假设 1。

表 5−2　　　　　　　　子研究 2 层级回归分析结果

变量	工作繁荣				适应性绩效			
	M1	M2	M3	M4	M5	M6	M7	M8
性别	0.00	0.00	0.02	0.03	−0.13*	−0.13*	−0.13*	−0.13*
年龄	0.08	0.09	0.09	0.10	0.04	0.04	0.04	0.00
学历	0.08	0.07	0.05	0.07	0.04	0.03	0.04	0.00
任职年限	0.12	0.07	0.07	0.07	0.12	0.10	0.13	0.07
指导关系		0.36***	0.36***	0.30***		0.19**		0.14
工作繁荣							0.42***	0.40***
促进焦点			0.19**	0.21***				
指导关系×促进焦点				0.17**				
R^2	0.03	0.16	0.19	0.22	0.04	0.07	0.21	0.21
ΔR^2		0.13***	0.16***	0.03**		0.03**	0.17***	0.14***
F	2.28	9.97***	10.52***	10.42***	2.68*	4.14**	13.71***	11.49***

注：＊表示 $p<0.05$，＊＊表示 $p<0.01$，＊＊＊表示 $p<0.001$（双尾检验）。

其次，中介效应检验：Model 2 中指导关系对工作繁荣的正向关系显著（β=0.36，p<0.001）。当加入工作繁荣后，指导关系对徒弟适应性绩效的正向影响作用由（β=0.19，p<0.01）减小为（β=0.14，p>0.05）（Model 8），且工作繁荣的回归系数依旧是显著的（β=0.40，p<0.001）。根据 Baron 和 Kenny 的中介作用检验方法可知，工作繁荣完全中介了指导关系与员工适应性绩效间的关系，假设2得到了支持。

此外，本书运用 Bootstrapping 程序进行分析，以此判断间接效应的显著性，分析结果表明95%置信区间（[0.04，0.19]）不包含0，间接效应显著，间接效应的效应值为0.12。在控制了中介变量后，指导关系对徒弟适应性绩效的直接效应不显著，95%置信区间（[-0.06，0.14]）包含0，说明该中介作用为完全中介。因此，假设2也得到支持。

最后，调节效应检验：由 Model 4 可以看出，乘积项指导关系×促进焦点的回归系数显著（β=0.17，p<0.01），这说明促进焦点显著调节了指导关系质量与工作繁荣之间的关系，假设3得到了验证。为了更直观地展现促进焦点在指导关系与工作繁荣间的调节作用，本书绘制了调节效应图（见图5-2）并进行了简单斜率检验，从图中可以看出，当徒弟促进焦点水平越高，指导关系对徒弟工作繁荣的影响越强，直线斜率明显大于促进焦点水平低的情况。

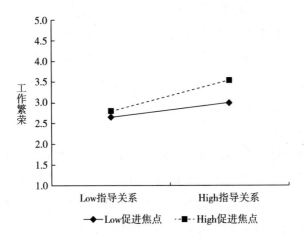

图5-2　促进焦点对指导关系与工作繁荣的调节效应

为验证假设4，子研究2还进行了被调节的中介效应检验，有条件间接效应的 Bootstrapping 结果如表5-3所示。在促进焦点水平高的员工中，指导关系经工作繁荣对徒弟适应性绩效产生的间接影响显著；而当员工拥有低促进焦点时，间接效应并不显著，可见假设4没有得到完全支持。

表5-3   子研究2有条件的间接效应检验

调节变量分组	效应值	标准误	95% 置信区间	
低促进焦点	0.05	0.48	-0.30	0.15
中促进焦点	0.11	0.11	0.06	0.18
高促进焦点	0.17	0.17	0.10	0.25

第二节　指导关系对徒弟家庭角色
绩效的影响机制研究

早在20世纪七八十年代，美国学者就提出"工作是为了更好地生活"的理念。《福布斯》和《财经》杂志分析过美国千禧一代（Millennials）的特征，特别指出该群体在选择工作和雇主时尤为看重工作生活的平衡（Work-Life Balance），即"工作不是生活的全部"。现观之中国的新生代员工亦然，他们在经济富足、政治稳定、社会发展的环境下成长，形成了独特的人生态度和价值观，尤其对工作家庭有自己的追求和看法。

工作和家庭是个体最重要的两个生活界面，每个人在工作和家庭中扮演着不同的角色。工作家庭的增益是指，一个角色的经历会影响另一个角色生活质量改善的程度（Greenhaus & Powell, 2006），即两个界面的角色的体验紧密联系、互相影响。因此，工作角色和家庭角色的关系不是割裂的，某个领域的积极效应也是可以通过某种机制进行传递和联通，并对个体和组织产生较大影响。而这个工作到非工作界面的联通介质和机理正是需要进一步剖析和验证的。由此，本节将在工作界面的基础上，继续探究工作中的指导关系对徒弟家庭相关结果的影响机制和边界条件，以期更全面、系统地考察导师制对徒弟的积极影响。

一 子研究3理论基础与研究假设

（一）指导关系对徒弟家庭角色绩效的影响

随着经济发展和技术变革，虽然指导关系的模式发生了较大的变化，究其实质还是师徒建立的一种深层次的互动关系（Kram，1983，1985）。溢出效应（Spillover Effect）指出，职业角色与家庭角色具有互动增益效应（Greenhaus & Powell，2006）。基于这一思路，有学者以工作要求—资源模型（JD－R）为理论基础，指出指导关系会通过提供工作资源（Work Resource），降低工作要求（Work Demand），帮助导师和徒弟缓解工作—家庭冲突（WFC），促进工作—家庭增益（WFE）（Liu et al.，2012；Mao et al.，2016）。由此可见，指导关系对非工作结果变量的研究正在逐步展开，但通过何种中介机制施加影响，结果如何，还需要进一步探究。由此，子研究将集中探究指导关系对员工家庭角色绩效影响结果，特别是尝试回答指导关系通过何种机制影响徒弟的家庭绩效，进一步揭开指导关系对家庭领域发生作用的"黑箱"。

资源保存理论认为，个体总是积极地寻找、获取、保存自己认为重要的资源，以减轻压力或得到积极的结果。这些具体的资源包括：知识、技能、工作发展机会、工作自主性、社会关系、社会支持、工作幸福感、乐观个性、积极的情绪等（瞿皎姣等，2014）。指导关系是一种积极的工作体验和工作场所的工作支持，是师徒构建的发展型的社会网络，是对徒弟发展具有重要促进作用的宝贵资源。具体而言，在工具（Instrumental）导向上，导师提供赞助、指导和协助等工作资源，使徒弟完成任务并对工作有更多的能力感和掌控感，也就更容易在工作中产生认同感和意义感；另外，在关系（Relationship）导向上，师徒互动产生了友谊、信任和积极的情感资源。简言之，导师制给徒弟提供丰富的工作资源又带来支持性的关系，指导关系本身就是徒弟获取各种有益的资源的重要来源。

Chen, Shaffer, Westman, Chen, Lazarova 和 Reiche（2013）整合家庭绩效各个相关维度，提出了家庭角色绩效（Family Role Performance）的概念，集中描述个体在家庭中的责任和角色。其作为家庭领域的重要结果变量之一，是履行、参与家庭领域有关的角色时产生的义务和期望。基于个人在家庭领域的不同角色（如父母、配偶、儿女、朋友），家庭角色绩效主要包括了任务（如完成家务）和关系（如促进心理—社会环境）两种绩效形式（Chen et al.，2013）。资源可以激发个体充分参与其各种角色的动机，并将其努力和能力用于特定的任务（Llorens, Bakker, Schaufeli & Salanova，2006）。指导关系提供的工具性资源和关系资源也会分别提升徒弟投入家庭角色的动机和能力，并努力履行完成家务、陪伴家人的职责，以及发展亲子关系，提高亲子关系的质量等。尤其是在中国"关系"社会的格局中，指导关系是一种既包含情感又有工具功能的混合型关系，这是否会对家庭角色绩效有更为突出的影响值得进一步探析。基于以上论述，本书推断指导关系对家庭角色绩效具有一定的促进作用，提出如下假设：

H5 – 5：指导关系提升徒弟的家庭角色绩效水平。

（二）积极的工作反思的中介作用

以往研究多从情感路径（Affective Pathway）来解释工作与非工作领域的融合，即积极的工作体验带来积极情感（Positive Affect），进而促进基于工作家庭增益（Greenhaus & Powell，2006；Rothbard，2001）。然而，Ilies, Wilson 和 Wagner（2009）认为，情感途径不足以解释工作经验对非工作生活的溢出效应。认知评价理论（Cognitive Appraisal Theory, Langston，1994；Lazarus，1991[a]，1991[b]）认为，这种跨领域的积极效应的拓展和传递，关键在于人们对于过去经历有意义的解读和正面的评价。积极的工作反思就是闲暇时对工作体验进行评价和解释的过程。研究表明，积极反思的过程可以充分利用积极体验，带来一系列积极的后果，如情感承诺（Jiang & Johnson，2017）、

工 作 生 活 增 益 （ Work – to – Life Enrichment, Daniel & Sonnentag, 2014）、情感幸福感（Meier, Cho, & Dumani, 2016）等。

　　Fritz 和 Sonnentag（2006）在研究休闲体验对恢复、幸福感和工作绩效的影响时，关注了积极工作反思的作用。积极的工作反思（Positive Work Reflection）是指员工在闲暇时思考工作的积极方面，回忆工作中愉快的事情，诸如成功地完成任务和支持性的工作关系等（Meier et al., 2016）。认知评价理论认为，个人不仅对经历做出反应，而且会对工作体验做出积极或消极的评价（Lazarus, 1991[b]），也就是说，工作体验是通过认知评价间接影响着个体的反应。积极的工作反思之所以能够产生正面的效应，是由于闲暇时间思考工作的积极面是一个愉快和令人满意的认知过程，它们不但延长了对积极工作经历和事件的接触，并且通过对积极经验进行有益的解释或评价认知，反复体味（Savoring），获得收益（Langston, 1994），这一过程被称为"资本化"（Capitalization）（Daniel & Sonnentag, 2014）。根据上述分析，徒弟积极对指导关系进行体验和评价，进而形成积极的工作反思。具体表现在：第一，指导关系中知识的共享、导师的支持行为会帮助徒弟获得宝贵的经验，建立自我效能感，因而带来学习与活力的积极心态，这种心态可以促进徒弟对工作重要性的积极认识（Siu et al., 2010），更积极地看待自己的工作（Gable et al., 2004）。第二，作为一种发展型的人际关系，导师与徒弟建立亦师亦友的关系，提供必要的情感和关系资源，有利于形成积极的工作反思。积极的工作特征，如分配公平（Distributive Justice）、构筑友谊（Friendship Formation）、情绪愉快的工作（Emotionally Pleasant Work）均是积极的工作反思的重要前因变量（Frone & Michael, 2015；Sonnentag & Grant, 2012）。由此，可以推断指导关系的工作体验，激活了徒弟在非工作时间积极认知，有可能引发积极的工作反思。

　　如前所述，工作的积极反思从认知路径帮助员工将一个生活领域的经验转移到另一个生活领域，整合了工作与家庭生活界面（Krein, 2006）。指导关系这种积极的工作体验，通过徒弟积极的工作反思，更好地实现家庭角色绩效。总体而言，指导关系提供工具性支持和关系支持，激发了徒弟参与家庭角色并完成家庭任务的动机，增强完成家庭绩效的能力。具体表现在：非工作时间积极的工作反思，一方面，徒弟通过评价积极体验的认知过程，例如，思考工作中的成就（Binnewies, Sonnentag& Mojza, 2009）增加员工的资源，使各种资源资本化（Langston, 1994）；另一方面，徒弟通过反复品味、体会（Savoring）的认知策略来获得积极情绪，提升回忆过去积极事物的幸福感（Bryant, 1989），改善员工健康（Fritz & Sonnentag, 2006）。也就是说，积极的工作的反思帮助徒弟在非工作时间内构筑资源，减少压力（Fritz & Sonnentag, 2006），进而促进家庭角色绩效（Daniel & Sonnentag, 2014）。综上，积极的工作反思中介了工作和非工作体验之间的关系（Sonnentag & Grant, 2012），这可能是一条将工作与非工作领域联系起来的途径（Kreiner, 2006）。基于以上论述，指导关系有利于引发徒弟的积极工作反思从而促进徒弟的家庭角色绩效，提出如下假设：

H5－6：积极的工作反思在指导关系与徒弟家庭角色绩效之间起中介作用。

（三）"向上"悟性的调节作用

西方导师制中，基于拓展发展型关系网络的目标，Chandler 等（2010）提出了关系悟性（Relational Savvy）的概念，这是建立和维持有效发展关系所必需的一套态度、行为和技能。主要包括：广泛、主动地寻求他人建议；认真地经营现有的和潜在导师的互动关系；秉持着向人学习的态度，以及出色的社交技能。这一概念与中国的"关系"悟性有一定相通之处，比如，精通社交技巧、谨慎经营师徒关系等，中国的悟性之中还有"只可意会、不可言传"揣度含义。因此，本土指导关系的特殊性及其边界条件如何还值得进一步讨论。

在本书第四章的多案例研究中，导师对"你最看重徒弟的潜质是什么？"的回答中，反复出现了"举一反三""有悟性""能领会我的意思""知道我的做事风格"等表述，这也从一定程度上表明，中国导师认为"悟性"是好徒弟的一个重要特质，徒弟的这种独特的"悟性"能够一定程度上反映中国式指导关系的特点，有必要在研究中加以考察。也就是说，徒弟的悟性与指导关系交互作用可能会对非工作时间的积极反思和非工作结果变量产生重要影响。

回顾文献，悟性是中国人人际交往中的必备技能（黄桂、许真仪、王思彤、严玥、付春光，2018）。已有研究主要集中在深入剖析中国传统文化（儒、释、道）对领导—成员关系的影响，并进一步了阐明员工悟性的重要性。基于"体察上意"（Westwood，1997），黄桂等学者（2018）还提出了"员工向上悟性"概念，用于描述下属与领导的互动状态。本书研究认为，"悟性"这一构念的内涵较为符合中国社会的现实性和典型性。一方面，高权力距离激发员工在工作场所发展悟性。中国语义系统崇尚含蓄委婉，领导碍于情面或是为了显示权威不愿直接表明态度，而是采用模糊和抽象的表达暗示、引导下属自行体会，因此，下属能否接收、解读出隐含的信息，采取领导合意的行为就变得尤为必要。另一方面，关系取向、他人取向（杨国枢，2004）也是产生员工悟性的文化条件之一。历史悠久的农耕文明倡导人际关系的稳定、和谐，在人际互动中国人更愿意顾及他人面子，领导对员工点到即止，员工忠诚与顺从。这种中国式的忠诚、顺从就包括追随力研究中提出的追随特质"认知悟性"（曹元坤、许晟，2013）、"意图领会"（周文杰、宋继文、李浩澜，2015）。如果不具备这种悟性特质，将无法采取符合上意的态度和行为，与领导建立良好关系。

中国情境下的导师—徒弟关系与领导—下属关系颇为类似。人—环境交互模型（Person–Environment Interaction Model）认为，由于个体的水平差异（例如，"向上"悟性），情境因素（例如，支持性的指导关系）可能对相关结果（例如，积极的工作反思）产生不同的影响。具体而言，徒弟对导师的"向上"悟性具体表现为理解意图和采取高效的行动两方面（黄桂等，2018）。一方面，拥有高人际敏感度的徒弟，能够理解导师的意图，且具有这种认知倾向的徒弟更愿意在非工作时间思考、反刍，更容易养成对积极体验的反复认知的思维习惯。另一方面，能够采取积极行动，并达到导师期望的徒弟更具有识别机会，利用资源，并将各种积极资源充分资本化，也就更有利于发挥积极的工作反思的重要作用。因此，在中国情境下，具备高"向上"悟性的徒弟善于揣摩导师意图，采取主动行为，更有利于形成积极工作反思的认知习惯，提高反思的能力，从而激发丰富的积极的工作反思体验。而低"向上"悟性的徒弟则无法意识到导师的暗示信息，不善于识别和抓住机遇，故无法采取期望的行为，难以激活积极认知，以至于指导关系到家庭绩效的转移和传递程度较低。基于以上分析，提出如下假设：

H5 - 7：徒弟的"向上"悟性对指导关系与积极的工作反思之间的关系具有调节作用。徒弟"向上"悟性水平高的情况下，指导关系对徒弟积极的工作反思的正向作用越大。

综合 H5 - 6 和 H5 - 7，本子研究接下来预测徒弟"向上"悟性会调节积极的工作反思在指导关系与徒弟家庭角色绩效间的中介作用，构成了被调节的中介模型。这是由于，基于认知评价理论，徒弟会对指导关系体验进行正面评价并通过资本化过程获得有效资源，这种在非工作时间的正面认知，将工作中的资源传递到非工作界面，对家庭角色绩效具有正向促进作用。而且，向上"悟性"是一种能力，也是一种特质，具有向上"悟性"的徒弟在认知习惯上具有"体察"和"揣摩"的倾向，属于积极的认知习惯，与反思等认知行为较为一致。因此，本子研究进一步推测"向上"悟性通过强化指导关系体验，充分突出导师的指导功能，触发徒弟的积极工作反思，从而家庭角色绩效更优。也就是说，当徒弟"向上"悟性水平高时，指导关系对徒弟积极的工作反思的影响就越大，那么经由积极的工作反思的指导关系对家庭角色绩效的间接影响就越强。反之，当徒弟"向上"悟性水平低时，指导关系与徒弟积极的工作反思的关系更弱，那么通过积极的工作反思传导的指导关系对徒弟家庭角色绩效的正向影响也会减小。

H5 - 8：徒弟"向上"悟性对积极的工作反思与家庭角色绩效之间的中介关系具有调节作用。当徒弟具有低"向上"悟性，积极的工作反思的中介效应较弱。

基于以上论述，提出子研究 3 的概念模型（见图 5 - 3）。

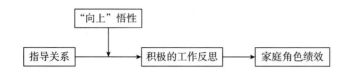

图 5 - 3　子研究 3 概念模型

二　子研究 3 研究设计

（一）研究对象和数据收集

样本来源于江苏省南京市、安徽省合肥市企业的员工，企业数量22 家。调查的企业类型主要有：国有企业、外资企业和民营企业，行业主要分布在对外贸易（2 家，9%）、保险业（1 家，5%）、高新技术企业（12 家，55%）和建筑业（7 家，31%）。在使用国外成熟量表过程中，通过翻译—回译的方法，修正调研问卷，力求表达清晰，符合汉语表达习惯。在发放问卷之前，研究团队先行将问卷通过邮件的方式发给人力资源部，就调研内容、目的和题项语义等方面进行了详尽的说明，得到了各个公司相关部门的认可。接着就填写方法及要求与人力资源管理部门进行了细致的沟通，以确保数据获取的准确性。在上述企业中，大多数企业为非正式导师制，一般采取的是直属导师制，即直接上级指导下级的方式。特别是在高新技术企业中，虽然组织没有设立正式导师制，但上级都会给予下级较为具体和明确的工作指导，而且在非工作时间里表现出亦师亦友的关系。因此，我们采用上级—下级配对的数据来做研究，85% 以上都是一对多的指导关系，即一个上级对应 3—5 名下级。在数据获取方面，由徒弟（下级）填写个人背景信息、指导关系、工作中的积极反思及家庭角色绩效的信息，由导师（上级）评价徒弟的"向上"悟性水平和相关个人信息。

子研究 3 共发放问卷 500 份。对随意填写，缺失值较多的问卷进行剔除后得到 327 份有效问卷，问卷有效率达 65.4%。研究对象中，男性员工 158 名，占 48.3%，女性员工 169 名，占 51.7%；年龄方面，20—29 岁占多数，占比 88.7%；学历方面，高中及以下 14 人，占 4.3%；专科 61 人，占 18.7%；本科 222 人，占 67.9%；硕士及以上 30 人，占 9.2%。任职年限 3 年以下的占多数，占 89.3%。

（二）测量工具

本子研究中使用的量表均来源于国内外公开发表的期刊论文。其中，Castro 和 Scandura（2004）将自变量指导关系（MFQ - 15）量表（Scandura & Ragins，1993）简化为（MFQ - 9）3 个维度（职业支持、社会心理支持、角色模范），9 个题项。示例题项如："导师会关注我的职业发展"（职业支持维度）；"我会与导师分享较为私人的话题"（社会心理支持维度）；"我会将导师的行为视为楷模"（角色模范维度）（Pellegrini & Scandura，2005）。中介变量积极的工作反思采用Fritz 和 Sonnentag（2006）编制的 3 题项量表进行测量，题项为："在闲暇时，我想起工作中积极的方面""在闲暇时，我思考工作中积极的方面""在闲暇时，我意识到我喜欢工作中的什么"。因变量家庭角色绩效采用 Chen 等（2013）开发的 5 题项量表进行测量（Las Heras，Rofcanin，Matthijs & Stollberger，2017），主要包括任务维度 2 题，认知维度 1 题，关系维度 2 题。示例题项如："从事家务劳动""完成家庭责任""给家庭成员提供情感支持"等。调节变量徒弟的"向上"悟性采用黄桂等（2018）开发的 4 题项量表进行测量，示例题项如："不需要我多操心，他/她也能举一反三地完成任务"。本子研究的控制变量是：性别、年龄、受教育程度和任职年限。除控制变量外，本子研究均采用 Likert 5 点量表打分，1 代表"完全不符合"，5 代表"完全符合"。

三 子研究 3 数据分析结果

（一）信度及区分效度检验

本书运用 SPSS 19.0 对相关的 4 个量表信度检验，分析结果指出，指导关系在本子研究中的内部一致性系数为 0.84；积极的工作反思的内部一致性系数为 0.90；家庭角色绩效的内部一致性系数为 0.84；"向上"悟性的内部一致性系数为 0.83。为了检验本子研究中关键变量之间的区分效度，我们采用 Mplus7 软件对关键变量进行了验证性因子分析。结果表明，四因子模型的拟合指标均优于其他比较模型

（$\chi^2 = 350.56$，$\chi^2/\mathrm{df} = 2.14$，CFI $= 0.94$，TLI $= 0.93$，SRMR $= 0.06$，RMSEA $= 0.06$），这表明本子研究所涉及的四个变量间具有良好的区分效度，它们的确代表了四个不同的构念。

（二）描述统计分析

表 5 - 4 是子研究 3 自变量、中介变量、因变量的均值、标准差和相关关系分析。从表 5 - 4 我们可以看出指导关系与积极的工作反思显著正相关（$r = 0.30$，$p < 0.01$），与家庭角色绩效显著正相关（$r = 0.29$，$p < 0.01$）；积极的工作反思与家庭角色绩效显著正相关（$r = 0.22$，$p < 0.01$）。数据分析与假设预测一致，由此，为下一步检验提供了前提条件。

表 5 - 4　　　　　　　　子研究 3 均值、标准差和相关系数

	均值	标准差	1	2	3	4	5	6	7
1. 性别	0.48	0.50							
2. 年龄	2.16	0.51	0.03						
3. 学历	2.82	0.65	0.06	-0.47**					
4. 任职年限	1.65	0.84	0.00	0.48**	-0.37**				
6. 指导关系	1.71	0.55	0.11*	0.04	0.02	-0.00			
7. 积极的工作反思	2.80	0.77	-0.03	0.01	-0.06	0.15**	0.30**		
8. "向上"悟性	3.02	0.77	0.01	-0.01	0.06	-0.02	-0.03	0.01	
9. 家庭角色绩效	1.48	0.65	0.24**	-0.06	0.09	0.02	0.29**	0.22**	0.07

注：$N = 327$；* 表示 $p < 0.05$，** 表示 $p < 0.01$，*** 表示 $p < 0.001$（双尾检验）。

（三）假设检验

本子研究采用层级回归法检验模型，分析结果如表 5 - 5 所示。首先，主效应检验：从表 5 - 5 的 Model 6 可见，指导关系对徒弟家庭角色绩效呈正相关关系（$\beta = 0.23$，$p < 0.001$），验证了假设 5 - 5。

表 5 - 5 子研究 3 层级回归分析结果

变量	积极的工作反思				家庭角色绩效			
	M1	M2	M3	M4	M5	M6	M7	M8
性别	-0.03	-0.03	-0.06	-0.07	0.24***	0.24***	0.21***	0.22***
年龄	-0.09	-0.09	-0.11	-0.12	-0.07	-0.05	-0.09	-0.07
学历	-0.03	-0.03	-0.05	-0.05	0.07	0.08	0.06	0.07
任职年限	0.17**	0.18**	0.18**	0.19**	0.07	0.04	0.08	0.05
指导关系		0.31***	0.31***	0.32***		0.23***		0.22***
积极的工作反思							0.27***	0.16**
"向上"悟性			0.03	0.05				
指导关系 × "向上"悟性				0.11*				
R^2	0.03	0.13	0.13	0.14	0.07	0.12	0.14	0.16
ΔR^2		0.10***	0.10***	0.01*		0.05***	0.07***	0.02**
F	2.32	9.14***	7.65***	7.21***	5.79***	8.45***	10.26***	10.08***

注: * 表示 $p < 0.05$, ** 表示 $p < 0.01$, *** 表示 $p < 0.001$（双尾检验）。

其次，中介作用分析：Model 2 中指导关系对积极的工作反思具有促进作用（$\beta = 0.31$，$p < 0.001$）。由 Model 8 可见，放进积极的工作反思之后，指导关系对徒弟家庭角色绩效的正向影响作用由（$\beta = 0.23$，$p < 0.001$）减小为（$\beta = 0.22$，$p < 0.001$），且积极的工作反思的回归系数依旧是显著的（$\beta = 0.16$，$p < 0.01$）。根据 Baron 和 Kenny 的中介作用检验方法可知，积极的工作反思部分中介了指导关系与徒弟家庭角色绩效之间的关系，假设 5 - 6 得到了支持。

此外，本子研究运用 Bootstrapping 程序分析数据。以此判断间接效应的显著性，分析结果表明 95% 置信区间（[0.01，0.11]）不包含 0，间接效应显著，间接效应的效应值为 0.06。在控制了中介变量后，指导关系对徒弟家庭角色绩效的直接效应依旧显著，95% 置信区间（[0.13，0.38]）不包含 0，表示此中介效应不是完全中介，而是部分中介。由此，验证了假设 5 - 6。

最后，调节效应检验：如 Model 4 所示，指导关系 × 徒弟"向上"悟性的回归系数为 $\beta = 0.11$，在 $p < 0.05$ 水平上显著，这说明指导关

系与积极的工作反思间的关系受到"向上"悟性显著调节，因此，支持了假设 5 − 7 的推断。为了更好更准确地呈现"向上"悟性对指导关系与积极的工作反思关系的调节效应，我们绘制了调节效应图（见图 5 − 4）。从图中可以看出，当徒弟"向上"悟性水平越高，指导关系对徒弟积极的工作反思的影响越强，直线斜率明显大于"向上"悟性水平低的情况。

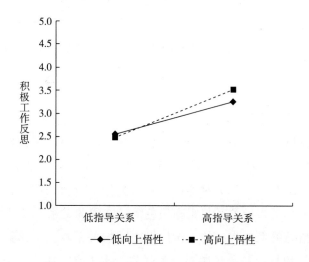

图 5 − 4   "向上"悟性对指导关系与积极的工作反思的调节效应

为了检验子研究 3 的假设 5 − 8，还进行了被调节的中介效应检验，有条件间接效应的 Bootstrapping 结果如表 5 − 6 所示。在"向上"悟性水平高的徒弟中，指导关系经积极的工作反思对家庭角色绩效产生的间接影响显著；而当徒弟较少进行积极的工作反思时，间接效应不显著，由此可见，假设 5 − 8 部分被支持。

表 5 − 6　　　　　　　　子研究 3 有条件的间接效应检验

调节变量分组	效应值	标准误	95% 置信区间	
低"向上"悟性	0.04	0.02	0.01	0.09
中"向上"悟性	0.06	0.02	0.02	0.11
高"向上"悟性	0.08	0.03	0.15	0.22

第三节　本章小结

子研究 2 基于资源保存理论和调节焦点理论，探讨了指导关系对徒弟适应性绩效的作用机制及边界条件。通过对中国本土 19 家企业进行问卷调查，从 269 对师徒配对的数据中分析表明，工作繁荣完全中介了指导关系与适应性绩效之间的关系。且促进焦点调节了指导关系与工作繁荣之间的关系，当徒弟具有高水平的促进焦点时，上述关系更为显著。本子研究为企业导师制的实践，特别是工作绩效的管理提供一定参考。

在考察了工作界面的基础上，子研究 3 基于资源保存理论的工作要求—资源模型和认知评价理论，从认知的路径探讨了指导关系对徒弟家庭角色绩效的作用机制及边界条件。通过对中国本土的 22 家企业进行问卷调查，从 327 对师徒配对的数据中分析表明，积极的工作反思部分中介了指导关系与家庭角色绩效之间的关系。且"向上"悟性调节了指导关系与积极的工作反思之间的关系，当徒弟具有高水平的"向上"悟性时，上述关系更为强烈。本子研究加深了企业管理者对导师制作用和结果的认识，并且关注了中国情境下传统文化的影响，为企业导师制的建立和完善提供了参考依据。

综上，本章以工作要求—资源模型为框架，基于资源保存理论的视角，从工作与家庭界面考察了企业导师制对新生代员工的积极影响机制。一方面，验证和发展了多案例研究的结论，拓展了中国企业导师制的理论研究；另一方面，也更全面地理解和认识企业导师制的功能和作用机制，从而为组织实施企业导师制提供理论依据及管理启示。

第六章 结论

在全球化经济发展，互联网、大数据、人工智能、科技日新月异的新时代，"人才是第一资源"。组织如何开发、利用、激活新生代员工的活力和创新力，培养员工的职业适应能力，加快员工组织社会化进程成为人力资源管理工作的重中之重。企业导师制作为一种被广泛运用并行之有效的人力资源管理制度具有其独特优越性。具体表现在：导师制通过建立导师与徒弟的指导关系，促进师徒双方积极的互动，结成一种有益于职业发展和身心健康的发展型关系。这种发展型的关系对师徒双方以及企业都具有积极作用。并且，相较于西方，师徒对子关系在中国传统文化情境下由来已久，表现出尊师重道的特征，并倾向于长期维系的"类亲情"的关系和"强"连接。

本书主要分为案例研究和实证研究两部分，由3个子研究构成。其中子研究1是案例研究，主要通过4个案例综合分析，归纳出指导关系阶段模型，揭示了导师对徒弟施加影响的烙印机制，并阐明了指导关系对徒弟工作、家庭两个领域的影响结果。实证研究包括子研究2和子研究3。其中，子研究2首先检验了指导关系对徒弟适应性绩效的影响机制；子研究3又检验了指导关系对徒弟家庭角色绩效的影响机制。并集中关注了中国情境下徒弟的特质对指导关系的边界影响。

第一节 研究结论

首先，通过多案例的研究构建了指导关系建立—指导关系初探—

指导关系发展—指导关系深化—指导关系稳固—指导关系再定义的中国企业导师制阶段发展模型。在中国，指导关系的建立主要基于三方面原因，一是组织培训的需要；二是导师业务发展或者工作需要；三是徒弟快速融入组织，掌握生存技能的需要。因为中国指导关系的"强"关系属性，师徒之间的初探与西方导师制有很多不同，都需要一个比较强的承诺，或者达成一定的情感信任。在发展和深化过程中，指导关系随着工作领域和非工作时间的互动不断推进。也就是说，师徒如果缺少非工作时间的沟通，中国式的指导关系将无法发展到下一步。而且，中国导师与徒弟的权力距离较大，即使到了再定义阶段，还是会因尊师重道保留辈分因素，且高质量的指导关系还会长期存续，甚至发展成一种终身的关系。

其次，指导关系的发展过程是一个烙印过程，而最为关键的烙印机制是通过社会影响的服从、认同、内化机制来起作用的。烙印的过程具体包括：烙印的前提条件（重要而短暂的敏感期）；烙印者（内外部环境、导师）；被烙印者（徒弟）；烙印机制（服从、认同、内化）；印记（职业认知、知识、技能、能力、态度、行为）及印记影响（工作和家庭两个方面）。

再次，变革环境下，指导关系对徒弟的适应性绩效起正向促进作用。指导关系通过提供积极的工作资源，帮助徒弟达成工作繁荣，增加徒弟的学习动力和活力的状态，进而提升适应性绩效水平。企业导师制的指导关系与徒弟自我发展、实现成就的需求相契合会进一步促进导师制发挥作用，即当徒弟的促进焦点高的时候，指导关系对工作繁荣的正向效果更为显著。

最后，在家庭领域，指导关系对徒弟的家庭角色绩效有积极作用。基于工作—家庭增益理论，工作领域的积极体验会溢出到家庭领域，对家庭绩效造成影响。指导关系会给徒弟带来积极的工作体验，在闲暇时引发积极的工作反思，通过认知途径带来资源，促进员工在家庭中完成任务绩效和关系绩效。在中国情境下，考察了徒弟"向上"悟性的影响，即徒弟是否能够较好地体察导师的意图，举一反三，采取导师认同的方式思考或行事的能力。研究表明，当徒弟的

"向上"悟性越好，指导关系的质量越高，徒弟产生的积极的工作反思越多，获得的资源更丰富，家庭绩效的水平也就更高。

第二节　理论贡献

第一，研究运用多案例的质性研究方法，构建了中国企业导师制的发展阶段模型。不同于西方研究者的四阶段模型（起始、培育、分离、再定义），中国企业导师制的发展阶段分为 6 步：建立—初探—发展—深化—稳固—再定义。中国式指导关系大多由于工作需要而建立，而且在发展之前要经过一定的初探期，也就是导师与徒弟之间相互了解和建立起一定的心理契约等。接下来，中国的指导关系一般会长期存续，当工作中的交往渗入家庭领域则师徒联结会进一步稳固指导关系，最后进入再定义阶段，可能师徒双方成为伙伴，继续保持亦师亦友的关系。

第二，研究基于烙印理论剖析了中国企业导师制发生作用的过程机制。西方的企业导师制研究发展已较为成熟，其主要从社会学习、社会交换、社会认知、社会网络、角色压力等视角进行分析，而本书采用了行为学中的烙印理论，构建了中国企业导师制的烙印机制模型，并识别出烙印的条件、三个层面的烙印者（外部环境、组织环境、导师）和被烙印者（徒弟）等关键要素，并解析出产生印记的原因是社会影响的服从、认同和内化机制在发生作用。为徒弟的组织社会过程提供了较为细化的形成和发展机制。

第三，研究基于资源保存理论，从工作和家庭两个界面，探讨了企业导师制对徒弟的积极效应。

在工作界面，其一，区别于之前的任务绩效和周边绩效，本书选取了工作角色绩效中适应性维度作为动态环境中员工组织社会化的考察指标。研究已表明，适应性绩效不但是变革环境中重要的绩效指标之一，还能极大地预测任务绩效和周边绩效。因此，本研究首次分析了企业导师制对员工适应性绩效的影响机制；

其二，研究从获取工作资源的视角解释了指导关系如何提升徒弟的适应性绩效水平。指导关系中包含的工作资源主要包括：技能、看问题的角度、心理资源和社会资本（Greenhaus & Singh，2007）。首先，导师通过给徒弟传输知识、提供挑战性工作、友谊，树立角色榜样，帮助徒弟获取应对工作要求的技能和能力，拓展徒弟思考问题的视角。其次，导师接纳、认可徒弟，帮助徒弟在组织中获得曝光度，徒弟继承和进入导师的社交网络都将增加徒弟的工作资源，激发徒弟的自我效能感，进而产生活力和学习的内在体验，即涌现工作繁荣感。进一步地，工作繁荣带来的认知和情感资源不仅能够促进知识和技能的获取，还能带来能力和热情的感觉，因此徒弟具有更多的适应性行为的能力和意愿。虽然近年来诸多学者开始关注指导关系影响员工组织公民行为、创造力的内在作用机制，但多局限于社会认知、社会认同和社会交换等视角。本书从资源的理论视角揭示了指导关系对徒弟适应性绩效的影响路径，并考察了认知和情感两方面的中介变量。

其三，本研究在工作繁荣为中介变量的基础上，引入了促进焦点作为调节变量。目前，有关指导关系作用机制的研究主要集中在探讨组织发展氛围、权力距离导向等情境因素的调节作用，而指导关系作为一种情境资源，其价值与效用还取决于与个人偏好的匹配度，导师提供的学习和发展机会正迎合了高促进焦点徒弟的需求，因此其工作繁荣水平更高。本书加深了我们对指导关系如何影响徒弟适应性绩效的认识，也是对指导关系作用机制研究的一个拓展。

在家庭界面，其一，从认知的角度，剖析指导关系对徒弟的非工作结果的影响。拓展了指导关系对徒弟影响的中介机制，开辟了一条工作与非工作领域联系起来的新途径，以期进一步说明积极工作经验增益到家庭领域的机理；具体而言，导师提供指导、支持和帮助，引导徒弟从组织或者其他角度思考问题，并帮助其扩展人脉和社会资本，都将给徒弟带来较为积极的工作体验，让徒弟在闲暇时不断反刍工作中的积极方面。徒弟从情绪的角度和从认知的角度去认真思考自己喜欢工作中的什么内容，认识、评价工作中的积极面，即产生积极的工作反思，将工作中的积极体验带到闲暇时间里（家庭界面）。进一步地，积极的工作反思实则将工作中认知和情感资源带到了家庭生活中，因此有利于促进徒弟完成家庭任务和维系家庭关系的能力和意愿。与之前从情绪路径的研究视角不同，积极工作反思更多强调积极认知带来的正面影响。

其二，首次在中国情境中考察了徒弟的家庭角色绩效。这一构念是与工作角色绩效相对应的概念，从关系维度、任务维度和认知维度三个维度整合了以往家庭领域的绩效概念（如从事家务劳动，参与家庭活动，维系家庭成员的关系与情感等）。这构念更为完善具体，较好地体现了家庭角色绩效的内涵，并表现出新生代员工对家庭生活质量的追求。且不同于与工作—家庭平衡有关的四种不同的结果：家庭对工作的干扰；工作对家庭的干扰；工作对家庭的增益；家庭对工作的增益（Greenhaus & Singh，2006），具有一定的创新性。

其三，本研究在中国本土情境中，关注中国文化特征的影响，考察了中国徒弟"向上"悟性特质，并基于这种积极的关系特质对指导关系与家庭角色绩效的关系进行系统考察。该研究中采用了中国学者开发的"向上"悟性的量表，考察了徒弟能够体察导师的意愿，采取导师满意的方式完成任务的能力。就徒弟而言，如果能够具备一定的"向上"悟性是与导师建立良性互动关系，并获得积极指导关系的必备条件之一。因此，当徒弟"向上"悟性水平更高，则导师提供的工作资源越多，徒弟获得的积极体验更丰富，因而其积极的工作反思更多。本研究进一步加深了指导关系如何影响徒弟家庭角色绩效的认识，也是指导关系作用机制在家庭界面应用的拓展。

第三节 管理启示

企业导师制在组织中发挥着促进新生代员工组织社会化，构建组织与员工之间心理契约，减少离职倾向，开发人力资本的重要作用。大量研究表明，企业导师制在组织发展以及人力资源管理实践中发挥着重要的理论和实践意义（韩翼、杨百寅，2012）。基于子研究 1、子研究 2 和子研究 3 的研究结论，提出实施企业导师制的具体对策建议，为企业导师制实践发展提供参考借鉴。

一　企业视角

企业是企业导师制度的倡导者和实施主体，企业应该从制度设计方面不断完善导师制并采用适合本企业的指导方式。

第一，根据组织的性质和工作需要建立正式或非正式的导师制。从多案例的研究中，可以看出，指导关系作为一种发展型的关系对组织和个人都具有良性的促进作用，但是任何事物都有其两面性，一旦制度设计不慎则可能产生负面的指导效果。因此，在具有传统导师制的行业，如技术传承急需隐性知识传导，难以标准化的职业，如律师、医生等，都应建立正式导师制度，通过发展和完善师徒双向选择，搭建师徒沟通平台，促进师徒双方良性互动。与此同时，着力建设学习型组织，积极倡导建立非正式的指导关系，如上级指导、同辈指导，甚至反向指导，多种指导形式并用，建立一种更加广泛的企业导师制度，为员工提供更为深远的职业发展和人生发展结果。

第二，组织应建立相关激励措施和考核制度，保障导师制的顺利运行。研究中发现，新生代员工具有强烈的被指导的意愿，而导师的指导意愿分化较为严重。一方面，导师具有较多的专业知识和工作经验，积累了相关领域的社会资源，希望后继有人；另一方面，导师也有指导的顾虑，比如，培养徒弟分散自己的时间和精力，影响工作绩效，承担较大的风险，极有可能费力不讨好。又或者，师傅带徒弟为防止"教会徒弟饿死师傅"而不得不"留一手"，进行知识隐藏。这都将阻碍企业导师制发挥积极作用，给企业资源造成极大的浪费。研究还表明，导师指导徒弟的意愿会受到自身指导经历和经验的影响。也就是说，如果导师自己体验过积极指导关系则更愿意指导徒弟，并且会模仿自己导师的指导行为。因此，企业着手建立符合组织特点的激励制度，将导师指导徒弟的时间、成果、效益计入考核，并量化成奖励、报酬，从制度上引导导师帮助徒弟成长，组织和徒弟也尊重和认可导师的指导和付出。

第三，企业领导者应从组织可持续发展的角度认识到企业导师制的重要性。人才是组织最重要的资源。如何满足新生代员工的需求，前文已从工作界面和家庭界面两方面进行了探究。具体来说，企业导师制不但能帮助员工达到工作繁荣的状态，更重要的是，促使员工在动态环境下保持更大的适应性，呈现出更多的适应性行为，帮助企业保持竞争优势；另外，企业导师制能通过积极的工作体验，带给徒弟积极的工作反思，进而将工作中的丰富资源带入家庭中，帮助徒弟获得更高的家庭角色绩效，满足徒弟对幸福感的追求。因此，领导者从工作、家庭两个视角认识到企业导师制的现实意义，对于实施和发展导师制实践具有重要作用。

二　导师视角

作为企业导师制的主导者，导师应该充当徒弟职业发展道路上的引路者、辅助者和支持者，将徒弟的发展和进步视为自己职业生涯拓展中的一部分。

第一，导师应树立正确的指导观念。在知识经济和互联网时代，导师不应该垄断知识而应该从师徒互惠、自我扩张的动机去发展这种亲密关系。建立高质量的指导关系，不仅是徒弟受益，导师也能深化知识、提升能力，师徒双方都能获得更为广泛的心理资源与情感网络。短期内导师可能付出较多，但是从长远上看，获得的回报是更为深远的。而且有助于把这种"传帮带"的传统传承下去。

第二，导师应尽可能理解和尊重新生代的需求，找到行之有效的沟通方式。一方面，作为新时代的导师应该正视代际差异，理解新生代徒弟的成长环境和工作诉求，有针对性地进行激励；另一方面，导师要减少徒弟"体悟""体察"的考验，努力拉近与徒弟的心理距离，采取师徒双方均可接受的沟通方式进行交流。特别要重视非正式的沟通方式，比如下班后与徒弟交心，关心徒弟的生活安排等。对于新入职的徒弟，给予一定的试误空间，包容徒弟的不同观点和失误。

三　徒弟视角

徒弟是企业导师制中的受惠者，也是师徒关系中的重要主体。缔结高质量的指导关系同样离不开徒弟的努力。

第一，徒弟应该积极构建高质量的指导关系，促进个人的工作和家庭绩效。一方面，在工作中应该利用导师给予的工作资源，使自己保持学习和富有活力的状态，并时刻以积极的心态、新的技能适应核心任务的变化；另一方面，将工作中的积极体验或者学习到的知识、处事方式借鉴到家庭领域，并对工作中的体验进行正面积极的评价和解读，增强自我效能感，增加应对家庭任务和处理家庭关系的能力和意愿。

第二，尊重导师的教导付出，以正面的心态看待导师的批评，并磨炼自己的关系"悟性"。首先，新生代员工要继承中国传统的尊师重道的思想，这种尊重不光体现在交往形式上，更多的是从内心去理解和认同导师，换位思考。其次，徒弟要加快社会化进程，体现出职业人的专业性，积极地处理批评信息，从自身找原因，多加改进。最后，在中国传统文化的影响下，导师教给徒弟的不单是显性的知识、技能，更多的是导师思考问题的方式、处理事情的方式的传承，这也是导师教导的重要内容。此外，徒弟也应有意识地培养自己的人际敏感度，提高情绪智力水平加强人际社交能力和沟通能力，以便构建更加和谐的指导关系。

四 研究不足与展望

第一，从研究内容而言，本书基于工作和家庭两个界面分别考察了指导关系对适应性绩效和家庭角色绩效的关系，而尚未将工作、家庭整合进入一个模型进行综合分析。也就无从识别出企业导师制对工作和家庭领域贡献比例的大小差异。下一个阶段的研究，可以整合工作和家庭两个界面，建立双中介模型，重点去分析每个中介各自的贡献率是多少，或者主要的作用机制是什么。

第二，案例研究是基于烙印理论建立指导过程模型，而对每个环节的机制尚未进行细致探究。未来可试着从自我扩张（Self‐Expansion, Ragins, 2016；韩翼、胡筱菲、曹兵、刘佳思、陈翔, 2018）的角度阐述导师指导的动机。特别是在导师关系建立的阶段仔细描摹这种指导动机的表现和形式。或者进一步探讨这种自我扩张视角下的指导关系会对指导效果产生什么效果、效应。

第三，实证研究是基于资源保存理论考察企业导师制对徒弟工作以及家庭绩效的影响，主要还是分析指导关系与个体层面的关系。团队指导关系中，"一对多""多对一""多对多"等多元指导关系改变了传统的"对子"关系模式，社会关系网络更为错综复杂。因此，未来研究不但要考虑个体（导师和徒弟）的特质、态度行为差异，还应综合考察成员感知到的指导关系差异，团队成员之间的关系、团队的氛围，及指导环境等因素。已有研究表明，领导—成员交换关系差异化会显著影响员工的组织公平感、工作态度、工作绩效、群体凝聚力、创造力（个体层面和团队层面）。未来导师—徒弟关系差异化可借鉴领导—成员交换关系差异化（LMX Differentiation）的概念进行深入探究，以更好地凸显出中国文化中的差序氛围、"圈子文化"等特点。

第四，本研究虽然考虑到徒弟"向上"悟性的边界作用，且这种对导师或领导的悟性是源于中国本土的构念。但由于经济发展全球化，中国新生代的特征与需求日益与国际接轨，中国情境的特殊性尚未被完全体现和反映出来。案例研究中，大多只是对各类导师制共性进行归纳、提炼，尚未完全呈现传统技术行业的导师制的特殊性，如陶瓷文化产业。

第五，在研究设计方面，为了调研便利，主要采用单时点师徒配对的数据。实证研究模型中的因果推论主要使用逻辑推理，尚未从数据上进行印证，具有一定的局限性。今后的研究应该从研究设计和调研安排上更加严谨，采用多时点的纵向研究，多时点多数据来源，以使研究结论更为稳健。

附录 A　调查问卷

企业导师制与指导关系调查表
（高校毕业生填写）

您好！我是南京大学商学院 2016 级的博士研究生，我和团队正在从事 2018 年度国家自然科学基金《企业师徒制对新员工适应性绩效的影响机制研究——基于资源保存理论视角》（71862019）的研究。与此同时，本部分的内容也是我博士毕业论文的一个重要组成部分。非常感谢您的支持及参与。

在此，我们保证此次调查只作为学术研究所用，不会外泄。请尽量详细地填写您心中的真实想法。再次感谢您的配合！

---

1. 你知道企业导师制（师徒制）吗？

A. 知道　　　　　　　　B. 不知道

2. 毕业后入职一个新组织，你希望有一个导师带你入门吗？为什么？

A. 特别希望＿＿＿＿＿＿＿＿＿

B. 希望＿＿＿＿＿＿＿＿＿＿＿

C. 不希望＿＿＿＿＿＿＿＿＿＿

D. 无所谓＿＿＿＿＿＿＿＿＿＿

3. 如果有可能的话，你愿意自己寻找导师，还是由组织指派？为什么？

A. 自己找_____

B. 组织指派_____

C. 无所谓_____

4. 你认为导师应该给你提供什么方面的帮助？（可选择 1—3 项）

A. 传授相关领域的知识

B. 传授相关领域的经验、程序、技巧

C. 教授行业的潜在规范与生存法则

D. 传递社会资源及人脉

E. 给予心理辅导与压力疏导

F. 帮助制定职业发展规划与目标

G. 给出解决问题的具体建议

H. 为徒弟树立一个好榜样

I. 给予真诚的友谊

J. 必要时庇护徒弟

K. 认可及接纳徒弟，帮助他建立自信

L. 指派有挑战性的任务

M. 像父母一样关爱徒弟

5. 您认为一个好导师是什么样的？_____（可选择 3 项）

A. 业务娴熟、工作业绩好

B. 组织地位高

C. 人品好，起到模范带头作用

D. 乐于分享

E. 人脉广

F. 有亲和力，与徒弟关系好

G. 能设身处地为徒弟着想

H. 负责任

I. 包容徒弟的失误

J. 会激励徒弟，包括物质和精神激励

K. 其他_____

6. 你希望导师是你的_____（单选）

A. 直接上级

B. 老板或 CEO

C. 同部门的同事

D. 其他部门的领导或同事

E. 组织外部的资深者

F. 无所谓

7. 您认为好的师徒关系是怎样的？（单选）

A. 私人感情好，一日为师终身为父

B. 师徒上双方都从师徒关系中获益，如发展职业能力、人脉

C. 导师帮助徒弟快速成长

D. 师徒双方都对师徒关系满意

8. 你更喜欢哪种指导方式？为什么？

A. 面对面指导_____

B. 网络远程指导，如通过微信、邮件等_____

C. 无所谓_____

性别：　　　年龄：　　　专业：　　　班级：　　　　Email：

企业导师制及其指导关系效应研究
（徒弟填写）

您好！我是南京大学商学院 2016 级的博士研究生，我和团队正在从事 2018 年度国家自然科学基金《企业师徒制对新员工适应性绩效的影响机制研究——基于资源保存理论视角》（71862019）的研究。与此同时，本部分的内容也是我博士毕业论文的一个重要组成部分。非常感谢您的支持及参与。

在此，我们保证此次调查只作为学术研究所用，不会外泄。请尽量描述您心中的真实想法。再次感谢您的配合！

第一部分：

A	下述表述是关于上级主管或导师对您的指导行为：	完全不符合		不确定		完全符合
1	我的上级主管或导师会关注我的职业发展。	1	2	3	4	5
2	我的上级主管或导师会与我一起讨论，帮助我确定未来目标。	1	2	3	4	5
3	我的上级主管或导师会投入时间思考我的职业发展问题。	1	2	3	4	5
4	我的上级主管或导师会与我分享较为私人的话题。	1	2	3	4	5
5	我与导师之间互相依赖。	1	2	3	4	5
6	我视上级主管或导师为亦师亦友的伙伴。	1	2	3	4	5
7	我将上级主管或导师的行为视为楷模。	1	2	3	4	5
8	我尊重上级主管或导师教导他人的能力。	1	2	3	4	5
9	我钦佩上级主管或导师激励他人的能力。	1	2	3	4	5

B	下列描述与您实际情况相比，是否符合	完全不符合		不确定		完全符合
1	在闲暇时，我意识到我喜欢工作中的什么。	1	2	3	4	5
2	在闲暇时，我想起工作中积极的方面。	1	2	3	4	5
3	在闲暇时，我思考工作中积极的方面。	1	2	3	4	5
C	下列描述与您实际情况相比，是否符合	完全不符合		不确定		完全符合
1	我感觉自己常常在学习。	1	2	3	4	5
2	随着时间流逝，我持续地在学习。	1	2	3	4	5
3	我感觉自己一直在进步。	1	2	3	4	5
4	我没有在学习。	1	2	3	4	5
5	在工作中学到的东西能使我苗壮成长。	1	2	3	4	5
6	工作中我积极且充满活力。	1	2	3	4	5
7	我有充沛的精力来完成我的工作。	1	2	3	4	5
8	我感觉精力不大充沛。	1	2	3	4	5
9	工作中我尽量保持机敏和警醒。	1	2	3	4	5
10	当我早上上班时，我期待着迎接新的一天。	1	2	3	4	5
D	下列描述与您实际情况相比，是否符合	完全不符合		不确定		完全符合
1	我会经常思考如何得到好的结果。	1	2	3	4	5
2	我会将全部精力集中在将来我希望获得成功的事情上。	1	2	3	4	5
3	我经常深入地思考如何能够实现自己的愿望和理想。	1	2	3	4	5
4	总的来说，我更加注重如何能获得成功，而不是如何避免失败。	1	2	3	4	5
E	下列描述与您家庭中的实际情况相比，是否符合	完全不符合		不确定		完全符合
1	做家务。	1	2	3	4	5
2	维护家里的物品。	1	2	3	4	5

E	下列描述与您家庭中的实际情况相比，是否符合	完全不符合		不确定		完全符合
3	完成家庭责任。	1	2	3	4	5
4	给家庭成员提供情感支持。	1	2	3	4	5
5	给家人提建议。	1	2	3	4	5

第二部分：

个人相关信息

根据您的实际情况，请在相应的方框打 "√" 或空格处填写

1. 您的性别：□男　　　　　□女

2. 您的年龄：□20 岁或以下　□21—25 岁　□26—30 岁

　　　　　　　□31—35 岁　　□36—40 岁　□41—45 岁

　　　　　　　□46—50 岁　　□51—55 岁　□56—60 岁

　　　　　　　□60 岁以上

3. 您的教育程度：

□高中/中专　　　　□职高/大专　　　□成人本科

□全日制本科　　　□硕士研究生　　□博士研究生

4. 您在这个职位上已经工作了多长时间：＿＿＿＿年＿＿个月

---

1. 员工所在部门/项目名称：＿＿＿＿＿＿＿＿

2. 问卷编号：＿＿＿＿（直接主管姓名 + 员工姓名首字母；如：直接主管的姓名是李强，员工姓名是王凌，那么则填写为 LQ - WL)

问卷到此结束，再次感谢您的真诚参与。

企业导师制及其指导关系效应研究
（导师填写）

您好！我是南京大学商学院 2016 级的博士研究生，我和团队正在从事 2018 年度国家自然科学基金《企业师徒制对新员工适应性绩效的影响机制研究——基于资源保存理论视角》（71862019）的研究。与此同时，本部分的内容也是我博士毕业论文的一个重要组成部分。非常感谢您的支持及参与。

在此，我们保证此次调查只作为学术研究所用，不会外泄。请尽量详细地描述您心中的真实想法。再次感谢您的配合！

第一部分：

对下级或徒弟的评价

以下一些语言描述了您的下级或徒弟的日常行为特征。请对贵部门或项目团队五位下级（如果少于 5 人，以实际人数为准）的工作表现进行评价。

请您比较所管理的、做相同或相似工作的各位下级，给每位下级的实际能力及表现打上相应的分。我们郑重承诺对您的回答绝对保密，请放心如实回答。

请填写 1—7 的数字。"1"为"远低于平均水平"，"4"为"平均水平"，"7"为"远高于平均水平"。

请写上参与本次调研的徒弟/下级的姓名→	徒弟/下级 A	徒弟/下级 B	徒弟/下级 C	徒弟/下级 D	徒弟/下级 E
1. 很好地适应核心任务的变化。					
2. 采取措施应对核心任务完成方式的变化。					

续表

请写上参与本次调研的徒弟/下级的姓名→	徒弟/下级 A	徒弟/下级 B	徒弟/下级 C	徒弟/下级 D	徒弟/下级 E
3. 学习新技能来帮助自己适应核心任务的变化。					
4. 不需要我多操心,他/她也能举一反三地完成任务。					
5. 他/她能够洞察环境的变化,把握好做事的分寸。					
6. 他/她能够很快了解我的做事方式,顺利地完成工作。					
7. 他/她善于揣摩师傅的意思,领会我的潜在意图。					

第二部分:

个人相关信息

1. 您的性别:□男　　　　□女

2. 您的年龄:□25 岁或以下　□26—30 岁　□31—35 岁

　　　　　　□36—40 岁　□41—45 岁　□46—50 岁

　　　　　　□51—55 岁　□55 岁以上

3. 您的教育程度:

□高中/中专　　　　□职高/大专　　　　□全日制本科毕业

□硕士研究生学历　　□MBA/EMBA　　　□博士研究生学历

4. 您在本公司担任目前职位至今有多长时间:_____年___个月

问卷到此完毕,再次感谢您的真诚参与。

附录 B 访谈提纲

企业导师制访谈提纲
（导师作答）

您好！我是南京大学商学院 2016 级的博士研究生，我和团队正在从事 2018 年度国家自然科学基金《企业师徒制对新员工适应性绩效的影响机制研究——基于资源保存理论视角》（71862019）的研究。与此同时，本部分的内容也是我博士毕业论文的一个重要组成部分。非常感谢您的支持及参与。

在此，我们保证此次调查只作为学术研究所用，不会外泄。请尽量详细地填写您心中的真实想法。再次感谢您的配合！

第一部分：个人信息

姓名：   性别：   年龄：

从事律师行业的年限：自   年   月起（如 2000 年 1 月起）

擅长的业务领域：

您从什么时候开始带徒弟：自   年   月起（如 2000 年 1 月起）

目前手下的徒弟或助手数量：   名

手机：   Email：

第二部分：问答题

1. 您喜欢成为一名导师吗？并说明具体原因。

2. 您认为好的师徒关系是怎样的？

3. 您认为需要给徒弟提供哪些方面的指导？

4. 您一般采用哪种指导方式？

5. 您认为所在的行业为什么要采用导师制？对导师有什么好处？对徒弟有什么好处？

6. 您同时带了几个徒弟？如果是面对面指导，对每个徒弟的指导频率是多少？如，每周几次。

7. 请具体描述 2 个令您印象深刻的指导徒弟的过程。请分以下四个部分描述。

案例 1：
事件的背景（时间、地点、人物等）：
事件的目标：
事件中采取的行动（或者具体的对话内容）：
事件的结果：

案例 2：
事件的背景（时间、地点、人物等）：
事件的目标：
事件中采取的行动（或者具体的对话内容）：
事件的结果：

8. 您认为一个好导师是什么样的？您一般如何挑选徒弟？看重徒弟的潜质是什么？

9. 您的徒弟一般多久可以出师？出师的标准是什么？出师后他们后续发展如何？是否与您保持联系？

企业导师制访谈提纲
（徒弟作答）

　　您好！我是南京大学商学院 2016 级的博士研究生，我和团队正在从事 2018 年度国家自然科学基金《企业师徒制对新员工适应性绩效的影响机制研究——基于资源保存理论视角》（71862019）的研究。与此同时，本部分的内容也是我博士毕业论文的一个重要组成部分。非常感谢您的支持及参与。

　　在此，我们保证此次调查只作为学术研究所用，不会外泄。请尽量详细地描述您心中的真实想法。再次感谢您的配合！

第一部分：个人信息

姓名：　　　　　　　性别：　　　　　　　年龄：

学历：　　　　　　　专业：

从事律师行业的年限：自　　年　　月起（如 2000 年 1 月起）

擅长的业务领域：

什么时候开始跟着师傅工作：自　　年　　月起（如 2000 年 1 月起）

师傅的姓名：

手机：　　　　　　　Email：

第二部分：提问提纲

1. 您认为好的师徒关系是怎样的？

2. 您认为师傅需要给徒弟提供哪些方面的指导？

3. 据您所知，您所在的行业为什么要采用导师制？对徒弟有什么好处？

4. 您的导师经常指导您吗？指导频率是多少？如，每周几次。采用什么方式？如何指导的？

5. 请具体描述 2 个令您印象深刻的被指导的过程。请分以下四个部分描述。

案例 1：
事件的背景（时间、地点、人物等）：
事件的目标：
事件中采取的行动（或者具体的对话内容）：
事件的结果：

案例 2：
事件的背景（时间、地点、人物等）：
事件的目标：
事件中采取的行动（或者具体的对话内容）：
事件的结果：

6. 您觉得怎样才是一个好徒弟？您认为一个好导师是什么样的？

7. 您预计自己多久可以出师？出师后如何发展？是留在导师所在组织（如律所），加入导师的团队，还是自行发展？是否会与导师保持联系？

参考文献

边燕杰、丘海雄：《企业的社会资本及其功效》，《中国社会科学》2000 年第 2 期。

曹元坤、徐红丹：《调节焦点理论在组织管理中的应用述评》，《管理学报》2017 年第 8 期。

曹元坤、许晟：《部属追随力：概念界定与量表开发》，《当代财经》2013 年第 3 期。

陈诚：《企业导师知识共享行为影响因素实证分析》，博士学位论文，华中科技大学，2009 年。

陈诚：《企业导师指导行为的影响因素及作用机制研究》，博士学位论文，华中科技大学，2013 年。

陈诚、廖建桥、文鹏：《基于 erg 理论的企业导师知识共享管理策略研究》，《图书情报工作》2011 年第 116 期。

陈诚、文鹏：《新生代员工学习意愿与企业导师知识共享行为》，《经济管理》2011 年第 10 期。

陈诚、文鹏、舒晓兵：《多水平导师指导行为对员工结果的影响机制》，《心理科学进展》2015 年第 4 期。

褚贝：《基于认知规律的企业导师指导方法选择模型研究》，《管理世界》2016 年第 9 期。

［美］戴维·西洛塔、道格拉斯·克莱恩：《激活：让员工享受工作》，付彦译，中国人民大学出版社 2016 年版。

戴维奇、刘洋、廖明情：《烙印效应：民营企业谁在"不务正业"?》，《管理世界》2016 年第 5 期。

邓奔驰、黄思行、黄亮：《企业师徒制中负面指导经历：现状与展望》，《中国人力资源开发》2018 年第 8 期。

冯明、纪晓丽、尹明鑫：《制造业管理者元胜任力与行业胜任力和绩效之间关系的实证研究》，《中国软科学》2007 年第 10 期。

葛建华、苏雪梅：《员工社会化、组织认同与组织公民行为——基于中国科技制造企业的实证研究》，《南开管理评论》2010 年第 1 期。

郭云贵：《新员工组织社会化对建言行为的影响研究——组织认同的中介作用》，《当代经济管理》2017 年第 2 期。

郭云贵、张丽华：《组织社会化对工作投入的影响机制研究——基于认同理论视角》，《软科学》2016 年第 4 期。

韩翼、胡筱菲、曹兵、刘佳思、陈翔：《师徒关系对工作绩效的影响机制研究——基于自我扩张理论的视角》，《珞珈管理评论》2018 年第 25 期。

韩翼、魏文文：《员工工作繁荣研究述评与展望》，《外国经济与管理》2013 年第 8 期。

韩翼、杨百寅：《师徒关系开启徒弟职业成功之门：政治技能视角》，《管理世界》2012 年第 6 期。

韩翼、周洁、孙习习、杨百寅：《师徒关系结构、作用机制及其效应》，《管理评论》2013 年第 7 期。

韩翼、周空、刘文兴、张一博：《徒弟特征与师傅动机的匹配对工作繁荣的作用机制研究》，《武汉理工大学学报》（社会科学版）2016 年第 5 期。

胡海波、吴照云：《基于君子文化的中国式管理模式：德胜洋楼的案例研究》，《当代财经》2015 年第 4 期。

胡翔、李燕萍、李泓锦：《新生代女性员工的人际和谐需求与工作满意度》，《武汉大学学报》（哲学社会科学版）2015 年第 3 期。

黄光国：《儒家思想与东亚现代化》，巨流图书公司 1988 年版。

黄光国、胡先缙：《人情与面子——中国人的权力游戏》，《领导文萃》2005 年第 7 期。

黄桂、许真仪、王思彤、严玥、付春光：《领导沉默与员工向上悟性的关系研究》,《学术研究》2018 年第 6 期。

蒋震艳、罗瑾琏、徐婧:《企业师徒关系的演进路径研究——扎根理论研究方法的应用》,《华东经济管理》2015 年第 7 期。

瞿皎皎、菅霞、崔勋:《基于资源保存理论的组织政治知觉对国有企业员工工作绩效的影响和机理研究》,《管理学报》2014 年第 6 期。

康宛竹、艾康:《国外企业导师的研究路径与走向》,《国外社会科学》2013 年第 4 期。

李超平、毛凯贤:《服务型领导影响工作繁荣的动态双向机制》,《心理科学进展》2018 年第 10 期。

李磊、席酉民、尚玉钒、马娇:《基于调节焦点理论的领导反馈对下属创造力影响分析》,《系统工程理论与实践》2013 年第 9 期。

李强、姚琦、乐国安:《新员工组织社会化与入职期望研究》,《南开管理评论》2006 年第 3 期。

李群、杨东涛、卢锐:《指导关系对新生代农民工离职意向的影响——工作满意度的中介效应》,《经济地理》2015 年第 6 期。

李燕萍、侯烜方:《新生代员工工作价值观结构及其对工作行为的影响机理》,《经济管理》2012 年第 5 期。

李燕萍、徐嘉:《新生代员工:心理和行为特征对组织社会化的影响》,《经济管理》2013 年第 4 期。

苗青、王重鸣:《指导人计划的研究进展》,《人类工效学》2002 年第 2 期。

倪渊:《新生代知识型员工离职倾向影响因素——基于互联网创业公司的实证研究》,《北京理工大学学报》(社会科学版)2017 年第 1 期。

牛振喜、宫淑燕:《基于自我认同理论的新生代员工管理研究展望》,《青海社会科学》2013 年第 2 期。

潘连柏、胡水兵:《基于新生代员工的"自主人"假设与激励策略研究——对战略性新兴企业新生代员工调查》,《人民论坛》2017 年中旬刊第 12 期。

石金涛、王庆燕：《组织社会过程中的新员工信息寻找行为实证分析》，《管理科学》2007 年第 2 期。

宋培林、黄夏青：《员工指导关系对工作满意、组织承诺和离职倾向的影响——基于中国背景的实证分析》，《经济管理》2008 年第 2 期。

孙玺、李南、付信夺：《企业师徒制知识共享与转移的有效性评价》，《情报理论与实践》2013 年第 7 期。

谭亚莉、廖建桥、周二华：《企业新雇员工作适应发展的纵向研究：SOF – LGM 建模》，《工业工程与管理》2006 年第 5 期。

藤飞、李雪莲：《组织化策略对员工组织认同的影响机制》，《管理学刊》2017 年第 4 期。

童俊、王凯、韩翼、李曾艳：《师傅面子需要对徒弟敬业度的影响——师徒关系与情绪智力的作用》，《科技进步与对策》2017 年第 8 期。

王凯、韩翼：《企业师徒关系对徒弟工作活力与创新绩效的影响》，《科技进步与对策》2018 年第 5 期。

王明辉、凌文辁：《员工组织社会化研究的概论》，《心理科学进展》2006 年第 5 期。

王胜桥：《中国企业管理指导关系现状分析》，《企业经济》2009 年第 1 期。

王翔、于书彦：《工作经验、组织社会化对员工知识分享影响的实证分析》，《统计与决策》2016 年第 4 期。

王晓蓉、李南：《企业师徒制中隐性知识转移路径及其微观过程研究》，《情报理论与实践》2012 年第 6 期。

王雁飞、朱瑜：《组织社会化理论及其研究评价》，《外国经济与管理》2006 年第 5 期。

王振源、段永嘉、夏艳芳、赵琛徽：《徒弟印象管理策略对导师知识共享行为的影响研究》，《科技进步与对策》2015 年第 11 期。

王忠军、龙立荣：《员工的职业成功：社会资本的影响机制与解释效力》，《管理评论》2009 年第 8 期。

魏钧、李森森：《导师网络研究综述》，《外国经济与管理》2013年第2期。

吴新辉、袁登华：《适应性绩效：一个尚需深入研究的领域》，《心理科学进展》2010年第2期。

徐洁、梁建：《企业师徒非正式指导关系的形成及其对员工职业发展的影响》，《管理评论》2015年第11期。

严鸣、涂红伟、李骥：《认同视角下新员工组织社会化的定义及结构维度》，《心理科学进展》2011年第5期。

严鸣、邬金涛、王海波：《认同视角下新生代员工组织社会化的结构及其作用机制》，《管理评论》2018年第6期。

杨国枢：《中国人的心理与行为：本土化研究》，中国人民大学出版社2004年版。

杨芊羽：《导师制对员工组织社会化影响的实证研究》，《教育评论》2014年第4期。

杨英：《中国知识员工的师徒关系对徒弟工作绩效、组织承诺的影响》，博士学位论文，华中科技大学，2017年。

杨英、龙立荣：《西方指导关系的理论概述》，《心理科学进展》2006年第3期。

姚琦、乐国安：《组织社会化研究的整合：交互作用视角》，《心理科学进展》2008年第4期。

曾颢：《企业举办职业教育的模式探究——以德胜—鲁班（休宁）木工学校为例》，《职业教育研究》2019年第4期。

曾颢、勒系琳、黄丽华：《新型学徒制中企业与新生代学徒的关系构建研究——基于心理契约理论的视角》，《职教论坛》2019年第3期。

曾颢、赵李晶：《服务型领导与员工主动变革行为的关系——一个被调节的中介模型》，《企业经济》2019年第3期。

曾颢、赵曙明：《工匠精神的企业行为与省际实践》，《改革》2017年第4期。

曾颢、赵曙明：《企业师徒制中介机制理论视角的述评与未来展望》，《经济与管理研究》2017 年第 12 期。

曾颢、赵宜萱、赵曙明：《构建工匠精神对话过程体系模型——基于德胜洋楼公司的案例研究》，《中国人力资源开发》2018 年第 10 期。

詹小慧、杨东涛、李群：《指导关系对新生代农民工离职倾向的影响——基于深层次相似性的调节效应》，《软科学》2016 年第 3 期。

张伶、聂婷、赵梅：《新生代员工组织社会化对心理契约和利他行为的影响——职业效能的调节效应》，《华南师范大学学报》（社会科学版）2017 年第 2 期。

张燕红、李永周、周勇、邹琼：《关系资源视角的新员工组织社会化过程》，《心理科学进展》2018 年第 4 期。

张正堂：《企业导师制研究探析》，《外国经济与管理》2008 年第 5 期。

张正堂、金岚、刘颖：《完善导师制度促进新生代员工组织社会化》，《中国人力资源开发》2008 年第 4 期。

章凯、李明波、罗文豪、张庆江、曹仰锋：《组织—员工目标融合的策略——基于海尔自主经营体管理的案例》，《管理世界》2014 年第 4 期。

赵宜萱、徐云飞：《新生代员工与非新生代员工的幸福感差异研究——基于工作特征与员工幸福感模型的比较》，《管理世界》2016 年第 6 期。

周二华、赵现廷：《同辈指导关系研究综述与展望》，《中国人力资源开发》2016 年第 1 期。

周文杰、宋继文、李浩澜：《中国情境下追随力的内涵、结构与测量》，《管理学报》2015 年第 3 期。

周小虎、刘冰洁、吴雪娜、贾苗苗：《员工导师网络对员工职业生涯成功的影响研究》，《管理学报》2009 年第 6 期。

朱必祥、谢娟：《企业导师制的功能和导师的角色关系分析》，《南京理工大学学报》（社会科学版）2011 年第 6 期。

朱明伟、杨刚：《企业人力资本管理研究》，《南开管理评论》

2001 年第 5 期。

朱苏丽、龙立荣、贺伟、王忠军：《超越工具性交换：中国企业员工—组织类亲情交换关系的理论建构与实证研究》，《管理世界》2015 年第 11 期。

Adler, M. A. , "Feminist Cross – cultural Research: Observations from a Research Project in Germany", *Social Thought & Research*, Vol. 20, No. 2, 1997, pp. 73 – 84.

Allen, N. J. , and Meyer, J. P. , "Organizational Socialization Tactics: a Longitudinal Analysis of Links to Newcomers' Commitment and Role Orientation", *Academy of Management Journal*, Vol. 33, No. 4, 2007, pp. 847 – 858.

Allen, T. D. , and Eby, L. T. , "Relationship Effectiveness for Mentors: Factors Associated with Learning and Quality", *Journal of Management*, Vol. 4, No. 29, 2003, pp. 469 – 486.

Allen, T. D. , and Eby, L. T. , "Factors Related to Mentor Reports of Mentoring Functions Provided: Gender and Relational Characteristics", *Sex Roles*, Vol. 50, No. 1 – 2, 2004, pp. 129 – 139.

Allen, T. D. , Day, R. , and Lentz, E. , "The Role of Interpersonal Comfort in Mentoring Relationships", *Journal of Career Development*, Vol. 3, No. 31, 2005, pp. 155 – 169.

Allen, T. D. , Eby, L. T. , and Lentz, E. , "Mentorship Behaviors and Mentorship Quality Associated with Formal Mentoring Programs: Closing the Gap between Research and Practice", *Journal of Applied Psychology*, Vol. 20, No. 2, 2006, pp. 567 – 578.

Allen, T. D. , Poteet, M. L. , Russell, J. E. A. , and Dobbins, G. H. , "A Field Study of Factors Related to Supervisors Willingness to Mentor Others", *Journal of Vocational Behavior*, Vol. 1, No. 50, 1997, pp. 1 – 22.

Allen, T. D. , and Eby, L. T. , "Mentor Commitment in formal Mentoring Relationships", *Journal of Vocational Behavior*, Vol. 3, No. 72,

2008, pp. 309 - 316.

Amstad, F. T. , Meier, L. L. , Fasel, U. , Elfering, A. , and Semmer, N. K. , "A Meta - analysis of Work - family Conflict and Various Outcomes with a Special Emphasis on Cross - domain Versus Matching - domain Relations", *Journal of Occupational Health Psychology*, Vol. 2, No. 16, 2011, pp. 69 - 151.

Anderson, H. D. C. N. , "Organizational Socialization: a new Theoretical Model and Recommendations for Future Research and Hrm Practices in Organizations", *Journal of Managerial Psychology*, Vol. 5, No. 21, 2006, pp. 492 - 516.

Andrew, N. "Clinical imprinting: The Impact of Early Clinical Learning on Career Long Professional Development in Nursing", *Nurse Education in Practice*, Vol. 2, No. 16, 2013, pp. 161 - 164.

Armstrong, S. J. , Allinson, C. W. , and Hayes, J. , "Formal Mentoring Systems: an Examination of the Effects of Mentor/protégé cognitive Styles on the Mentoring Process", *Journal of Management Studies*, Vol. 8, No. 39, 2002, p. 27.

Arthur, M. B. , and Kram, K. E. , "Mentoring at Work: Developmental Relationships in Organizational Life", *Administrative Science Quarterly*, Vol. 3, No. 30, 1985, pp. 545 - 456.

Aryee, S. , Chay, Y. W. , and Chew, J. , "The Motivation to Mentor Among Managerial Employees: an Interactionist Approach", *Group & Organization Management*, Vol. 3, No. 21, 1996, pp. 261 - 277.

Azoulay, D. , Liu, C. C. , and Start, T. E. , "Social Infulence Given(Partially) Delikerate Matching Career Imprints in th Creation of Academic Entrepreneurs", *American Journal of Sociology*, Vol. 122, No. 4, 2017, pp. 1223 - 1271.

Bailey, S. F. , Voyles, E. C. , Finkelstein, L. , and Matarazzo, K. , "Who is your Ideal Mentor? An Exploratory Study of Mentor Prototypes ", *Career Development International*, Vol. 2, No. 21, 2016, pp. 160 – 175.

Bang, H., and Reio, T. G., "Personal Accomplishment, Mento-ring, and Creative Self – Efficacy as Predictors of Creative Work Involve-ment: The Moderating Role of Positive and Negative Affect", *The Journal of Psychology*, Vol. 2, No. 151, 2016, pp. 148 – 170.

Barr, C. D., Spitzmüller, Christiane, and Stuebing, K. K., "Too Stressed out to Participate? Examining the Relation Between Stressors and Survey Response Behavior", *Journal of Occupational Health Psychology*, Vol. 3, No. 13, 2008, pp. 232 – 243.

Basseches, M., and Kalinowski, J., "The Seasons of a Man's Life: byd. j Levinson, D. J. Darrow, c. n., Klein, E. B., Levinson, M. H., Mckee, B., Ballantine books, New York (1978)", *New Ideas in Psychology*, Vol. 3, No. 2, 1984, pp. 269 – 279.

Bauer, T. N., Bodner, T., Erdogan, B., Truxillo, D. M., and Tucker, J. S., "Newcomer Adjustment During Organizational Socializa-tion: a Meta – analytic Review of Antecedents, Outcomes, and Methods", *Journal of Applied Psychology*, Vol. 3, No. 92, 2007, pp. 707 – 721.

Bauer, T. N., and Green, S. G., "Testing the Combined Effects of Newcomer Information Seeking and Manager Behavior on Socialization", *Journal of Applied Psychology*, Vol. 1, No. 83, 1998, pp. 72 – 83.

Baugh, S. G., and Ellen A. Fagenson – Eland, "Boundaryless Men-toring: an Exploratory Study of the Functions Provided by Internal Versus External Organizational Mentors 1", *Journal of Applied Social Psychology*, Vol. 5, No. 35, 2005, pp. 939 – 955.

Baugh, S. G., and Scandura T. A., "The Effect of Multiple Mentors on Protégé Attitudes Toward the Work Setting", *Journal of Social Behavior & Personality*, Vol. 4, No. 14, 1999, pp. 503 – 521.

B. R. Ragins and K. E. Kram, eds., *The Handbook of Mentoring at Work: Theory, Research and Practice.* Los Angeles: Sage Publications, pp. 249 – 271.

Becker, G. S. , *Human Capital: A Theoretical and Empirical Analysis* , *with Special Reference to Education.* Chicago: University of Chicago Press, 2009.

Bennetts, C. , "Traditional Mentor Relationships, Intimacy and Emotional Intelligence" , *International Journal of Qualitative Studies in Education* , Vol. 2 , No. 15 , 2002 , pp. 155 – 170.

Berscheid, E. , and Walster, E. H. , *Interpersonal Attraction* , Menlo Park, CA: Addison – Wesley Press, 1969.

Bindl, U. K. , Parker, S. K. , Totterdell, P. , Hagger Johnson, G. "How Mood Relates to Proactive Goal Regulation" , *Jourral of Applied Psychology* , vol. 97 , No. 1 , 2012 , pp. 134 – 150.

Binnewies, C. , Sonnentag, S. , and Mojza, E. J. , "Feeling Recovered and Thinking about the Good Sides of one's Work" , *Journal of Occupational Health Psychology* , Vol. 3 , No. 14 , 2009 , pp. 243 – 256.

Blake – Beard, S. , "Mentoring as a Bridge to Understanding Cultural Difference" , *Adult Learning* , Vol. 1 – 2 , No. 20 , 2009 , pp. 14 – 18.

Blau, J. R. , and Alba, R. D. , "Empowering Nets of Participation" , *Administrative Science Quarterly* , Vol. 3 , No. 27 , 1982 , pp. 363 – 379.

Blickle, G. , Schneider, P. B. , Meurs, J. A. , and Pamela, L. Perrewé. , "Antecedents and Consequences of Perceived Barriers to Obtaining Mentoring: a Longitudinal Investigation" , *Journal of Applied Social Psychology* , Vol. 8 , No. 40 , 2010 , pp. 1897 – 1920.

Blickle, G. , Schneider, P. B. , Perrewé, P. L. , Blass, F. R. , and Ferris, G. R. , "The Roles of Self – disclosure, Modesty, and Self – monitoring in the Mentoring Relationship" , *Career Development International* , Vol. 3 , No. 13 , 2008 , pp. 224 – 240.

Bogler, R. , and Somech, A. , "Motives to Study and Socialization Tactics Among University Students" , *The Journal of Social Psychology* , Vol. 2 , No. 142 , 2002 , pp. 233 – 248.

Booth. , and Rosemary, "Mentor or Manager: What is the Difference?

A Case Study in Supervisory Mentoring", *Leadership & Organization Development Journal*, Vol. 3, No. 17, 1996, pp. 31 – 36.

Bouquillon, E. A., Sosik, J. J., and Lee, D., "'It's only a Phase': Examining Trust, Identification and Mentoring Functions Received across the Mentoring Phases", *Mentoring & Tutoring Partnership in Learning*, Vol. 2, No. 13, 2005, pp. 239 – 258.

Boyatzis, R. E., Smith, M. L., and Blaize, N., "Developing Sustainable Leaders through Coaching and Compassion", *Academy of Management Learning & Education*, Vol. 1, No. 5, 2006, pp. 8 – 24.

Bozionelos, N., and Wang, L.. "An Investigation on the Attitudes of Chinese Workers towards Individually Based Performance – related Reward systems", *International Journal of Human Resource Management*, Vol. 18, No. 2, 2007, pp. 284 – 302.

Bozionelos, N., "Mentoring Provided: Relation to Mentor's Career Success, Personality, and Mentoring Received", *Journal of Vocational Behavior*, Vol. 64, No. 1, 2004, pp. 24 – 46.

Bryant, S., Moshavi, D., Lande, G., Leary, M., and Doughty, R., "A Proposed Model for the Role of Physician Peer Mentoring in Improving Physician Communication and Patient Satisfaction", *Academy of Health Care Management Journal*, Vol. 7, No. 1, 2001, pp. 45 – 58.

Buchanan, and Bruce, "Government Managers, Business Executives, and Organizational Commitment", *Public Administration Review*, Vol. 34, No. 4, 1974, pp. 339.

Burk, H. G., and Eby, L. T., "What Keeps People in Mentoring Relationships when Bad Things Happen? A Field Study from the Protégé's Perspective", *Journal of Vocational Behavior*, Vol. 77, No. 3, 2010, pp. 437 – 446.

Burke, R. J., Mckeen, C. A., and Mckenna, C., "Benefits of Mentoring in Organizations the Mentor's Perspective", *Psychological Reports*, Vol. 72, No. 3, 1994, pp. 883 – 896.

Burt, R, S. , *Structural Holes: The Social Structure of Competition*, Cambridge, MA: Harvard University Press, 1992.

Byrne, D. , *The Attraction Paradigm*, New York: Academic Press, 1971.

Byrne, D. , "An Overview (and underview) of Research and Theory Within the Attraction Paradigm", *Journal of Personality & Social Psychology*, Vol. 14, No. 3, 1997, pp. 417 – 431.

Byrne, Z. S. , Dik, B. J. , and Chiaburu, D. S. , "Alternatives to Traditional Mentoring in Fostering Career Success", *Journal of Vocational Behavior*, Vol. 72, No. 3, 2008, pp. 429 – 442.

Cable, D. M. , and Parsons, C. K. , "Socialization Tactics and Person – organization Fit", *Personnel Psychology*, Vol. 54, No. 1, 2001, p. 23.

Dutton, Jane, E. , Quinn, Robert, E. , Cameron, and Kim, S. "Positive Organizational Scholarship: Foundations of a New Discipline", *Administrative Science Quarterly*, Vol. 57, No. 4, 2003, pp. 1059 – 1062.

Campion, M. A. , and Goldfinch, J. R. , "Mentoring Among Hospital Administrators", *Hospital & Health Services Administration*, Vol. 28, No. 6, 1983, pp. 77 – 93.

Cartwright, S. , and Holmes, N. , "The Meaning of Work: the Challenge of Regaining Employee Engagement and Reducing Cynicism", *Human Resources Management Review*, Vol. 16, No. 2, 2006, pp. 199 – 208.

Chandler, D. E. , Hall, D. T. , and Kram, K. E. , "A Developmental Network & Relational Savvy Approach to Talent Development", *Organizational Dynamics*, Vol. 39, No. 1, 2010, pp. 48 – 56.

Chandler, D. E. , Kram, K. E. , and Yip, J. , "An Ecological Systems Perspective on Mentoring at Work: a Review and Future Prospects", *The Academy of Management Annals*, Vol. 5, No. 1, 2011, pp. 519 – 570.

Chao, G. T. , O Leary – Kelly, A. M. , Wolf, S. , Klein, H. J. , and Gardner, P. D. , "Organizational Socialization: Its Content and Consequences", *Journal of Applied Psychology*, Vol. 79, No. 5, 1994, pp. 730 – 743.

Chao, G. T., Walz, P., and Gardner, P. D., "Formal and Informal Mentorships: A Comparison on Mentoring Functions and Contrast with Nonmentored Counterparts", *Personnel Psychology*, Vol. 45, No. 3, 1992, p. 18.

Chao, G. T., "Mentoring Phases and Outcomes", *Journal of Vocational Behavior*, Vol. 51, No. 1, 1997, pp. 15 – 28.

Chao, G. T., O'Leary – Kelly, A. M., Wolf, S., Klein, H. J., and Gardner, P. D., "Organizational Socialization: Its Content and Consequences", *Journal of Applied Psychology*, Vol. 79, No. 5, 1994, pp. 730 – 743.

Chen, C., Liao, J., and Wen, P., "Why does Formal Mentoring Matter? The Mediating Role of Psychological Safety and the Moderating Role of Power Distance Orientation in the Chinese Context", *The International Journal of Human Resource Management*, Vol. 25, No. 8, 2014, pp. 1112 – 1130.

Chen, C., Wen, P., and Hu, C., "Role of Formal Mentoring in Protégés' Work – to – family Conflict: A Double – edged Sword", *Journal of Vocational Behavior*, No. 100, 2017, pp. 101 – 110.

Chen, Y. P., Shaffer, M., Westman, M., Chen, S., Lazarova, M., and Reiche, S., "Family Role Performance: Scale Development and Validation", *Applied Psychology*, Vol. 63, No. 1, 2013, pp. 190 – 218.

Chow, H. S., "Organizational Socialization and Career Success of Asian Managers", *International Journal of Human Resource Management*, Vol. 13, No. 4, 2002, pp. 720 – 737.

Chun, J. U., Litzky, B. E., Sosik, J. J., Bechtold, D. C., and Godshalk, V. M., "Emotional Intelligence and Trust in Formal Mentoring Programs", *Group & Organization Management*, Vol. 35, No. 4, 2010, pp. 421 – 455.

Clawson, J. , *Superior – subordinate Relationship for Managerial Development*, Doctoral Dissertation, Harvard Business School, 1979.

Cleary, M. , and Horsfall, J. , "Coaching: Comparisons with Mentoring", *Issues in Mental Health Nursing*, Vol. 36, No. 3, 2015, pp. 243 – 245.

Cooper, J. D. , Payne, J. N. , and Horobin, R. W. , "Accurate Counting of Neurons in Frozen Sections: Some Necessary Precautions", *Journal of Anatomy*, Vol. 157, No. 4, 1988, p. 13.

Cooper – Thomas, H. , Anderson, N. , "Newcomer Adjustment: The Relationship Between Organizational Socialization Tactics, Information Acquisition and Attitudes", *Journal of Occupational and Organizational Psychology*, Vol. 75, No. 4, 2002, pp. 423 – 437.

Cortina, J. M. , and Luchman, J. N. , *Personnel Selection and Employee Performance. Handbook of Psychology*, New Jersey: John Wiley & Sons, Inc, 2003.

Crow, G. M. , and Glascock, C. , "Socialization to a New Conception of the Principalship", *Journal of Educational Administration*, Vol. 33, No. 1, 1995, pp. 22 – 43.

Daniel, S. , and Sonnentag, S. , "Work to Non – work Enrichment: the Mediating Roles of Positive Affect and Positive work Reflection", *Work & Stress*, Vol. 28, No. 1, 2014, pp. 49 – 66.

Davidson, J. , "Time and Greek Religion", New Jersey: John Wiley & Sons, Ltd, 2007.

Davis, R. L. , and Garrison, P. A. , "Mentoring: in Search of a Taxonomy", *Massachusetts Institute of Technology*, Vol. 5, No. 19, 1979, pp. 209 – 13.

Day, R. , and Allen, T. D. , "The Relationship Between Career Motivation and Self – efficacy with Protégé Career Success", *Journal of Vocational Behavior*, Vol. 64, No. 1, 2004, pp. 72 – 91.

Dhaenens, A. J. , Marler, L. E. , Vardaman, J. M. , and Chrisman, J. J. , "Mentoring in Family Businesses: Toward an Understanding of

Commitment outcomes", *Human Resource Management Review*, Vol. 28, No. 1, 2018, pp. 46 – 55.

Dokko, G., Wilk, S. L., and Rothbard, N. P., "Unpacking Prior Experience: How Career History Affects Job Performance", *Organization Science*, Vol. 20, No. 1, 2009, pp. 51 – 68.

Dreher, G. F., and Ash, R. A., "A Comparative Study of Mentoring among Men and Women in Managerial, Professional, and Technical Positions", *Journal of Applied Psychology*, Vol. 75, No. 5, 1990, pp. 539 – 546.

Dreher, G. F., and Cox, T. H., "Race, Gender, and Opportunity: A Study of Compensation Attainment and the Establishment of Mentoring Relationships", *Journal of Applied Psychology*, Vol. 81, No. 3, 1996, pp. 297 – 308.

Dutton, J. E., Ragins, B. R., "Exploring Positive Relationships at Work: Building a Theoretical and Research Foundation", *Administrative Science Quarterly*, Vol. 53, No. 1, 2006, pp. 192 – 193.

Eatough, E. M., Chang, C. H., Miloslavic, S. A., and Johnson, R. E., "Relationships of Role Stressors with Organizational Citizenship Behavior: a Meta – analysis", *Journal of Applied Psychology*, Vol. 96, No. 3, 2011, pp. 619 – 632.

Eby, L., Buits, M., Lockwood, A., and Simon, S. A., "Protégés Negative Mentoring Experiences: Construct Development and Nomological Validation", *Personnel Psychology*, No. 57, 2004, pp. 411 – 447.

Eby, L. T., and Allen, T. D., "Further Investigation of Protégés' Negative Mentoring Experiences Patterns and Outcomes", *Group & Organization Management*, Vol. 27, No. 4, 2002, pp. 456 – 479.

Eby, L. T., and McManus, S. E., "The Protege's Role in Negative Mentoring Experiences", *Journal of Vocational Behavior*, Vol. 65, No. 2, 2004, pp. 255 – 275.

Eby, L. T., Allen, T. D., Evans, S. C., Ng, T., and Dubois,

D. L. , "Does Mentoring Matter? A Multidisciplinary Meta – analysis Comparing Mentored and Non – mentored Individuals", *Journal of Vocational Behavior*, Vol. 72, No. 2, 2008, pp. 254 – 267.

Eby, L. T. , Butts, M. M. , Hoffman, B. J. , and Sauer, J. B. , "Cross – lagged Relations Between Mentoring Received from Supervisors and Employee Ocbs: Disentangling Causal Direction and Identifying Boundary Conditions", *Journal of Applied Psychology*, Vol. 100, No. 4, 2015, pp. 1275 – 1285.

Eby, L. T. , Durley, J. R. , Evans, S. C. , and Ragins, B. R. , "Mentors Perceptions of Negative Mentoring Experiences: Scale Development and Nomological Validation", *Journal of Applied Psychology*, Vol. 93, No. 2, 2008, pp. 358 – 373.

Eby, L. T. , Mcmanus, S. E. , Simon, S. A. , and Russell, J. E. A. , "The Protege's Perspective Regarding Negative Mentoring Experiences: the Development of a Taxonomy", *Journal of Vocational Behavior*, Vol. 57, No. 1, 2000, pp. 1 – 21.

Eby, L. T. , Allen, T. D. , Hoffman, B. J. , Baranik, L. E. , Sauer, J. B. , and Baldwin, S. , et al. , "An Interdisciplinary Meta – analysis of the Potential Antecedents, Correlates, and Consequences of Protégé Perceptions of Mentoring", *Psychological Bulletin*, Vol. 139, No. 2, 2013, pp. 441 – 476.

Eby, L. T. , Butts, M. M. , Durley, J. , and Ragins, B. R. , "Are Bad Experiences Stronger than Good Ones in Mentoring Relationships? Evidence from the Protégé and Mentor Perspective", *Journal of Vocational Behavior*, Vol. 77, No. 1, 2010, pp. 81 – 92.

Egan, T. M. , and Song, Z. , "Are Facilitated Mentoring Programs Beneficial? a Randomized Experimental Field Study", *Journal of Vocational Behavior*, Vol. 72, No. 3, 2008, pp. 351 – 362.

Ellemers, N. , Gilder, T. C. D. , and Haslam, S. A. , "Motivating Individuals and Groups at Work: A Social Identity Perspective on Leadership and Group Performance", *Academy of Management Review*, Vol. 29, No. 3, 2004, pp. 459 – 478.

Ensher, E. A., and Murphy, S. E., *Power Mentoring: How Successful Mentors and Proteges get the Most out of Their Relationships*, Jossey – Bass, 2005.

Ensher, E. A., and Murphy, S. E., "The Mentoring Relationship Challenges Scale: the Impact of Mentoring Stage, Type, and Gender", *Journal of Vocational Behavior*, Vol. 79, No. 1, 2011, pp. 253 – 266.

Ensher, E. A., Heun, C., and Blanchard, A., "Online Mentoring and Computer – mediated Communication: new Directions in Research", *Journal of Vocational Behavior*, Vol. 63, No. 2, 2003, pp. 264 – 288.

Ensher, E. A., Thomas, C., and Murphy, S. E., "Comparison of Traditional, Step – Ahead, and Peer Mentoring on Protégés' Support, Satisfaction, and Perceptions of Career Success: A Social Exchange Perspective", *Journal of Business & Psychology*, Vol. 15, No. 3, 2001, pp. 419 – 438.

Fagenson, E. A., "The Mentor Advantage: Perceived Career/job Experiences of Proteges Versus Non – protégés", *Journal of Organizational Behavior*, Vol. 10, No. 4, 1989, pp. 309 – 320.

Fagenson, E. A., "Mentoring: Who needs it? A Comparison of Protégés' and Non – protégés' Needs Forpower, Achievement, Affiliation, and Autonomy", *Journal of Vocational Behavior*, No. 41, 1992, pp. 48 – 60.

Fagenson – Eland, E. A., Baugh, S. G., and Lankau, M. J., "Seeing Eye to Eye: A Dyadic Investigation of the Effect of Relational Demography on Perceptions of Mentoring Activities", *Career Development International*, Vol. 272, No. 10, 2005, pp. 460 – 477.

Fagenson – Eland, E. A., Marks, M. A., and Amendola, K. L., "Perceptions of Mentoring Relationships", *Journal of Vocational Behavior*, No. 51, 1997, pp. 29 – 42.

Feeney, M. K., and Bozeman, B., "Mentoring and Network Ties",

Human Relations, Vol. 61, No. 12, 2008, pp. 1651 – 1676.

Feldman, D. C., "Toxic Mentors or Toxic Proteges? A Critical Re – examination of Dysfunctional Mentoring", *Human Resource Management Review*, Vol. 9, No. 3, 1999, pp. 247 – 278.

Finkelstein, L. M., Allen, T. D., Ritchie, T. D., Lynch, J. E., and Montei, M. S., "A Dyadic Examination of the Role of Relationship Characteristics and Age on Relationship Satisfaction in a Formal Mentoring Programme", *European Journal of Work and Organizational Psychology*, Vol. 21, No. 6, 2012, pp. 803 – 827.

Fishbane, D. K., "The Healing Connection: How Women form Relationships in Therapy and in Life", *Journal of Marital & Family Therapy*, Vol. 24, No. 2, 1998, pp. 265 – 266.

Fowler, J. L., and O'Gorman, J. G., "Mentoring Functions: a Contemporary View of the Perceptions of Mentees and Mentors", *British Journal of Management*, Vol. 16, No. 1, 2005, pp. 51 – 57.

Fredrickson, B. L., "The Role of Positive Emotions in Positive Psychology: The Broaden – and – build Theory of Positive Emotions", *American Psychologist*, Vol. 56, No. 3, 2001, pp. 218 – 226.

Fredrickson, B. L., and Branigan, C., "Positive Emotions Broaden the Scope of Attention and Thought – action Repertoires", *Cognition & Emotion*, Vol. 19, No. 3, 2005, pp. 313 – 332.

Fredrickson, B. L., and Losada, M. F., "Correction to Fredrickson and Losada (2005)", *American Psychologist*, Vol. 68, No. 9, 2013, p. 822.

Fredrickson, B. L., and Losada, M. F., "Positive Affect and the Complex Dynamics of Human Flourishing", *American Psychologist*, Vol. 68, No. 9, 2013, p. 822.

Fritz, C., and Sonnentag, S., "Recovery, Well – being, and Performance – related Outcomes: The Role of Workload and Vacation Experiences", *Journal of Applied Psychology*, Vol. 91, No. 4, 2006, pp. 936 – 945.

Frone, and Michael, R., "Relations of Negative and Positive Work Experiences to Employee Alcohol Use: Testing the Intervening Role of Negative and Positive Work Rumination", *Journal of Occupational Health Psychology*, Vol. 20, No. 2, 2015, pp. 148 – 160.

Gayle Baugh, S., Levesque, L. L., O'Neill, R. M., Nelson, T., and Dumas, C., "Sex Differences in the Perceived Importance of Mentoring Functions", *Career Development International*, Vol. 10, No. 6 – 7, 2005, pp. 429 – 443.

Gable, S., L., Reis, H. T, Impett, E. A., Ashe, E. R., "What do you do when Things Gorght? The Intapersoral and Interpensoral Benefits of Sharing Positive Events", *Journal of Rersonality & Social Psychology*, Vol. 87, No. 2, 2004, pp. 228 – 245.

Germain, M. L., "Formal Mentoring Relationships and Attachment Theory: Implications for Human Resource Development", *Human Resource Development Review*, Vol. 10, No. 2, 2011, pp. 123 – 150.

Ghosh, R., "Antecedents of Mentoring Support: A Meta – analysis of Individual, Relational, and Structural or Organizational Factors", *Journal of Vocational Behavior*, Vol. 84, No. 3, 2014, pp. 367 – 384.

Ghosh, R., Haynes, R. K., and Kram, K. E., "Developmental Networks at Work: Holding Environments for Leader Development", *Career Development International*, Vol. 18, No. 3, 2013, pp. 232 – 256.

Ghosh, R., Reio, T. G., and Bang, H., "Reducing Turnover Intent: Supervisor and Co – worker Incivility and Socialization – related Learning", *Human Resource Development International*, Vol. 16, No. 2, 2013, pp. 169 – 185.

Ghosh, R., Dierkes, S., and Falletta, S., "Incivility Spiral in Mentoring Relationships: Reconceptualizing Negative Mentoring as Deviant Workplace Behavior", *Advances in Developing Human Resources*, Vol. 13, No. 1, 2011, pp. 22 – 39.

Griffin, M. A., Neal. A. and Parker, S. K., "A New Model of Work role Performance: Positive Behavior in Uncertain and Interdependent Contexts", *The Academy of Management Journal*, Vol. 50, No. 2, 2007, pp. 327 – 347.

Griffin, B., and Hesketh, B., "Adaptable Behavions for Successfal work and Career Adjrstment", *Austialian Journal of Psychology*, Vol. 55, No. 2, 2003, pp. 65 – 73.

Goleman, D., Maccoby, M., Davenport, T., Beck, J. C., Clampa, D., and Watkins, M., *Harvard Business Review on What Makes a Leader*, Boston, MA: Harvard Business School Press, 2001.

Granovetter, M. S., "The Strength of Weak Ties", *American Journal of Sociology*, Vol. 78, No. 6, 1973, pp. 1360 – 1380.

Green, J., and Jackson, D., "Mentoring: Some Cautionary Notes for the Nursing Profession", *Contemporary Nurse*, Vol. 47, No. 1 – 2, 2014, p. 9.

Greenhaus, J. H., and Singh, R., "Work and Family, Relationship Between", *Encyclopedia of Applied Psychology*, 2004, pp. 687 –697.

Greenhaus, J. H., Collins, K. M., Singh, R., and Parasuraman, S., "Work and Family Influences on Departure from Public Accounting", *Journal of Vocational Behavior*, Vol. 50, No. 2, 1997, pp. 249 – 270.

Haggard, D. L., Dougherty, T. W., Turban, D. B., and Wilbanks, J. E., "Who is a Mentor? A Review of Evolving Definitions and Implications for Research", *Journal of Management*, Vol. 37, No. 1, 2011, pp. 280 – 304.

Haggard, D. L., "Mentoring and Psychological Contract Breach", *Journal of Business and Psychology*, Vol. 27, No. 2, 2012, pp. 161 – 175.

Gruman, J. A., Saks, A. M., Zweig, D. I., "Orgnizational Socialication Taotics and Newcomer Proactive Behavions: An Integrative Study", *Journal of Vocational Behavior*, Vol. , 69, No. 1, 2006, pp. 90 – 104.

Halbesleben, J. R. B., Neveu, J. P., Paustian – Underdahl, S. C., and Westman, M., "Getting to the 'Cor': Understanding the Role of Resources in Conservation of Resources Theory", *Journal of Management*, Vol. 40, No. 5, 2014, pp. 1334 – 1364.

Hall, D. T., Feldman, E., and Kim, N., *Meaningful Work and the Protean Career*, *Purpose and Meaning in the Workplace*, American Psychological Association, 2013., pp. 57 – 78.

Hall, R., and Jaugietis, Z., "Developing Peer Mentoring Through Evaluation", *Innovative Higher Education*, Vol. 36, No. 1, 2011, pp. 41 – 52.

Hamilton, B. A., and Scandura, T. A., "E – mentoring: Implications for Organizational Learning and Development in a Wired World", *Organizational Dynamics*, Vol. 31, No. 4, 2003, pp. 388 – 402.

Harvey, M., Napier, N. K., Moeller, M., and Williams, L. A., "Mentoring Global Dual – career Couples: a Social Learning Perspective", *Journal of Applied Social Psychology*, Vol. 40, No. 1, 2010, p. 29.

Haynes, R. K., and Petrosko, J. M., "An Investigation of Mentoring and Socialization Among Law Faculty", *Mentoring & Tutoring: Partnership in Learning*, Vol. 17, No. 1, 2009, pp. 41 – 52.

Heaphy, B., "Sexuality, Gender and Ageing: Resources and Social Change", *Current Sociology*, Vol. 55, No. 2, 2007, pp. 193 – 210.

Heaphy, E. D, Dutton, J. E., "Positive Social Interactions and the Human Body at Work: Linking Organizations and Physiology", *The Academy of Management Review*, Vol. 33, No. 1, 2008, pp. 137 – 162.

Hicks, R., and Mccracken, J., "Three Hats of a Leader: Coaching, Mentoring and Teaching", *Physician Executive*, Vol. 36, No. 6, 2010, pp. 68 – 70.

Higgins, M. C., and Kram, K. E., "Reconceptualizing Mentoring at Work: A Developmental Network Perspective", *Academy of Management Review*, Vol. 26, No. 2, 2001, pp. 264 – 288.

Higgins, M. C., *Career Imprints: Creating Leaders Across an Industry* (1st ed.), San Francisco: Jossey – Bass, 2005.

Higgins, E. T. , Friedman, R. S. , Harlow, R. E. , Idson, L. C. , Ayduk, O. N. , & Taylor, A. , "Achievement Orientations from Subjective Histories of Success: Promotion Pride Versus Prevention Pride", *European Journal of Social Psychology*, Vol. 11, No. 1, 2001, pp. 3 – 23.

Hobfoll, S. E. , Freedy, J. , Lane, C. , & Geller, P. , "Conservation of Social Resources: Social Support Resource Theory", *Journal of Social and Personal Relationships*, Vol. 7, No. 4, 1990, pp. 465 – 478.

Hobfoll, S. E. , "The Influence of Culture, Community, and the Nested – self in the Stress Process: Advancing Conservation of Resources theory", *Applied Psychology*, Vol. 50, No. 3, 2001, pp. 337 – 421.

Hu, C. , "Analyses of Measurement Equivalence Across Gender in the Mentoring Functions Questionnaire (mfq – 9)", *Personality and Individual Differences*, Vol. 45, No. 3, 2008, pp. 199 – 205.

Hu, C. , Baranik, L. E. , & Wu, T. – Y. , "Antidotes to Dissimilar Mentor – protégé Dyads", *Journal of Vocational Behavior*, Vol. 85, No. 2, 2014, pp. 219 – 227.

Hu, C. , Wang, S. , Wang, Y. – H. , Chen, C. , & Jiang, D. – Y. , "Understanding Attraction in Formal Mentoring Relationships from an Affective Perspective", *Journal of Vocational Behavior*, Vol. 94, 2016, pp. 104 – 113.

Humberd, B. K. , & Rouse, E. D. , "Seeing You in Me and Me in You: Personal Identification in the Phases of Mentoring Relationships", *Academy of Management Review*, Vol. 41, No. 3, 2016, págs.

Hunt, D. M. , & Michael, C. , "Mentorship: A Career Training and Development Tool", *Academy of Management Review*, Vol. 8, No. 3, 1983, pp. 475 – 485.

Husted, K. , Michailova, S. , Minbaeva, D. B. , & Pedersen, T. , "Knowledge – Sharing Hostility and Governance Mechanisms: An Empirical test", *Journal of Knowledge Management*, Vol. 16, No. 5, 2012, pp. 754 – 773.

Ibarra, H. , "Network Centrality, Power, and Innovation Involvement: Determinants of Technical and Administrative Roles", *Academy of Management Journal*, Vol. 36, No. 3, 1993, pp. 471 – 501.

Manuel London, Edward M Mone. , "The Changing Nature of Performance: Implications for Staffing, Motivation, and Development", *Frontiers of Industrial and Organizational Psychology*, 1999, pp. 119 – 153.

Ilies, R. , Wilson, K. S. , and Wagner, D. T. , "The Spillover of Daily Job Satisfaction onto Employees' Family Lives: the Facilitating Role of Work – family Integration", *Academy of Management Journal*, Vol. 52, No. 1, 2009, pp. 87 – 102.

Irby, B. J. , "Editor's Overview: from Mentoring Synergy to Synergistic Mentoring", *Mentoring & Tutoring Partnership in Learning*, Vol. 20, No. 2, 2012, pp. 175 – 179.

Jacobi, M. , "Mentoring and Undergraduate Academic Success: a Literature Review", *Review of Educational Research*, Vol. 61, No. 4, 1991, pp. 505 – 532.

Janasz, S. C. D. , Sullivan, S. E. , and Whiting, V. , "Mentor Networks and Career Success: Lessons for Turbulent Times", *The Academy of Management Executive* (1993 – 2005), Vol. 17, No. 4, 2003, pp. 78 – 93.

Janssen, S. , Tahitu, J. , Vuuren, M. V. , and De Jong, M. D. T. , "Coworkers Perspectives on Mentoring Relationships", *Group & Organization Management*, No. 8, 2016, pp. 1 – 28.

Janssen, S. , van Vuuren, M. , & de Jong, M. D. T. , "Motives to Mentor: Self – focused, Protégé – focused, Relationship – focused, Organization – focused, and Unfocused Motives", *Journal of Vocational Behavior*, Vol. 85, No. 3, 2014, pp. 266 – 275.

Jiang, L. , and Johnson, M. J. , "Meaningful Work and Affective Commitment: A Moderated Mediation Model of Positive work Reflection and Work Centrality", *Journal of Business and Psychology*, Vol. 33, 2017, pp. 545 – 558.

Jones, R. , and Brown, D. , "The Mentoring Relationship as a Complex Adaptive System: Finding a Model for Our Experience", *Mentoring & Tutoring: Partnership in Learning*, Vol. 19, No. 4, 2011, pp. 401 – 418.

Jones, R. , and Corner, J. , "Seeing the Forest and the Trees: A Complex Adaptive Systems Lens for Mentoring", *Human Relations*, Vol. 65, No. 3, 2012, pp. 391 – 411.

Joo, B. K. , Sushko, J. S. , and McLean, G. N. , "Multiple Faces of Coaching: Manager – as – coach, Executive Coaching, and Formal Mentoring", *Organization Development Journal*, Vol. 30, No. 1, 2012, pp. 19 – 38.

Kahn, P. , "Teaching to Learning Styles: A Study of Learning Outcomes for the Adult Learner", *Dissertations & Theses – Gradworks*, Vol. 161, No. 3, 2007, pp. 940 – 944.

Kahn, R. L. , Wolfe, D. M. , Quinn, R. P. , Snoek, J. D. , and Rosenthal, R. A. , "Organizational Stress: Studies in Role Conflict and Ambiguity", *American Sociological Review*, Vol. 10, No. 1, 1965.

Kalbfleisch, P. J. , and Davies, A. B. , "Minorities and Mentoring: Managing the Multicultural Institution", *Communication Education*, Vol. 40, No. 3, 1991, pp. 266 – 271.

Kammeyer – Mueller, J. D. , and Judge, T. A. , "A Quantitative Review of Mentoring Research: Test of a Model", *Journal of Vocational Behavior*, Vol. 72, No. 3, 2008, pp. 269 – 283.

Kao, K. Y. , Rogers, A. , Spitzmueller, C. , Lin, M. T. , and Lin, C. H. , "Who Should Serve as My Mentor? the Effects of Mentor's Gender and Supervisory Status on Resilience in Mentoring Relationships", *Journal of Vocational Behavior*, Vol. 85, No. 2, 2014, pp. 191 – 203.

Kasprisin, C. A. , Single, P. B. , Single, R. M. , & Muller, C. B. , "Building a Better Bridge: Testing e – training to Improve e – mentoring Programmes in Higher Education", *Mentoring and Tutoring*, Vol. 11, No. 1, 2003, pp. 67 – 78.

Kaufman, D. R. , Zey, M. , G. , "The Mentor Connection", *Contemporary Sociology*, Vol. 14, No. 2, 1984, p. 238.

Kim, M. J. , and Choi, K. , "Formal Mentors' Distancing and Manipulative Behaviors: an Empirical Study on their Antecedents and Consequences", *Journal of Business & Policy Research*, Vol 6, 2011, pp. 91 – 103.

Kim, S. , "Erratum for 'Assessing the Influence of Managerial Coaching on Employee Outcomes'", *Human Resource Development Quarterly*, Vol. 25, No. 1, 2014, pp. 59 – 85.

Kimberly, J. R. , "Environmental Constraints and Organizational Structure: A Comparative Analysis of Rehabilitation Organizations", *Administrative Science Quarterly*, Vol. 20, No. 1, 1975, pp. 1 – 9.

Knouse, S. B. , and Webb, S. C. , "Virtual Networking for Women and Minorities", *Career Development International*, Vol. 6, No. 4, 2001, pp. 226 – 229.

Kolman, L. , Noorderhaven, N. G. , Hofstede, G. , and Dienes, E. , "Cross – cultural Differences in Central Europe", *Journal of Managerial Psychology*, Vol. 18, No. 1, 2003, pp. 76 – 88.

Kouzes, J. M. , Posner, B. Z. , *The Jossey – Bass Academic Administrator's Guide to Exemplary Leadership*, New Jersey: John Wiley & Sons, Inc. 2003.

Kram, K. E. , and Hall, D. T. , "Mentoring as an Antidote to Stress During Corporate Trauma", *Human Resource Management*, Vol. 28, No. 4, 2010, pp. 493 – 510.

Kram, K. E. , and Isabella, L. A. , "Mentoring Alternatives: The Role of Peer Relationships in Career Development", *Academy of Management Journal*, Vol. 28, No. 1, 1985, pp. 110 – 132.

Kram, K. E. , "Mentoring Processes at Work: Developmental Relationships in Managerial Careers", *Ecology & Evolution*, Vol. 4, No. 20, 1980, pp. 1960 – 1961.

Kram, K. E., "Phases of the Mentor Relationship", *Academy of Management Journal*, Vol. 26, No. 4, 1983, pp. 608 – 625.

Kreiner, G. E., "Consequences of Work Hone Segmentation or Integrntion: A Person Environment Fit Perspectime", *Joural of Organizational Behavier*, Vol. 27, No. 4, 2006, pp. 485 – 507.

Kreiner, G. E., and Ashforth, B. E., "Evidence Toward an Expanded Model of Organizational Identification", *Journal of Organizational Behavior*, Vol. 25, No. 1, 2004, pp. 1 – 27.

Kumar, P., Irudayaraj, I. S. F., Jomon, M. G., and Singhal, M., "The Hadow of Negative Mentoring at the Workplace", *Management & Labour Studies*, Vol. 38, No. 4, 2013, pp. 357 – 371.

Kwan, H. K., Mao, Y., and Zhang, H., "The Impact of Role Modeling on Protégés' Personal Learning and Work – to – family Enrichment", *Journal of Vocational Behavior*, Vol. 77, No. 2, 2010, pp. 313 – 322.

Lankau, M. J., and Scandura, T. A., "An Investigation of Personal Learning in Mentoring Relationships: Content, Antecedents and Consequences", *Academy of Management Journal*, Vol. 45, No. 4, 2002, pp. 779 – 790.

Lankau, M. J., Carlson, D. S., and Nielson, T. R., "The Mediating Influence of Role Stressors in the Relationship Between Mentoring and Job Attitudes", *Journal of Vocational Behavior*, Vol. 68, No. 2, 2006, pp. 308 – 322.

Langston, C. A., "Capitalizing on and Coping with Daily – life Events: Expressive Responses to Positive Events", *Journal of Personality and Social Psychology*, Vol. 67, 1994, pp. 1112 – 1125.

Lapointe, émilie, and Vandenberghe, C., "Supervisory Mentoring and Employee Affective Commitment and Turnover: the Critical Role of Contextual Factors", *Journal of Vocational Behavior*, Vol. 98, 2017, pp. 98 – 107.

Las Heras, M., Rofcanin, Y., Matthijs Bal, P., and Stollberger, J., "How do Flexibility I – deals Relate to Work Performance? Exploring the Roles of Family Performance and Organizational Context", *Journal of Organizational Behavior*, Vol. 38, 2017, pp. 1280 – 1294.

Lazarus, R. S., "Cognition and Motivation in Emotion", *American Psychologist*, Vol. 46, 1991, pp. 352 – 367.

Lazarus, R. S., "Progress on a Cognitive – motivational – relational Theory of Emotion", *American Psychologist*, Vol. 46, 1991, pp. 819 – 834.

Lentz, E., and Allen, T. D., "The Role of Mentoring others in the Career Plateauing Phenomenon", *Group & Organization Management*, Vol. 34, No. 3, 2009, pp. 358 – 384.

Lester, S. W., Meglino, B. M., and Korsgaard, M. A., "The Role of other Orientation in Organizational Citizenship Behavior", *Journal of Organizational Behavior*, Vol. 29, No. 6, 2008, pp. 829 – 841.

Levinson, D. J., *The Seasons of a Man's Life*, New York: Alfred Knopf, 1978.

Liang, J., and Gong, Y., "Capitalizing on Proactivity for Informal Mentoring Received During Early Career: The Moderating Role of Core Self – evaluations", *Journal of Organizational Behavior*, Vol. 34, No. 8, 2013, pp. 1182 – 1201.

Liao, H., Chuang, A., and Joshi, A., "Perceived Deep – level Dissimilarity: Personality Antecedents and Impact on Overall Job Attitude, Helping, work Withdrawal, and Turnover", *Organizational Behavior and Human Decision Processes*, Vol. 106, No. 2, 2008, pp. 106 – 124.

Lin, N., Vaughn, J. C., and Ensel, W. M., "Social Resources and Occupational Status Attainment", *Social Forces*, Vol. 59, No. 4, 1981, pp. 1163 – 1181.

Liu, D., Liu, J., Kwan, H. K., and Mao, Y., "What can I Gain as a Mentor? the Effect of Mentoring on the Job Performance and Social Status of Mentors in China", *Journal of Occupational & Organizational Psychology*, Vol. 82, No. 4, 2011, pp. 871 – 895.

Liu, D., Wang, S., and Wayne, S. J., "Is Being a Good Learner

Enough? An Examination of the Interplay Between Learning goal Orientation and Impression Management Tactics on Creativity", *Personnel Psychology*, Vol. 68, No. 1, 2014, pp. 109 – 142.

Li, M., Lin. W., Han, P. et al., "Cinking Empomering Leadship and Charge – Orienell Organizational Crtizoushp Behavior: the role of Thriving at work ard Autonomy Orientation", *Jourral of Organizational Change Maragement*, Vol. 29, No. 5, 2016, pp. 732 – 750.

Lopez, S. J., and Snyder, C. R., *The Oxford Handbook of Positive Psychology*, Oxford Uniuersity Press, 2012.

Liu, J., Kwan, H. K., and Mao, Y., "Mentorship Quality and Protégés' Work – to – family Positive Spillover, Career Satisfaction and Voice Behavior in China", *International Journal of Human Resource Management*, Vol. 23, No. 19, 2012, pp. 4110 – 4128.

Llorens, S., Bakker, A. B., Schaufeli, W., and Salanova, M., "Testing the Robustness of the Job Demands – resources Model", *International Journal of Stress Management*, Vol. 13, No. 3, 2006, pp. 378 – 391.

London, M., "Toward a Theory of Career Motivation", *Academy of Management Review*, Vol. 8, No. 4, 1983, pp. 620 – 630.

Luthans, F., and Youssef, C. M., "Human, Social and Now Positive Psychological Capital Management: Investing in People for Competitive Advantage", *Organizational Dynamics*, Vol. 33, No. 2, 2004, pp. 143 – 160.

Luthans, F., Youssef, C. M., and Avolio, B. J., "Psychological Capital: Developing the Human Competitive Edge", *Journal of Asian Economics*, Vol. 8, No. 2, 2007, pp. 315 – 332.

Luthans, F., "The Need for and Meaning of Positive Organizational Behavior", *Journal of Organizational Behavior*, Vol. 23, No. 6, 2002, pp. 695 – 706.

Lyons, L. M., and Perrewé, P. L., "Examination of the Interpersonal Predictors of Mentoring Relational Quality", *Career Development International*, Vol. 19, No. 4, 2014, pp. 381 – 403.

Mao, Y. , Kwan, H. K. , Chiu, R. K. , and Zhang, X. , "The Impact of Mentorship Quality on Mentors' Personal Learning and Work – family Interface", *Asia Pacific Journal of Human Resources*, Vol. 54, No. 1, 2016, pp. 78 – 89.

Magni, M. , Maruping, L. M. , "Sinkor Empowering Lendership and Overload in Team's Ability to Deal with the Urexpecteal", *Harman Desouree Maragement*, Vol. 52, No. 5, 2013, pp. 715 – 739.

Marquis, C. , and Tilcsik, András. , "Imprinting: Toward a Multilevel Theory", *The Academy of Management Annals*, Vol. 7, No. 1, 2013, pp. 195 – 245.

Marquis, C. , "The Pressure of the Past: Network Imprinting in Intercorporate Communities", *Administrative Science Quarterly*, Vol. 48, No. 4, 2003, pp. 655 – 689.

Marquis, C. , and Tilcsik, A. , "Imprinting: Toward a Multilevel Theory", *Academy of Management Annals*, Vol. 7, No. 1, 2013, pp. 195 – 245. 7 (1), 195 – 245.

Matarazzo, K. L. , and Finkelstein, L. M. , "Formal Mentorships: Examining Objective – setting, Event Participation and Experience", *Journal of Managerial Psychology*, Vol. 30, No. 6, 2015, pp. 675 – 691.

Mathews, P. , "The role of Mentoring in Promoting Organizational Competitiveness", *Competitiveness Review*, Vol. 16, No. 2, 2006, pp. 158 – 169.

Mayer, R. C. , and Schoorman, J. H. D. D. , "An Integrative Model of Organizational Trust", *The Academy of Management Review*, Vol. 20, No. 3, 1995, pp. 709 – 734.

Mcevily, B. , Jaffee, J. , and Tortoriello, M. , "Not all Bridging Ties are Equal: Network Imprinting and Firm Growth in the Nashville Legal Industry, 1933 – 1978", *Organization Science*, Vol. 23, No. 2, 2012, pp. 547 – 563.

Meier, L. L. , Cho, E. , and Dumani, S. , "The Effect of Positive work Reflection During Leisure Time on Affective Well – being: Results from three Diary Studies", *Journal of Organizational Behavior*, Vol. 37, No. 2, 2016, pp. 255 – 278.

Menges, C., "Toward Improving the Effectiveness of formal Mentoring Programs", *Group & Organization Management*, Vol. 41, No. 1, 2015, pp. 98 – 129.

Mezias, J. M., and Scandura, T. A., "A Needs – driven Approach to Expatriate Adjustment and Career Development: A Multiple Mentoring Perspective", *Journal of International Business Studies*, Vol. 36, No. 5, 2005, pp. 519 – 538.

Ming, Y., Hong – Wei, T. U., and Ji, L. I., "The Definition, Dimensionality and Content of Newcomer's Organizational Socialization: a Perspective from Identity Theory", *Advances in Psychological Science*, Vol. 19, No. 5, 2011, pp. 624 – 632.

Missirian, A. K., *The Corporate Connection: Why Executive Women need Mentors to Reach the Top*, NJ: Prentice – Hall, Englewood Cliffs, 1982.

Moore, J. H., and Wang, Z., "Mentoring top Leadership Promotes Organizational Innovativeness Tthrough Psychological Safety and is Moderated by Cognitive Adaptability", *Frontiers in Psychology*, Vol. 8, 2017, p. 318.

Murphy, W. M., "Reverse Mentoring at Work: Fostering Cross – generational Learning and Developing Millennial Leaders", *Human Resource Management*, Vol. 51, No. 4, 2012, pp. 549 – 573.

Ng, J. C. Y., Song, K. K. W., Liu, Y., "Inflnence of Emotional Coping on Decision to stay in Dysfuetionell Meatoring Relatonship", *Asia Pacific Journal of Human Resaurces*, Doi: 10. 1111/1744 – 7941. 12184.

Niehoff, B. P., "Personality Predictors of Participation as a Mentor", *Career Development International*, Vol. 11, No. 4, 2006, pp. 321 – 333.

Noe, R. A., "An Investigation of the Determinants of Successful Assigned Mentoring Relationships", *Personnel Psychology*, Vol. 41, No. 3, 1988, pp. 457 – 479.

Nonaka, I. , "A Dynamic Theory of Organizational Knowledge Creation", *Organization Science*, Vol. 5, No. 1, 1994, pp. 14 – 37.

Olian, J. D. , Carroll, S. J. , Giannantonio, C. M. , and Feren, D. B. , "What do Proteges Look for in a Mentor? Results of Three Experimental Studies", *Journal of Vocational Behavior*, Vol. 33, No. 1, 1988, pp. 15 – 37.

Ortiz – Walters, R. , and Gilson, L. L. , "Mentoring in Academia: an Examination of the Experiences of Protégés of Color", *Journal of Vocational Behavior*, Vol. 67, No. 3, 2005, pp. 459 – 475.

Ostroff, C. , and Kozlowski, S. W. J. , "Organizational Socialization as a Learning Process: the Role of Information Acquisition", *Personnel Psychology*, Vol. 545, No. 4, 1992, pp. 849 – 874.

Pan, W. , Sun, L. , and Chow, I. H. S. , "The Impact of Supervisory Mentoring on Personal Learning and Career Outcomes: The Dual Moderating Effect of Self – efficacy", *Journal of Vocational Behavior*, Vol. 78, No. 2, 2011, pp. 264 – 273.

Parker, P. , and Kram, H. K. E. , "Peer Coaching: A Relational Process for Accelerating Career Learning", *Academy of Management Learning & Education*, Vol. 7, No. 4, 2008, pp. 487 – 503.

Payne, S. C. , and Huffman, A. H. , "A Longitudinal Examination of the Influence of Mentoring on Organizational Commitment and Turnover", *Academy of Management Journal*, Vol. 48, No. 1, 2005, pp. 158 – 168.

Pellegrini, E. K. , and Scandura, T. A. , "Construct Equivalence Across Groups: An Unexplored Issue in Mentoring Research", *Educational and Psychological Measurement*, Vol. 65, No. 2, 2005, pp. 323 – 335.

Peluchette, J. V. , and Jeanquart, S. , "Professionals' use of Different Mentor Sources at Various Career Stages: Implications for Career Success", *Journal of Social Psychology*, Vol. 140, No. 5, 2000, pp. 549 – 564.

Pérez – Nordtvedt, L. , Payne, G. T. , Short, J. C. , and Kedia, B. L. , "An Entrainment – based Model of Temporal Organizational Fit, Misfit, and Performance", *Organization Science*, Vol. 19, No. 5, 2008, pp. 785 – 801.

Peterson, M. F. , Smith, P. B. , Akande, A. , Ayestaran, S. , Bochner, S. , Callan, V. , "Role Conflict, Ambiguity, and Overload: A 21 – nation Study", *Academy of Management Journal*, Vol. 38, No. 2, 1995, pp. 429 – 452.

Phillips, L. L. , "Mentors and Protégés: A Study of the Career Development of Women Managers and Executives in Business and Industry", Ph. D. Dissertation, UCLA, 1978.

Pollock, R. , "A Test of Conceptual Models Depicting the Developmental Course of Informal Mentor – protege Relationships in the Workplace", *Journal of Vocational Behavior*, Vol. 1946, No. 2, 1995, pp. 144 – 162.

Preston, J. P. , Ogenchuk, M. J. , and Nsiah, J. K. , "Peer Mentorship and Transformational Learning: Phd Student Experiences", *Canadian Journal of Higher Education*, Vol. 44, No. 1, 2014, pp. 52 – 68.

Porath, C. , Spreitzer, G. , Gibson, C. , et al. , "Thrming at work: Toward its Measurewent, Constiuot Validation, and Theoretical Refinement", *Journal of Organizational Behavier*, Vol. 33, No. 2, 2012, pp. 250 – 275.

Qian, J. , Lin, X. , Han, Z. R. , Chen, Z. X. , and Hays, J. M. , "What Matters in the Relationship Between Mentoring and Job – related Stress? The Moderating Effects of Protégés' Traditionality and Trust in Mentor", *Journal of Management & Organization*, Vol. 20, No. 5, 2014, pp. 608 – 623.

Quinn, R. W. – , and Worline, M. C. – , "Enabling Courageous Collective Action: Conversations from United Airlines Flight 93", *Organization Science*, Vol. 19, No. 4, 2008, pp. 497 – 516.

Ragins, B. R. , "Barriers to Mentoring: The Female Manager's Dilemma", *Human Relations*, Vol. 42, No. 1, 1989, pp. 1 – 22.

Ragins, B. R. , and Cotton, J. L. , "Mentor Functions and outcomes: A Comparison of men and Women in Formal and Informal Mentoring Relationships", *Journal of Applied Psychology*, Vol. 84, No. 4, 1999, pp. 529 – 550.

Ragins, B. R. , and McFarlin, D. B. , "Perceptions of Mentor Roles in Cross – gender Mentoring Relationships", *Journal of Vocational Behavior*, Vol. 37, No. 3, 1990, pp. 321 – 339.

Ragins, B. R. , and Miller, C. J. S. , "Marginal Mentoring: the Effects of Type of Mentor, Quality of Relationship, and Program Design on work and Career Attitudes", *The Academy of Management Journal*, Vol. 43, No. 6, 2000, pp. 1177 – 1194.

Ragins, B. R. , and Scandura, T. A. , "Gender Differences in Expected Outcomes of Mentoring Relationships", *Academy of Management Journal*, Vol. 37, No. 4, 1994, pp. 957 – 971.

Ragins, B. R. , and Scandura, T. A. , "Burden or Blessing? Expected Costs and Benefits of Being a Mentor", *Journal of Organizational Behavior*, Vol. 20, No. 4, 1999, pp. 493 – 509.

Ragins, B. R. , "From the Ordinary to the Extraordinary: High – quality Mentoring Relationships at Work", *Organizational Dynamics*, Vol. 45, No. 3, 2016, pp. 228 – 244.

Ragins, B. R. , Ehrhardt, K. , Lyness, K. S. , Murphy, D. D. , and Capman, J. F. , "Anchoring Relationships at Work: High – quality Mentors and other Supportive Work Relationships as Buffers to Ambient Racial Discrimination", *Personnel Psychology*, Vol. 70, No. 1, 2016, pp. 211 – 256.

Ramaswami, A. , and Dreher, G. F. , "Dynamics of Mentoring Relationships in India: A Qualitative, Exploratory Study", *Human Resource Management*, Vol. 49, No. 3, 2010, pp. 501 – 530.

Ramaswami, A., Dreher, G. F., Bretz, R., and Wiethoff, C., "Gender, Mentoring, and Career Success: the Importance of Organizational Context", *Personnel Psychology*, Vol. 63, No. 2, 2010, pp. 385 – 405.

Roberts, J., "Gaining Self – determination Skills through Peer Mentoring between Students with Similar Physical Impairments: A Case Study", *Physical Disabilities Education & Related Services*, Vol 26, 2007, pp. 9 – 29.

Roberts, L. M., Dutton, J. E., Spreitzer, G. M., and Quinn, H. R. E., "Composing the Reflected Best – self Portrait: Building Pathways for becoming Extraordinary in work Organizations", *The Academy of Management Review*, Vol. 30, No. 4, 2005, pp. 712 – 736.

Rossier, J., Zecca, G., Stauffer, S. D., Maggiori, C., and Dauwalder, J. P., "Career Adapt – abilities Scale in a French – speaking Swiss Sample: Psychometric Properties and Relationships to Personality and work Engagement", *Journal of Vocational Behavior*, Vol. 80, No. 3, 2012, pp. 734 – 743.

Rousseau, D. M., "New Hire Perceptions of Their Own and Their Employer's Obligations: A Study of Psychological Contracts", *Journal of Organizational Behavior*, Vol. 11, No. 5, 2010, pp. 389 – 400.

Russell, J. E. A., and Adams, D. M., "The Changing Nature of Mentoring in Organizations: An Introduction to the Special Issue on Mentoring in Organizations", *Journal of Vocational Behavior*, Vol. 51, No. 1, 1997, pp. 1 – 14.

Saks, A. M., and Ashforth, B. E., "Organizational Socialization: Making Sense of the Past and Present as a Prologue for the Future", *Journal of Vocational Behavior*, Vol. 51, No. 2, 1997, pp. 234 – 279.

Savickas, M. L., and Baker, D. B., "The History of Vocational Psychology: Antecedents, Origin, and Early Development", *Handbook of Vocational Psychology*, 2005, pp. 15 – 50.

Scandura, T. A., and Ragins, B. R., "The Effects of Sex and Gender Role Orientation on Mentorship in Male – dominated Occupations",

Journal of Vocational Behavior, Vol. 43, No. 3, 1993, pp. 251 – 265.

Scandura, T. A. , "Leader – member Exchange and Supervisor Career Mentoring as Complementary Constructs in Leadership Research", *Academy of Management Journal*, Vol. 37, No. 6, 1994, pp. 1588 – 1602.

Scandura, T. A. , and Viator, R. E. , "Viator. Mentoring in Public Accounting Firms: An Analysis of Mentor – protégé Relations, Mentorship Functions and Protégé Turnover Intentions. Accounting", *Organizations and Society*, Vol. 19, No. 8, 1994, pp. 717 – 734.

Scandura. T. A. , "Mentorship and Career Mobility: An Empirical Investigation", *Journal of Organizational Behavior*, Vol. 13, No. 2, 1992, pp. 169 – 174.

Schein, E. H. , "The Individual, the Organization, and the Career: A Conceptual Scheme", *Journal of Applied Behavioral Science A Publication of the Ntl Institute*, Vol. 7, No. 4, 1968, pp. 401 – 426.

Seibert, S. E. , and Liden, K. R. C. , "A Social Capital theory of Career Success", *The Academy of Management Journal*, Vol. 44, No. 2, 2001, pp. 219 – 237.

Shaneberger, K. , "Coaching and Mentoring Your Staff", *Or Manager*, Vol. 24, No. 9, 2008, pp. 25 – 27.

Shen, Y. , and Kram, K. E. , "Expatriates' Developmental Networks: Network Diversity, Base, and Support Functions", *Career Development International*, Vol. 16, No. 6, 2011, pp. 528 – 552.

Simon, S. A. , and Eby, L. T. , "A Typology of Negative Mentoring Experiences: A Multidimensional Scaling Study", *Human Relations*, Vol. 56, No. 9, 2003, pp. 1083 – 1106.

Simosi, M. , "The Role of Social Socialization Tactics in the Relationship Between Socialization Content and Newcomers Affective Commitment", *Journal of Managerial Psychology*, Vol. 25, No. 3, 2010, pp. 301 – 327.

Simsek, Z. , Fox, B. C. , and Heavey, C. , " 'What's Past Is Prologue': A Framework, Review and Future Directions for Organizational

Research on Imprinting", *Journal of Management*, Vol. 41, 2015, pp. 288 – 317.

Singh, R., Ragins, B. R., and Tharenou, P., "Who Gets a Mentor? A Longitudinal Assessment of the Rising Star Hypothesis", *Journal of Vocational Behavior*, Vol. 74, No. 1, 2009, pp. 11 – 17.

Siu, O. L., Lu, J. F., Brou GH, P., et al., "Role Resources and Work – Family Enrichemnt: The Role of work Engagement", *Journal of Vocatioral Behavior*, Vol. 77, No. 3, 2010, pp. 470 – 480.

Smith – Jentsch, K. A., Scielzo, S. A., Yarbrough, C. S., and Rosopa, P. J., "A Comparison of Face – to – face and Electronic Peer – mentoring: Interactions with Mentor Gender", *Journal of Vocational Behavior*, Vol. 72, No. 2, 2008, pp. 193 – 206.

Snyder, C. R., and Lopez, S. J., *Oxford Handbook of Positive Psychology*, *Oxford Handbook of Positive Psychology and Work*, Oxford: Oxford University Press, 2010.

Sonnentag, S., and Grant, A. M., "Doing Good at Work Feels Good at Home, But not Right Away: When and Why Perceived Prosocial Impact Predicts Positive Affect", *Personnel Psychology*, Vol. 65, No. 3, 2012, pp. 495 – 530.

Son, S. J., "Facilitating Employee Socialization through Mentoring Relationships", *Career Development International*, Vol. 21, No. 6, 2016, pp. 554 – 570.

Sosik, J. J., and Godshalk, V. M., "The Role of Gender in Mentoring: Implications for Diversified and Homogenous Mentoring Relationships", *Journal of Vocational Behavior*, Vol. 57, No. 1, 2000, pp. 102 – 122.

Sosik, J. J., Godshalk, V. M., and Yammarino, F. J., "Transformational Leadership, Learning Goal Orientation, and Expectations for Career Success in Mentor – protégé Relationships: A Multiple Levels of Analysis Perspective", *Leadership Quarterly*, Vol. 15, No. 2, 2004, pp. 241 – 261.

Sosik, J. J. , and Godshalk, V. M. , "Leadership Styles, Mentoring Functions Received, and Job – related Stress: A Conceptual Model and Preliminary Study", *Journal of Organizational Behavior*, Vol. 21, No. 4, 2000, pp. 365 – 390.

Sparrowe, R. T. , and Liden, R. C. , "Process and Structure in Leader – member Exchange", *Academy of Management Review*, Vol. 22, No. 2, 1997, pp. 522 – 552.

Spreitzer, G. , Sutcliffe, K. , Dutton, J. , Sonenshein, S. , and Grant, A. M. , "A Socially Embedded Model of Thriving at Work", *Organization Science*, Vol. 16, No. 5, 2005, pp. 537 – 549.

Spreitzer, G. , Porath, C. , "Self – Determination as Nutriment for Thriving: Building an Integrative Model of Human Growth at Work", in Gagné, M. Ed. , *Oxford Handbook of Work Engagement, Motivation, and Self – Determination Theory*, New York: Oxford University Press, 2013.

Stinchcombe, A. L. , "Social Structure and Organizations", *Advances in Strategic Management*, Vol. 17, No. 17, 2000, pp. 229 – 259.

Thomas, K. W. , and Velthouse, B. A. , "Cognitive Elements of Empowerment: An 'Interpretive' Model of Intrinsic Task Motivation", *The Academy of Management Review*, Vol. 15, No. 4, 1990, pp. 666 – 681. 15 (4), 666 – 681.

Thompson, R. , Wolf, D. M. , and Sabatine, J. M. , "Mentoring and Coaching: A Model Guiding Professional Nurses to Executive Success", *The Journal of Nursing Administration*, Vol. 42, No. 11, 2012, pp. 536 – 541.

Tian, K. T. , Shaffer, B. C. , and Tepper, B. J. , "Latent Structure of Mentoring Function Scales", *Educational & Psychological Measurement*, Vol. 56, No. 5, 1996, pp. 848 – 857.

Ting, S. , "The CCL Handbook of Coaching: A Guide for the Leader Coach", *Personnel Psychology*, Vol. 60, No. 1, 2010, pp. 254 – 257.

Topa, G. , and Perezlarrazabal, J. , "Newcomers' Learning and Co – worker Undermining: Moderated Mediation Analysis", *Journal of Managerial*

Psychology, Vol. 31, No. 5, 2016, pp. 914 – 929.

Trompenaars, F., and Woolliams, P., "A New Framework for Managing Change Across Cultures", *Journal of Change Management*, Vol. 3, No. 4, 2002, pp. 361 – 375.

Turban, D. B., and Dougherty, T. W., "Role of Protégé Personality in Receipt of Mentoring and Career Success", *The Academy of Management Journal*, Vol. 37, No. 3, 1994, pp. 688 – 702.

Turban, D. B., Moake, T. R., Wu, Y. H., and Cheung, Y. H., "Linking Extroversion and Proactive Personality to Career Success: The role of Mentoring Received and Knowledge", *Journal of Career Development*, Vol. 44, No. 1, 2017, pp. 20 – 33.

Underhill, C. M., "The Effectiveness of Mentoring Programs in Corporate Settings: A Meta – analytical Review of the Literature", *Journal of Vocational Behavior*, Vol. 68, No. 2, 2006, pp. 292 – 307.

Van Emmerik, H., Baugh, S. G., and Euwema, M. C., "Who Wants to be a Mentor? An Examination of Attitudinal, Instrumental, and Social Motivational Components", *Career Development International*, Vol. 10, No. 4, 2005, pp. 310 – 324.

Vianen, A. E. M. V., "Person – organization fit: the Match Between Newcomers' and Recruiters' Preferences for Organizational Cultures", *Personnel Psychology*, Vol. 53, No. 1, 2010, pp. 113 – 149.

Vianen, A. E. M. V., Rosenauer, D., Homan, A. C., Horstmeier, C. A. L., and Voelpel, S. C., "Career Mentoring in Context: A Multilevel Study on Differentiated Career Mentoring and Career Mentoring Climate", *Human Resource Management*, Vol. 57, No. 2, 2017, pp. 583 – 599.

Victoria Johnson. "What is Organizational Imprinting? Cultural Entrepreneurship in the Founding of the Paris Opera", *American Journal of Sociology*, Vol. 113, No. 1, 2007, pp. 97 – 127.

Wallace, J. E., "The Benefits of Mentoring for Female Lawyers", *Journal of Vocational Behavior*, Vol. 58, No. 3, 2001, pp. 366 – 391. 58

(3), 366 – 391.

Wanberg, C. R. , Welsh, E. T. , and Hezlett, S. A. , "Mentoring Research: A Review and Dynamic Process Model", *Research in Personnel & Human Resources Management*, Vol. 22, No. 3, 2003, pp. 39 – 124.

Wang, S. , and Noe, R. A. , "Knowledge Sharing: A Review and Directions for Future Research", *Human Resources Management Review*, Vol. 20, No. 2, 2010, pp. 115 – 131.

Wang, S. , Noe, R. A. , Wang, Z. M. , and Greenberger, D. B. , "What Affects Willingness to Mentor in the Future? an Investigation of Attachment Styles and Mentoring Experiences", *Journal of Vocational Behavior*, Vol. 74, No. 3, 2009, pp. 245 – 256.

Wang, S. , Tomlimson, E. C. , and Noe, R. A. , "The Role of Mentor Trust and Protégé Internal Locus off Control in Formal Mentoring Relationship", *Journal of Applied Psychology*, Vol. 95, No. 2, 2010, pp. 358 – 367.

Wang, X. H. , and Howell, J. M. , "A Multilevel Study of Transformational Leadership, Identification, and Follower Outcomes", *Leadership Quarterly*, Vol. 23, No. 5, 2012, pp. 775 – 790.

Wanous, J. P. , Poland, T. D. , Premack, S. L. , and Davis, K. S. , "The Effects of Met Expectations on Newcomer Attitudes and Behaviors: A Review and Meta – analysis", *Journal of Applied Psychology*, Vol. 77, No. 3, 1992, pp. 288 – 297.

Water, R. H. , Waterman, J. D. , and Collard, B. A. , "Toward a Career – resilient Workforce", *Harvard Business Review*, Vol. 72, No. 4, 1994, pp. 87 – 95.

Whitely, W. , Dougherty, T. W. , and Dreher, G. F. , "Correlates of Career – oriented mentoring for Early Career Managers and Professionals", *Journal of Organizational Behavior*, Vol. 13, No. 2, 1992, pp. 141 – 154.

Williams, A. V. , "Effectiveness of Online Orientation and Peer Mentoring on New Employees: Increasing Organizational Commitment and Employee Retention", Ph. D Dissertation, Clemson University, 2004.

Yang, C. – C., Hu, C., Baranik, L. E., and Lin, C. – Y, "Can Protégés be Successfully Socialized Without Socialized Mentors? A Close Look at Mentorship Formality", *Journal of Career Development*, Vol. 40, No. 5, 2012, pp. 408 – 423.

Yang, L. Q., Xu, X., Allen, T. D., Shi, K., Zhang, X., and Lou, Z., "Mentoring in China: Enhanced Understanding and Association with Occupational stress", *Journal of Business & Psychology*, Vol. 26, No. 4, 2011, pp. 485 – 499.

Yi, J., Kwan, H. K., Hu, Y. L., and Chen, S., "Revenge Exacerbates the Effects of Interpersonal Problems on Mentors' Emotional Exhaustion and Work – family Conflict: A Self – defeating Perspective", *Human Resource Management*, Vol. 56, No. 4, 2017, pp. 851 – 866.

Zagenczyk, T. J., Gibney, R., Kiewitz, C., and Restubog, S. L. D., "Mentors, Supervisors and Role Models: Do they Reduce the Effects of Psychological Contract Breach?" *Human Resource Management Journal*, Vol. 19, No. 3, 2009, pp. 237 – 259.

Zhou, Q., Hirst, G., and Shipton, H., "Context Matters: Combined Influence of Participation and Intellectual Stimulation on the Promotion Focus – employee Creativity Relationship", *Journal of Organizational Behavior*, Vol. 33, No. 7, 2012, pp. 894 – 909.